年版

これ

FP技能士2級AFP

一問一答+要点整理

成美堂出版

はじめに

私たちが個々人の価値観において、「こう生きたい」と願う人生を達成するために具体的な計画を立てることを「ライフプラン」といいます。そのライフプランを実現するためには、経済面での具体的な計画や方法、つまりファイナンシャル・プランニングが不可欠です。

ファイナンシャル・プランナーとは貯蓄や投資、保険、年金、不動産、税金、相続などを総合的にプランニングし、実行援助をする専門家です。

社会や経済の環境が複雑化する中、個別の分野の知識・情報だけではなく、総合的な面から顧客にアドバイスをできる専門家が求められています。個人が自分のライフプランを考える際にも、ファイナンシャル・プランニングの知識は不可欠です。

FP技能士2級の資格は、3級の資格をもつ方がステップアップとしてめざす資格です。3級で学んだ基本知識からさらに進んだ専門知識を習得することで、ご自身のキャリアアップに役立つでしょう。また、家計を運営する方が、ご自身の希望するライフプランを実現するためにも、さらに実践的な知識が習得できると思います。

本書では、FP技能士2級の合格をめざし、効率的な学習が進められるように「要点整理」プラス「一問一答形式の問題集」という構成になっています。問題集は実際の試験問題に則した内容になっています。

ぜひ、本書の問題を繰り返し解いて、学んだ知識を自分のものにし、合格をめざしていただきたいと思います。

2024年５月

株式会社 マネースマート

本書の特徴と使い方

1
FP２級の資格を取ろうと思っているんだけれど、どのテキストがいいかしら。
どれも一緒のような気がするけど……
2
どれも一緒だなんて……!!
どの本を選ぶかで、受検勉強は大きく変わってくるんですよ。
そうなのぉ？
3
では、今、手にしているこの本が、いかに勉強しやすいか、ご説明しましょう。
4
本書は、知識のインプット用の「要点整理」とアウトプット用の「一問一答 Q&A」の２本立てになっています。
要点整理
一問一答 Q&A

※重要度の高い順にA・B・Cとなります

10
アイコンも付いているので、勉強のポイントが絞れます。
法・制度改正があった箇所（要点整理ページ）
法改正
改正
実技試験で問われやすい箇所
実
技
よく問われる箇所
頻出
わかりやす〜い！
11
「要点整理」で勉強したあとは、「一問一答Q＆A」で、問題を解いてみましょう。○×を確認するだけじゃなく、解説も読んでくださいね。
12
Q&A 基本 第1章 ライフプランニングと資金計画
ファイナンシャル・プランニングの考え方・手法
Q 01 ライフイベント表には、住宅取得、自動車買替えなどの一時的支出は計上するが、収入は計上する必要はない。
勉強のコツ①
FPの職業倫理や関連法規のほか、社会保障の健康保険や公的年金については、必ず押さえましょう。
A 01 × 満期保険金や退職金などの一時的収入も計上する。
Q&A 重要 第1章 ライフプランニングと資金計画
ファイナンシャル・プランニングの考え方・手法
勉強のコツ②
社会保険・公的年金制度の給付に関してはその支給要件なども正確に理解しておきましょう。
Q 01 可処分所得は、一定期間内のすべての収入と支出の差額であるため、その期間における貯蓄残高の増減額と一致する。
A 01 × 可処分所得は収入から社会保険料と所得税・住民税を控除したものである。
Q 02 キャッシュフロー表では住宅ローンは、返済額のうち利息部分は支出項目に見積もるが、元本部分は見積もる必要はない。
A 02 × 住宅ローンの返済額として家計から出るお金には、当然元本も含まれる。
Q 03 キャッシュフロー表の作成の際には、収入および支出項目の変動率や金融資産の運用利率を設定することも必要である。
A 03 ○ 変動率や運用利率は、0%やマイナスの変動率で見積もることもある。
Q 04 個人バランスシートにおける金融資産や不動産は、時価ではなく、取得価額で計上しなくてはならない。
Q 04
チェック欄が3つあるということは、少なくとも、3回は繰り返すんですね。
前半は基本問題、後半は重要問題。2段階の問題構成になっています。
完全に解けるようになるまで、繰り返してくださいね。
問題がたくさんあって、力がつきそう!!

13
この下にあるのは、過去問題ですか？
過去問チェック！［2020-1］
キャッシュフロー表の作成において、住宅ローンの返
は、「前年の年間返済額×（1＋物価変動率）」で計算さ
金額を計上する。
そうです。実際の過去問題がわかると、やる気が出てきませんか？
うんうん。
＊出題の形式は異なります。出題年月に（加工）とある問題は、一部加工しています。
14
ジャーン
すごい！　実技試験って難しそうなイメージだったけど、これでできそうです!!
さらに、最後の章には「実技試験」の模擬問題もあります！
15
すっごくやる気が湧いてきました!! FP２級の資格を取ったら……。
16
オーッ！
じゃあ、さっそく今日から勉強ですね!!

目次

＊本書は、原則として、2024年4月1日時点で施行されている法令等に基づいて原稿執筆・編集を行っております。

第6章 相続・事業承継

要点整理

第7章 実技問題

＊ 本書に記載の税額(税率)には、復興特別所得税が含まれております。

一般社団法人金融財政事情研究会 ファイナンシャル・プランニング技能検定2級学科試験 許諾番号1804K000001
日本FP協会2級ファイナンシャル・プランニング技能検定実技試験(資産設計提案業務) 許諾番号1804F000016

FP技能検定2級　試験概要

❶ 試験概要

FP技能検定2級の試験実施機関は、一般社団法人金融財政事情研究会(以下金財という)と、NPO法人日本ファイナンシャル・プランナーズ協会(以下FP協会という)の2団体があります。

FP技能検定3級、金融渉外技能審査3級に合格した者、実務経験2年以上の者、FP協会が認定するAFP認定研修を修了した者が受検することができます。

❷ 出題形式

FP技能検定2級の試験は、学科試験と実技試験で行われます。金財で実施される実技試験は選択科目方式となっており、どの選択科目を受検してもかまいません。

学科試験と実技試験は、同じ日の午前と午後に行われるため、同日に受検することができます。

	学科試験	実技試験
受検科目の選択	—	金財 ・個人資産相談業務 ・中小事業主資産相談業務 ・生保顧客資産相談業務 ・損保顧客資産相談業務 FP協会 ・資産設計提案業務
出題形式	マークシート方式 ・四答択一式　60問	記述式による筆記試験
試験時間	120分	90分

③ 合格基準

学科試験・実技試験それぞれに合格判定が行われ、両方に合格するとFP技能士2級が認定されます。

学科試験	実技試験
60点満点で36点以上	・金財実施試験 50点満点で30点以上 ・FP協会実施試験 100点満点で60点以上

学科試験と実技試験は、同日に受検することができます。どちらか一方のみ合格した場合は、一部合格証書が発行され、その試験日の翌々年度末までに、合格していない学科試験(あるいは実技試験)に合格すると、合格証書が発行されます。

④ 受検申込み方法

①郵便で申し込む

下記の2点を受検申請締切日(消印有効)までに事務局宛に郵送する(FP協会は簡易書留で郵送)

1. 受検申請書
2. 受検手数料を振り込んだ支払明細書(コピー可)

②インターネットで直接申し込む

⑤ 試験日程

2024年9月～25年1月の試験日程は、以下のとおりです。

試験日	2024年9月8日(日)	2025年1月26日(日)
受検申請受付期間	2024年7月2日(火) ～7月23日(火)	2024年11月13日(水) ～12月3日(火)
合格発表	2024年10月21日(月)	2025年3月7日(金)

※ 2025年4月以降、CBT試験に移行予定

⑥ 試験範囲

①学科試験の出題範囲は、以下のとおりです。

A ライフプランニングと資金計画

1.ファイナンシャル・プランニングと倫理
2.ファイナンシャル・プランニングと関連法規
3.ライフプランニングの考え方・手法
4.社会保険
5.公的年金
6.企業年金・個人年金等
7.年金と税金
8.ライフプラン策定上の資金計画
9.中小法人の資金計画
10.ローンとカード
11.ライフプランニングと資金計画の最新の動向

B リスク管理

1.リスクマネジメント
2.保険制度全般
3.生命保険
4.損害保険
5.第三分野の保険
6.リスク管理と保険
7.リスク管理の最新の動向

C 金融資産運用

1.マーケット環境の理解
2.預貯金・金融類似商品等
3.投資信託
4.債券投資
5.株式投資
6.外貨建商品
7.保険商品
8.金融派生商品
9.ポートフォリオ運用
10.金融商品と税金
11.セーフティネット
12.関連法規
13.金融資産運用の最新の動向

D タックスプランニング

1.わが国の税制
2.所得税の仕組み
3.各種所得の内容
4.損益通算
5.所得控除
6.税額控除
7.所得税の申告と納付
8.個人住民税
9.個人事業税
10.法人税
11.法人住民税
12.法人事業税
13.消費税
14.会社、役員間及び会社間の税務
15.決算書と法人税申告書
16.諸外国の税制度
17.タックスプランニングの最新の動向

E 不動産

1.不動産の見方
2.不動産の取引
3.不動産に関する法令上の規制
4.不動産の取得・保有に係る税金
5.不動産の譲渡に係る税金
6.不動産の賃貸
7.不動産の有効活用
8.不動産の証券化
9.不動産の最新の動向

F 相続・事業承継

1.贈与と法律
2.贈与と税金
3.相続と法律
4.相続と税金
5.相続財産の評価(不動産以外)
6.相続財産の評価(不動産)
7.不動産の相続対策
8.相続と保険の活用
9.事業承継対策
10.事業と経営
11.相続・事業承継の最新の動向

②実技試験の出題範囲は以下のとおりです。

●金財　個人資産相談業務※

1	関連業法との関係及び職業上の倫理を踏まえたファイナンシャル・プランニング
2	個人顧客のニーズ及び問題点の把握
3	問題の解決策の検討・分析
4	顧客の立場に立った相談

※選択科目としてこのほかに、中小事業主資産相談業務、生保顧客資産相談業務、損保顧客資産相談業務があります。

●FP協会　資産設計提案業務

1	関連業法との関係及び職業上の倫理を踏まえたファイナンシャル・プランニング
2	ファイナンシャル・プランニングのプロセス
3	顧客のファイナンス状況の分析と評価
4	プランの検討・作成と提示

⑦ 法令基準日

試験の問題文にとくに断りがない限り、以下の基準日時点の法令に基づいて出題されます。

試験日	2024年9月8日	2025年1月26日	2025年4～5月
	↓	↓	↓
法令基準日	2024年4月1日	2024年10月1日	2024年4月1日

また、復興特別所得税について、本書では税額を含んだ数字を記載していますが、試験では問題により含んでいない場合もあります。解答するときは、問題をしっかり確認しましょう。

＊ 資格と試験に関する情報は、変更される場合があります。受検前に必ずご自身で、試験実施団体の発表する最新情報を確認してください。

試験についての問い合わせ

一般社団法人金融財政事情研究会　検定センター
TEL　03-3358-0771
HP　https://www.kinzai.or.jp/fp

NPO法人日本ファイナンシャル・プランナーズ協会
試験業務部試験事務課
TEL　03-5403-9890
HP　https://www.jafp.or.jp/exam/

第1章

ライフプランニングと資金計画

要/点/整/理/

❶ ファイナンシャル・プランニングの考え方・手法

❷ 教育資金設計

❸ 住宅資金設計

❹ カードとローン

❺ 中小企業の資金計画

❻ 社会保険

❼ 公的年金

❽ 企業年金

一問一答Q&A(基本)

一問一答Q&A(重要)

FP技能検定2級　出題傾向と対策

「社会保険」・「公的年金」・「企業年金・個人年金等」からは、毎回必ず1問以上が出題されています。制度改正なども多い分野ですので、仕組みについては、内容を深く理解する必要があります。

また、これらは、事例問題として実技試験でも頻出です。基本が理解できていれば、実技試験でも対応できます。

ファイナンシャル・プランニングの考え方・手法を含む「ライフプランニングの考え方・手法」は、学科試験とともに、FP協会での実技試験においてよく出題されています。

●これまでの出題傾向

	2024年1月			2023年9月			2023年5月			2023年1月			2022年9月		
	学科	実技		学科	実技		学科	実技		学科	実技		学科	実技	
		金	協会		金	協会		金	協会		金	協会		金	協会
1 ファイナンシャルプランニングと倫理															
2 ファイナンシャルプランニングと関連法規	1		1	1		2	1		1	1		1	1		1
3 ライフプランニングの考え方・手法	1		6	1		7			6	1		7			6
4 社会保険	1		3	2		3	3		3	3		4	2	1	3
5 公的年金	3	2	1	2	2	2	1	3	2	2	2	1	2	2	1
6 企業年金・個人年金等	1	1		1	1	1	1			1	1		2		1
7 年金と税金				1			1					1	1		1
8 ライフプラン策定上の資金計画	1		2	1		2	1		1	1		2	1		1
9 中小法人の資金計画	1			1			1			1			1		
10 ローンとカード	1						1								
11 ライフプランニングと資金計画の最新の動向															

（金：金財（個人資産相談業務）／協会：FP協会の出題数を表す）

要点整理

第1章 ライフプランニングと資金計画

学習日 ／

1 ファイナンシャル・プランニングの考え方・手法 重要度A

1 ファイナンシャル・プランニングー(FP)の職業倫理

FPは、顧客のプライバシーにかかわる情報を扱うため、高い職業倫理が求められます。

顧客利益の優先	顧客の利益を優先し、FP業務を行う
守秘義務の遵守	顧客情報を外部に漏らさない

2 FPが注意すべき関連法規 頻出

ファイナンシャル・プランニングは包括的なアプローチとなるため、関連業法に抵触しないよう注意が必要です。

税理士法	税理士でないFPは、**個別具体的**な税務相談や税務書類作成は、**有償無償**を問わずできない。一般的な税金解説はOK
弁護士法	弁護士でないFPは、**個別具体的**な法律相談を行うことはできない
保険業法	保険募集人資格のないFPは、保険の**募集**はできないが、相談や保障の見直し、**必要保障額**の計算などはできる
金融商品取引法	金融商品取引業の登録がないFPは、顧客に**投資助言**はできない。顧客から一任を受けた**投資運用**もできないが、一般的な情報提供はできる

3 ライフプランニングの手法

①顧客情報の分類

質問紙や面談などで顧客の情報を収集します。

定量的情報 → 数値化できる情報。収入・支出など
定性的情報 → 顧客の考え方や価値観など数値化できないもの

②ライフイベント表の作成

ライフイベント表は、将来の予定や希望をもとにしたライフイベントを**時系列**に表します。

③キャッシュフロー(CF)表 

ライフイベントをもとに、将来の収支状況や貯蓄残高を予想し、**表形式**に表したものです。

〈キャッシュフロー表の例〉

西 暦			2024	2025	2026
夫			38歳	39歳	40歳
妻			34歳	35歳	36歳
第1子			7歳	8歳	9歳
第2子			4歳	5歳	6歳
		変動率			
収入	給与収入(夫)	1.0%	500	505	510
	給与収入(妻)	1.0%			100
	一時的な収入				50
	合 計		500	505	660
支出	基本生活費	1.0%	240	242	245
	住居費		96	96	96
	教育費	2.0%	36	37	37
	その他の支出	1.0%	50	51	51
	一時的な支出				120
	合 計		422	426	549
年間収支			78	79	111
貯蓄残高		1.0%	78	158	271

(1)CF表の収入金額は、可処分所得で記入します。

可処分所得＝年収－(**社会保険料**＋所得税・住民税)

(2)貯蓄残高は前年の残高を一定の利率で運用したものにその年の年間収支を加味します。

貯蓄残高＝前年の貯蓄残高×(1＋運用利率)±その年の年間収支

(3)CF表の数値は将来の変動率を考慮します。

将来価値の金額の計算　n年後の金額＝現在の金額×(1＋変動率)^{n}

4 個人バランスシート 

個人バランスシートは、ある時点の世帯の**資産**と**負債**の状態を把握するための貸借対照表のことです。生命保険は**解約返戻金**相当額、金融資産や不動産等は**時価**で計上します。

純資産＝資産－負債

5 係　数 実技

係数を使えば、さまざまな試算が簡単にできます。どの係数をどのような計算に利用するか確認しましょう。

終価係数	現在の額を複利運用した場合の**将来の金額**を計算する
現価係数	複利運用によって所定の金額を得るためには、**現時点**でいくらの元本が必要か計算する
年金終価係数	毎年一定額を複利運用して**積み立てた**場合に、**将来**いくらになるのかを計算する
減債基金係数	将来の目標額を貯蓄するために必要な**毎年の積立額**を求める
資本回収係数	年金原資を複利運用しながら受け取る**年金の額**や、借入額に対する利息を含めた**毎年の返済額**を求める
年金現価係数	一定期間にわたり複利運用しながら一定金額を年金として受け取るためには、**年金原資**がいくら必要かを計算する

2 教育資金設計　重要度B

1 教育資金の準備に適した金融商品

こども保険 （学資保険）	親（契約者）が死亡すると、以後の保険料支払が免除され、**満期保険金**が受け取れる。進学時の祝金や育英年金が付加できるものもある
一般財形貯蓄	目的を限定しない**給与天引き**の積立

2 公的な教育ローン

教育ローンには、さまざまな民間ローンや公的ローンがあります。代表的な公的ローンは、日本政策金融公庫の教育一般貸付です。

〈日本政策金融公庫の教育一般貸付〉

融資限度額	金利タイプ	所得制限	返 済
子ども1人あたり350万円※1以内	固定金利	あり。子どもの人数により年収上限額が異なる	原則18年以内。在学中は利息のみの返済が可能

※1 自宅外通学、修業年限5年以上の大学、大学院、海外留学の場合450万円

3 奨学金 頻出

代表的な奨学金は日本学生支援機構の奨学金です。

〈独立行政法人日本学生支援機構の奨学金〉

○**給付型**奨学金(返済不要)

○**貸与型**奨学金

第一種奨学金　無利息貸与

第二種奨学金　有利息貸与(在学中は**無利息**)

〈高等教育の修学支援新制度〉

授業料等の**減免**＋**給付型**奨学金

③ 住宅資金設計 重要度A

1 自己資金の準備方法

住宅購入時には一般に、購入価格の2～3割は頭金や諸費用として準備すべきといわれています。自己資金の準備の代表的なものは財形住宅貯蓄です。

〈財形住宅貯蓄の内容〉

要 件	・申込時に満**55**歳未満の勤労者であること ・5年以上給与天引きで積み立てること ・住宅取得や増改築を目的とすること
税制メリット	・元利合計**550万円**までの利子等が非課税 ・保険商品は払込保険料累計550万円までは非課税
融資制度	財形貯蓄(一般・住宅・年金)を1年以上継続していて、貯蓄残高**50万円**以上で財形住宅融資が受けられる

2 住宅ローンの仕組み 頻出

①住宅ローンの返済方法

元金と利息を合わせた毎回の返済額が一定の**元利**均等返済と、元金部分を返済期間で按分していく**元金**均等返済の2つのタイプがあります。

〈元利均等返済〉

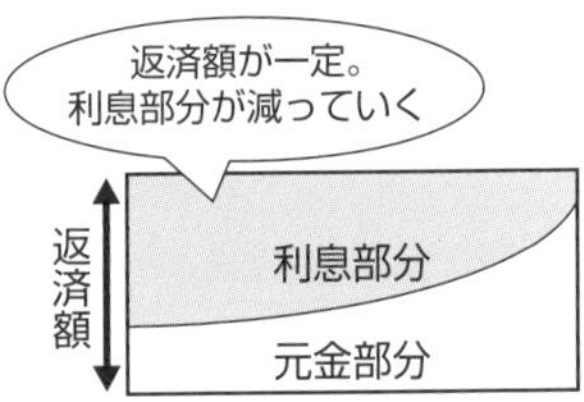

〈元金均等返済〉

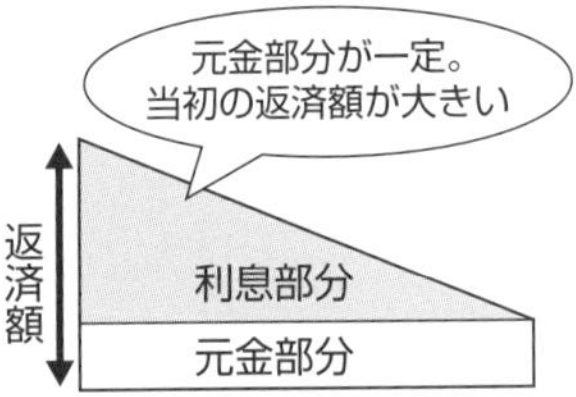

条件が同じであれば、総返済額は**元金**均等返済のほうが少なくなります。

②金利タイプ

固定金利型	返済期間中に金利が**変わらない**
変動金利型	返済期間中に金利が**見直される**。一般に金利は**半年**ごとに見直されるが、返済額は**5年間**変わらない
固定金利期間選択型	**一定期間**は金利が固定される。**一定期間**後に金利が見直され、その時点で変動か固定かを**選択**する

③主な住宅ローンの種類と特徴

種類	フラット35※	財形住宅融資
主な要件	満**70**歳未満(親子リレー返済は**70**歳以上でも利用可)。**借換え**にも利用可	財形貯蓄を**1年**以上続け、その残高が50万円以上あること
融資額・金利	100万円以上**8,000**万円以下で、建築費や購入価額以内。**全期間固定**金利。返済期間最長35年	財形貯蓄残高の10倍か**4,000**万円のいずれか少ない金額で、住宅購入金額の90%以内。**5年固定**金利(5年ごとに見直し)

※ 住宅金融支援機構と民間金融機関が提携して提供している住宅ローン

3 団体信用生命保険

団体信用生命保険は、住宅ローンの**契約者**が死亡・高度障害状態になったとき、**保険会社**がローンの残額を保険金として貸主である債権者に支払います。

フラット35
→**金利**に保険料を含む
＊加入する団体信用生命保険の種類等に応じて金利が異なる

民間金融機関
→**強制加入**で金利に保険料を含むケースが多い

4 ローンの見直し

①借換え

返済中のローンを、別に借りたローンで**一括返済**して、その後は新しいローンを返済していくことを借換えといいます。借換えの際は、物件の担保価値が**低い**場合や健康状態が**悪く**団体信用生命保険に加入できない場合には、ローンを新たに借りられないケースがあることにも注意が必要です。なお、借換えには、**手数料**がかかります。

②繰上げ返済 

通常の返済以外にまとまった金額を支払い、ローンの残元金部分の一部を返済し、残元金を減らす方法です。

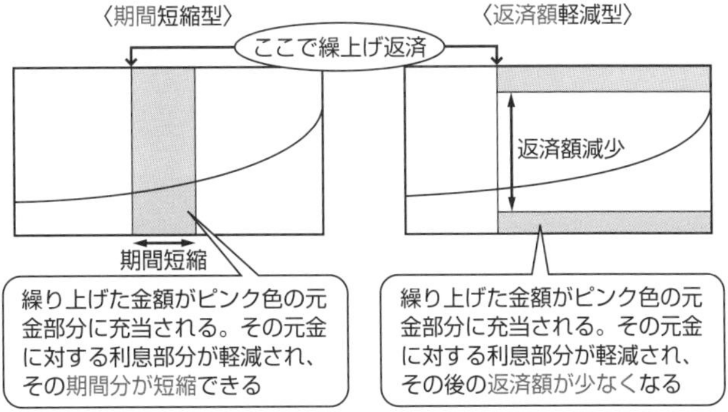

④ カードとローン　重要度C

1 主なカードの種類

	クレジットカード	電子マネー			デビットカード
仕組み	利用者の信用に基づいて発行されるもの	お金の価値を電子データとして記録させて決済するもの			銀行など金融機関のキャッシュカードを現金の代わりに加盟店でそのまま使用するもの。金利手数料が不要
決済時期	後払い	前払い	後払い	即時払い	即時払い
利用限度額	あらかじめ設定された利用限度額	チャージした金額	クレジットカードなどの利用限度額	デビットカードと紐づいた口座の預貯金残高	一般には**預貯金残高**

2 支払方法の種類

一括払い	1回で返済する支払方法。ボーナス時に一括払いするものもある。一般に手数料はかからない
分割払い	2カ月以上の期間に3回以上に分割して支払う
リボルビング払い	利用限度額の範囲内で設定した**一定金額**を**毎月**支払う方法
アド・オン方式	利息はもともとの元金から計算して元金と利息の総額を割賦回数で割って毎回の返済額を決める。実質金利は高くなる

⑤ 中小企業の資金計画　重要度B

1 直接金融と間接金融

資金調達の方法には、直接金融と間接金融があります。

重要用語

直接金融・間接金融

直接金融とは、株式や債券の発行など資金の出し手が企業などに直接資金を払い込む形。間接金融とは、金融機関からの借入れなど金融機関が介在して資金を調達する形。担保が必要な場合もあります。

2 資金調達の方法の例

間接金融	手形借入	金融機関を受取人として約束手形を振り出し、企業が銀行から融資を受ける
	インパクトローン	使い道に制限のない**外貨**での借入れ。為替変動リスクがある
直接金融	私募債	特定の金融機関等の縁故者等が直接引受する社債。50人未満の少人数のものは**少人数私募債**という。一般的に**満期一括償還**で固定金利のため長期安定資金として調達可能
	株主割当増資	既存の株主に**新株引受権**を割り当てて新株式を発行する
	第三者割当増資	特定の第三者に新株引受権を与え、新株式を発行する。一般的に時価より割安である

3 経営分析の基礎知識 頻出

貸借対照表(B/S)
→企業の一定時点の財政状態を表す
資産－**負債**＝純資産

損益計算書(P/L)
→企業の一定期間の経営成績を表す

キャッシュフロー計算書(C/S)
→一定期間の企業の資金の増減を**営業**、**投資**、**財務**の3つの面から示したもの

⑥ 社会保険 重要度A

1 社会保険の概要

社会保険とは、一定の人を加入者(被保険者)とし、加入者や家族に病気・ケガ・死亡・失業などの事由が起きたときに、**加入者が負担した保険料**によって、生活を保障するための給付を行う制度です。

〈社会保険の分類(職業別)〉

	会社員	公務員	自営業など
医療保険	健康保険	共済組合	国民健康保険
介護保険	介護保険(40歳以上)		
年金保険	厚生年金保険		—
	国民年金(基礎年金)		
労災保険	労災保険	公務員災害補償	—
雇用保険	雇用保険	—	—

2 医療保険

公的医療保険は、病気やケガをした場合に療養などの必要な給付が行われます。

①医療保険の主な種類 頻出

種　類	健康保険	国民健康保険	後期高齢者医療制度
対象者	会社員とその家族	左記以外の人	75歳以上の人
支給事由	業務外の病気、ケガ、出産、死亡	病気、ケガ、出産、死亡	病気、ケガ、死亡
保険料※	報酬×保険料率	市町村単位(原則)	都道府県単位
自己負担割合	・義務教育就学前　2割 ・義務教育就学以後70歳未満　3割 ・70歳以上75歳未満　2割 　一定以上所得者　3割		1割　一定以上所得者は2割 現役並み所得者は3割

※ 40歳以上65歳未満の人の保険料には介護保険料が加わる

＊ 国民健康保険の保険者は、「都道府県および市町村(特別区を含む)」「国民健康保険組合」

＊ 国民健康保険、後期高齢者医療保険制度には「被扶養者」という区分はなく、対象者全員が被保険者となる

②健康保険の概要 頻出

種　類	全国健康保険協会管掌健康保険（協会けんぽ）	組合管掌健康保険（組合健保）
保険者	全国健康保険協会	健康保険組合
一般保険料率	**都道府県単位**	規約で定める
保険料	原則、事業主と被保険者が**半分**ずつ負担（労使折半） 月給（標準報酬月額） 賞与（標 準 賞 与 額）　} ×一般保険料率	
被保険者	適用事業所で働く一定の従業員および**役員**	
被扶養者	主に被保険者の収入により**生計維持**されている一定の親族※。原則**国内居住**。次の年収要件等あり ・**60歳未満**　…**130万円未満** ・**60歳以上または障害者**…**180万円未満** かつ 被保険者の年収の**2分の1未満**	

※ 3親等内の親族（直系尊属、配偶者、子、孫および兄弟姉妹を除く）には同一世帯要件あり

③健康保険の保険給付

⑴保険給付の種類

給付事由		被保険者	被扶養者
病気やケガ	**被保険者証**で治療を受けた	療養の給付	家族療養費
	入院時の食事	入院時食事療養費	
	65歳以上の人が療養病床に入院	入院時生活療養費	
	高度な医療	保険外併用療養費	
	立替払い	療養費	
	訪問看護	訪問看護療養費	家族訪問看護療養費
	移送された	移送費	家族移送費
	自己負担額が高額	高額療養費	高額療養費
	医療と**介護**の自己負担額が高額	高額介護合算療養費	高額介護合算療養費
	療養のため休んだ	**傷病手当金**	―
出産した（原則として1児につき**50万円**）		出産育児一時金	家族出産育児一時金
出産のため休んだ		**出産手当金**	―
死亡した（原則として一律**5万円**）		埋葬料（埋葬費）	家族埋葬料

⑵主な給付の内容

●高額療養費 頻出

自己負担額が限度額を超えたときに、その超えた額が給付

特　徴	・同一月、同一医療機関（入院・通院は別）ごと ・入院時の食費負担や差額ベッド代等は対象外 ・自己負担限度額は年齢（70歳未満・70歳以上）で異なり、さらに所得によって分かれている ・原則として請求して払戻しされる

〈70歳未満／１カ月あたりの医療費の自己負担限度額〉

（例）標準報酬月額28万～ 50万円

→80,100円＋(総医療費−267,000円)×１％

〈例：入院して１カ月の支払額が15万円の場合（標準報酬月額28万～ 50万円）〉

自己負担額15万円（総医療費50万円）

自己負担限度額＝82,430円 〔式〕80,100円＋(50万円−267,000円)×1％	高額療養費 ＝67,570円

●傷病手当金 頻出

病気やケガで会社を休んだときの給付

要　件	・療養のため働くことができない（自宅療養を含む） ・連続３日以上欠勤している（４日目以降の欠勤した日について支給） ・給与の支払いがない（支払われた場合は差額支給あり）
支給額	欠勤１日につき 支給開始日以前12カ月間の各月の標準報酬月額の平均額の30分の１ ×3分の2
支給期間	同一の傷病について支給開始から通算して１年６カ月間

●出産手当金

出産のため会社を休んだときの給付

特　徴	・給与の支払いがない(支払われた場合は差額支給あり) ・支給期間は、原則として出産日以前42日から出産後56日 ・出産が予定日より遅れたときは、遅れた日数分も支給される
支給額	上記の傷病手当金の額と同じ

(3)任意継続被保険者制度 頻出

会社を退職しても、一定要件に該当するときは、引き続き健康保険の被保険者（任意継続被保険者）になることができます。

特　徴	・退職日まで継続して**2カ月**以上の被保険者期間がある ・退職後**20日**以内に申請すること ・加入期間は最長**2年間**。申出による中途脱退も可能 ・給付は在職中とほぼ同じ。ただし、原則として**傷病手当金**・出産手当金は支給されない
保険料	・**全額**自己負担（原則として上限あり）

3 介護保険 頻出

介護保険は、原則として**40歳**になるとすべての人が加入します。加入者は年齢によって次の2つに区分されます。

保険者	市町村（特別区を含む）	
対象者	第１号被保険者	第２号被保険者
	65歳以上の者	**40**歳以上**65**歳未満の医療保険加入者
保険料	**市区町村**ごとに保険料を決定し、徴収する。なお、公的年金額が**18**万円以上の人は年金から天引き（**特別徴収**）	原則として、医療保険者ごとに保険料を決定し、医療保険料と併せて徴収する（被扶養者は保険料の負担は原則としてない）
給付を受ける条件	**市区町村**から「要支援状態（１、２）」または「要介護状態（１～５）」と認定されたとき	
	原因は問わない	**老化**に起因する病気（**特定疾病**）のみ
給付の種類	・要支援１または２ → 介護予防給付（サービス） ・要介護１～５　　 → 介護給付（サービス）	
利用料など	・利用者負担は費用（食費・居住費等を**除く**）の**１割**。ただし、**65**歳以上の一定以上の所得者は所得に応じて**2割**または**3割**。ケアプランの作成は**無料** ・自己負担額が所得状況等に応じた限度額を超えたときは、高額介護サービス費の支給あり	

＊ 在宅サービスを利用するときは、要介護度に応じて支給限度額があり、限度額を超えた分は全額自己負担となる

4 労災保険（労働者災害補償保険）

労災保険は、業務上の事由または通勤による労働者のケガや病気に対する補償、さらに休業中の賃金補償が行われます。

①労災保険の概要

支給事由	仕事中の事故（**業務災害**、**複数業務要因災害**）または通勤途中の事故（**通勤災害**）によるケガ、病気、障害、死亡など
対象者	適用事業（原則、１人でも労働者を使用する事業）で働く**すべての労働者**。事業主や役員等は**適用外**
保険料	**全額事業主**負担。保険率は**業種**ごとに異なる
特別加入制度	一定要件に該当する場合（**中小事業主**、一人親方、海外派遣労働者等）は、**任意**に特別加入することができる

②給付の種類

給付の種類	支給要件
療養（補償）給付	治療を受けたとき。治療費は原則**無料**
休業（補償）給付	療養のため働けず賃金を受けられないとき。休業**４日目**から休業１日につき、給付基礎日額の６割相当額が支給される
傷病（補償）年金	**1年6カ月**たっても傷病が治癒せず一定条件に該当するとき
障害（補償）給付	傷病が治癒（症状固定）して一定の**障害**が残ったとき
介護（補償）給付	**重度の障害等**で介護を受けたとき
遺族（補償）給付	労働者が死亡したとき
葬祭料（葬祭給付）	死亡した労働者の**葬祭**を行ったとき
二次健康診断等給付	**健康診断**の結果、一定の項目のいずれにも異常の所見があるとき

＊ 業務災害の給付には「補償」という言葉が入る

5 雇用保険

雇用保険は、**失業**あるいは**雇用継続**に必要な給付（失業等給付、育児休業給付）を行う制度です。また、失業の予防、労働者の能力開発などを図るための事業（雇用保険二事業）も行っています。

①雇用保険の概要

被保険者	適用事業で働く常用**労働者**。なお、パートタイマーや派遣労働者などは、1週間の所定労働時間が**20**時間以上、かつ31日以上の雇用見込があること
保険料	失業等給付等＝**労使折半**　二事業＝全額事業主負担
給　付	失業等給付： ・求職者給付（失業者が求職活動をした） ・就職促進給付（早期に再就職した） ・教育訓練給付（教育訓練を受けた） ・雇用継続給付（引き続き雇用された） 育児休業給付（子の養育のため休業した）

②主な失業等給付

⑴基本手当

雇用保険の給付の中心となるのが、一般被保険者（65歳未満の者）が**失業**したときに支給される求職者給付の基本手当です。

重要用語

失業

雇用保険の「失業」とは、働く意思と能力があり、求職活動を行っているにもかかわらず、仕事に就くことができないことです。

●支給要件 頻出

離職の日以前**2**年間に、雇用保険の被保険者期間が通算して**12**カ月以上あること。ただし、倒産、解雇または雇止めなどについては、離職の日以前**1**年間に被保険者期間が**6**カ月以上あること

●基本手当日額

賃金日額※×50～80%（60～64歳は45～80%）

※ 退職前6カ月間の平均賃金（賞与を除く）

●所定給付日数

〈自己都合や定年などによる離職＝通常の受給資格者〉

離職時の年齢	雇用保険に加入していた期間		
	10年未満	10年以上20年未満	20年以上
65歳未満	90日	120日	150日

＊ 高年齢被保険者（65歳以上の者）が失業したときは、高年齢求職者給付金（最大で基本手当日額の50日分相当額）が一時金で支給される

〈解雇・倒産、雇止め※などの離職者〉

離職時の年齢	雇用保険に加入していた期間				
	1年未満	1年以上 5年未満	5年以上 10年未満	10年以上 20年未満	20年以上
30歳未満	90日	90日	120日	180日	―
30～34歳		120日	180日	210日	240日
35～44歳		150日		240日	270日
45～59歳		180日	240日	270日	330日
60～64歳		150日	180日	210日	240日

※ 令和7年3月31日までの暫定措置

〈基本手当受給の流れ〉

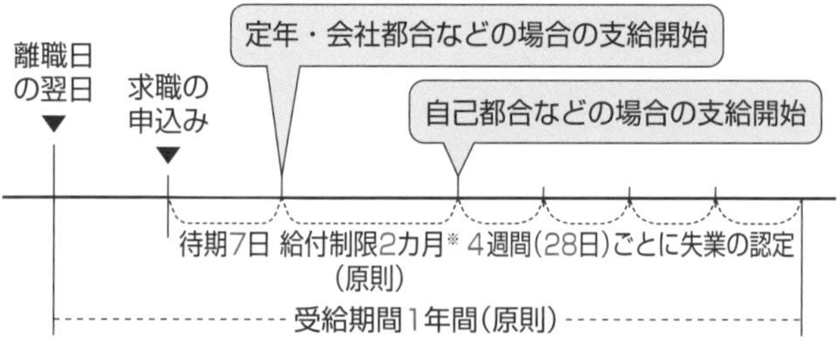

※ 過去5年間に2回以上自己都合で退職した場合は3回目からは3カ月
＊ 求職申込みの手続きは、住所管轄の職業安定所(ハローワーク)で行う

(2)教育訓練給付

一定要件を満たす人が、厚生労働大臣の指定する教育訓練を受けて修了したときに支給されます。

〈一般教育訓練の支給額(最大1年間分)〉
入学金および受講料の20%(上限10万円、下限4千円)

＊ 専門実践教育訓練の場合、受講費用の50%(上限：合計120万円、年間40万円)。一定要件に該当すると、さらに20%が追加支給される

(3)育児休業給付 頻出

支給要件	・1歳(パパママ育休は1歳2カ月。保育所不可は1歳6カ月、最長2歳)未満の子を養育するため休業 ・休業開始前2年間にみなし被保険者期間が通算して12カ月以上あること
支給額	休業開始時賃金日額 × 支給日数 × { 休業開始から180日まで67% 休業開始から181日以降50%

＊ 出生後8週間のうち、28日を限度として2回まで分割取得が可能な育児休業(産後パパ育休)に対応した「出生時育児休業給付」が支給された日数は、上記の180日に通算される

老齢基礎年金 頻出

老齢基礎年金は、受給資格期間(年金を受け取るために必要
ー定期間)を満たすと、65歳から支給されます。

受給資格期間

保険料納付済期間＋保険料免除期間＋合算対象期間※1(カラ期間)＝10年以上(原則)※2

受給資格期間には算入されるが、年金額には反映されない期間
平成29年8月から、改正により25年から10年に短縮された

年金額

20歳から60歳までの40年間(480月)保険料を納めると満
の老齢基礎年金が受給できます。なお、40年の間に免除期
や未納期間があると、免除・未納相当分が減額されます。

満額の老齢基礎年金 816,000円※1(令和6年度価額) × (保険料納付済月数※2 ＋ 免除月数 × 免除の種類に応じた割合※3) ／ 480月(40年)

昭和31年4月1日以前生まれの者は813,700円。障害基礎年金・遺族基礎年金も同じ
2 国民年金第2号被保険者期間のうち、保険料納付済月数にカウントできるのは、20～60歳までの期間
3 免除の種類に応じた割合
・全額免除・・・1/2(1/3)　・半額免除・・・3/4(2/3)
・4分の3免除・5/8(1/2)　・4分の1免除・7/8(5/6)
(　)内は平成21年3月以前にある免除期間の割合

)老齢厚生年金 頻出

老齢厚生年金には、65歳前の「特別支給の老齢厚生年金」と
5歳以後の「(本来支給の)老齢厚生年金」があります。

)受給要件

	特別支給の老齢厚生年金	老齢厚生年金
受給資格期間	老齢基礎年金と同様10年以上	
厚生年金の加入期間	1年以上	1カ月以上
支給開始年齢	生年月日ごと	65歳

(4)高年齢雇用継続給付 頻出

60歳以後の賃金が低下したときに、一定期間支給されます。

	高年齢雇用継続基本給付金	高年齢再就職給付金
	基本手当を受給しないで60歳以後も勤めている	基本手当を100日以上残して再就職した
支給要件	・雇用保険の被保険者期間が5年以上あること ・原則として60歳到達時の賃金に比べて75%未満の賃金で雇用保険の被保険者として働いていること	
支給額	60歳時の賃金と比べて 61%未満・・・・・・・・・・・支給対象月の賃金×15※% 61%以上75%未満・・・支給対象月の賃金×0～15※%	
支給期間	60歳に達した月から65歳に達する月まで	基本手当の支給残日数に応じて1年間または2年間

※ 令和7年4月より10%の予定

7 公的年金 重要度A

1 年金制度の概要

①年金制度の体系

20歳以上60歳未満のすべての人が国民年金の強制加入者とされます(基礎年金制度)。これに加えて、会社員・公務員などは、厚生年金保険の加入者とされます。

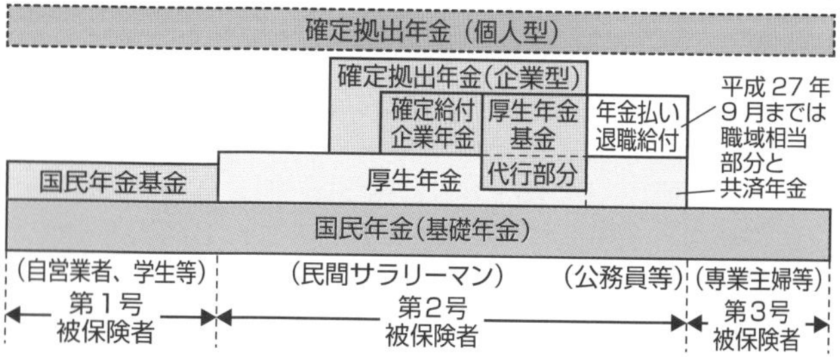

＊ 公的年金は国民年金および厚生年金

②公的年金制度の給付の種類

	年をとったとき	障害が残ったとき	死亡したとき
厚生年金保険	老齢厚生年金	障害厚生年金(1～3級) 障害手当金(一時金)	遺族厚生年金
国民年金	老齢基礎年金 付加年金	障害基礎年金 (1、2級)	遺族基礎年金 寡婦年金 死亡一時金

③被保険者と保険料

⑴国民年金の被保険者の種別と保険料 頻出

国民年金の被保険者は、職業などにより３つに分かれています。国籍要件はありません。

	第１号被保険者	第２号被保険者	第３号被保険者
対象者	20歳以上60歳未満の国内居住の第2号、第3号以外の者(自営業・学生など)	厚生年金保険の被保険者※1(会社員・公務員など)	第2号に扶養される配偶者で20歳以上60歳未満の原則国内居住の者(専業主婦など)
手続	市区町村役場	勤務先	配偶者の勤務先
保険料	・国民年金保険料 月額16,980円※2 納付期限：翌月末日 時効：２年 ・老齢基礎年金に上乗せする付加年金制度がある(任意) 付加保険料： 月額400円 付加年金： 200円×納付月数	・個別に払う必要はない ・厚生年金保険料から第２号、第３号の保険料が拠出されている ～厚生年金の保険料～ ・原則、労使折半負担 月給(標準報酬月額) 賞与(標準賞与額) }×保険料率(18.3%) ・３号の有無による保険料の違いはない ・３歳未満の子の養育のため育児休業中、産前産後休業中の厚生年金保険および健康保険の保険料は、事業主の届出により事業主・被保険者ともに免除される	

※１ 65歳以上の者は、老齢年金の受給権がない者に限り第２号被保険者となる
※２ 令和6年度額。「17,000円＋保険料改定率(毎年度改定)」により算出する

⑵厚生年金保険の被保険者

適用事業所(法人、国・地方公共団体、または一部の業種を除く従業員５人以上の個人事業所)に使用される70歳未満の人(取締役、役員を含む)は、原則として厚生年金保険の被保険者になります。

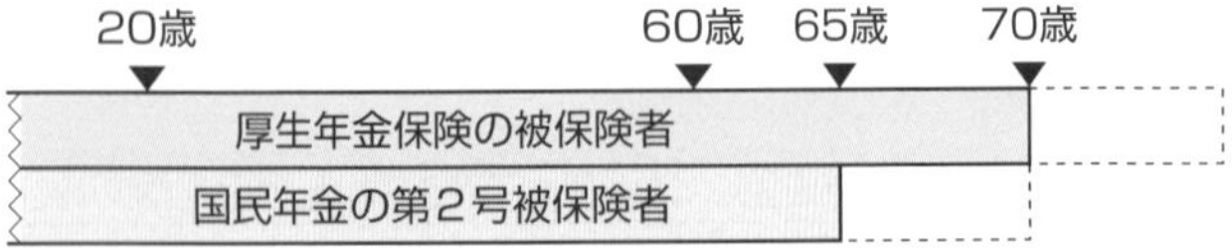

＊ パートタイマー等の短時間労働者は、１週間の労働時間および1カ月の労働日数が一般社員の4分の3以上の場合は、厚生年金保険・健康保険の被保険者となる。なお、4分の3未満であっても、従業員101人(令和6年10月以降は51人)以上の企業の場合、①2カ月超の雇用見込み、②週20時間以上の勤務、③月額賃金8.8万円以上かつ学生ではない人は、被保険者となる

⑶国民年金の保険料免除制度 頻出

第１号被保険者には、経済的に保険料を納めること
人などに対する保険料免除制度が設けられています。

免除の種類	法定免除	申請免除	納付猶予	学
対象者、条件等	2級以上の障害年金、生活扶助受給者	所得の状況等により４種類(全額・4分の3・半額・4分の1)	50歳未満	〔学
所得審査の対象者	なし	本人・配偶者・世帯主	本人、配偶者	本人
受給資格期間には？	〔○〕 算入される			
老齢基礎年金額には？	〔△〕 一部反映される		〔×〕 反映されない	
保険料の追納	免除および猶予された保険料は、過去10年以内であればさかのぼって納めることができる(追納)			

●**産前産後期間に係る保険料免除**

第１号被保険者が出産するときは、出産予定月の前月から４カ月間(多胎妊娠の場合は出産予定月の3カ月前から6カ月間)、所得の有無にかかわらず保険料が免除される。免除された期間は「保険料納付済期間」として扱われるため、上記の保険料免除制度よりも優先して適用される。

2 老齢年金

〈夫婦で受給する老齢年金のイメージ〉

●本人

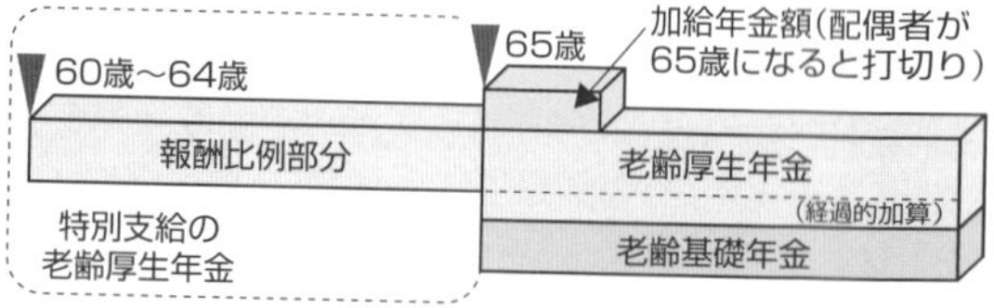

●配偶者

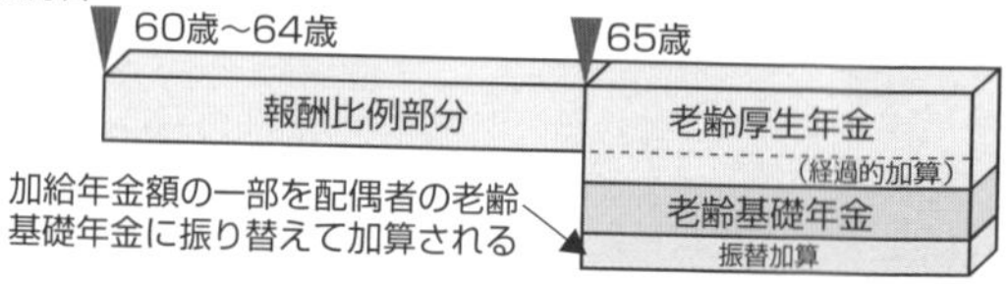

(2)支給開始年齢

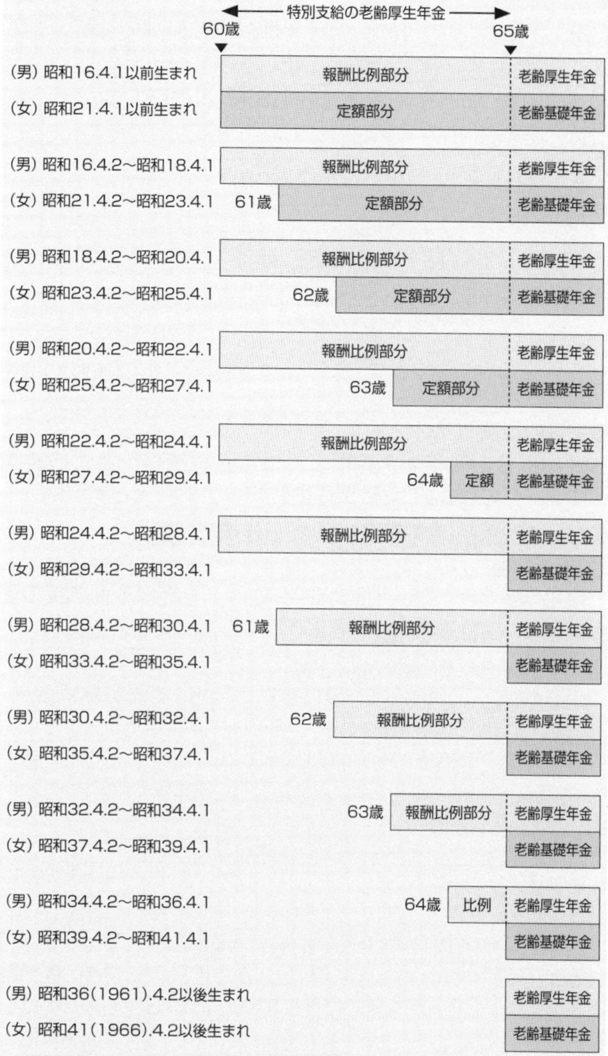

＊ 共済期間のある女性は、男性と同じ生年月日による
＊ 特別支給の老齢厚生年金の定額部分の支給開始年齢の引き上げは、すでに終了している

(3)年金額 

●定額部分

厚生年金加入1カ月あたりの「単価」と「加入月数」に基づく額

令和6年度の定額単価		生年月日ごとの乗算		上限480月
1,701円	×	1.000～1.875	×	加入月数

●報酬比例部分

厚生年金加入中の「平均報酬額」と「加入月数」に基づく額

①＋②

現年度ベースの再評価 / 生年月日ごとの乗率

① 平均標準報酬月額 $\times \dfrac{7.125\sim9.5}{1000} \times$ H15.3以前の加入月数

② 平均標準報酬額 $\times \dfrac{5.481\sim7.308}{1000} \times$ H15.4以後の加入月数

●経過的加算

定額部分と厚年加入期間に基づく老齢基礎年金との差額(33ページの〈夫婦で受給する老齢年金のイメージ〉参照)

●加給年金額と(老齢基礎年金の)振替加算 頻出

〈加給年金額〉

厚生年金保険の加入期間が**20**年以上ある老齢厚生年金の受給権者に、**生計を維持**される以下の家族がいるときに支給。

加給対象者	・**65**歳未満の配偶者 ・**18**歳到達年度の末日までの子、または**20**歳未満で障害等級1級・2級の障害状態にある子
支給額	配偶者：**408,100**円(234,800円＋特別加算〈昭和18年4月2日以後生まれの受給権者の場合〉) 子：2人目まで1人あたり234,800円 　　3人目以降は1人あたり78,300円

＊ 金額はいずれも令和6年度額

〈振替加算〉

配偶者に係る加給年金額は、配偶者が**65**歳になると打ち切られるが、昭和41(1966)年4月1日以前生まれの配偶者の**老齢基礎年金**には、その一部を振り替えて加算される(33ページ参照)。

●在職定時改定

65歳以降も厚生年金保険の被保険者として勤め、老齢厚生年金を受給している者の年金額は、毎年**9月1日**を基準日として、基準月の前月までの加入期間を算入して、基準月の翌月(10月)から年金額が再計算(増額)される。

③在職老齢年金

老齢厚生年金を受給している人が、厚生年金保険の被保険者として勤めていると、給与(月給と賞与)に応じて、老齢厚生年金の**全部**あるいは**一部**が支給停止されることがあります。これを「**在職老齢年金**」といいます。

〈在職老齢年金の対象部分〉

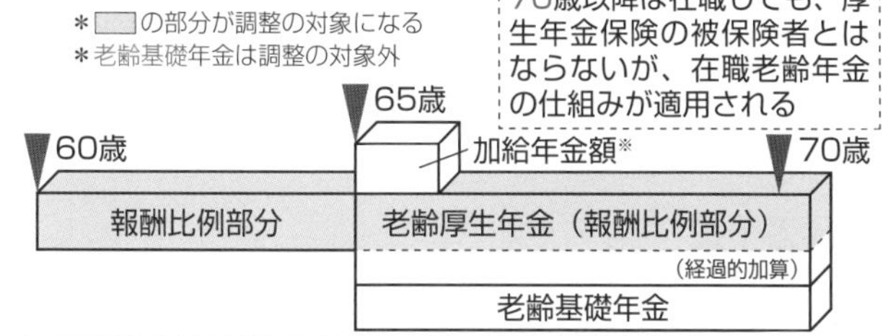

※ ▭ の部分が全額支給停止されると加給年金額も支給停止される

〈在職老齢年金の停止基準〉 改正

基本月額※1 ＋ 総報酬月額相当額※2 ＝ 支給停止調整額

50※3万円以下⇒全額支給

50※3万円超え⇒超えた額×**2分の1**の額が支給停止

※1 老齢厚生年金の額(加給年金額、65歳以降の経過的加算・繰下げ加算額を除く)÷12
※2 その月の標準報酬月額＋その月以前1年間の標準賞与額の総額÷12
※3 令和6年度額 毎年度見直される

④老齢年金の繰上げ・繰下げ 頻出

本来**65**歳から支給される老齢年金を、**60**歳から64歳の間に繰上げ受給、また**66**歳以降に繰下げ受給することもできます。

〈減額率・増額率〉

減額率 1カ月ごと**0.4%**※1

増額率 1カ月ごと**0.7%**

76%--->99.6% (最大24%減額) 60歳0カ月~64歳11カ月	受給率 100% 65歳	108.4%--->184% (最大84%増額) 66歳0カ月~**75**歳※2
繰上げ受給		**繰下げ受給**

※1 昭和37年4月1日以前生まれの者は0.5%
※2 昭和27年4月1日以前生まれの者は70歳

〈繰上げ受給の例〉

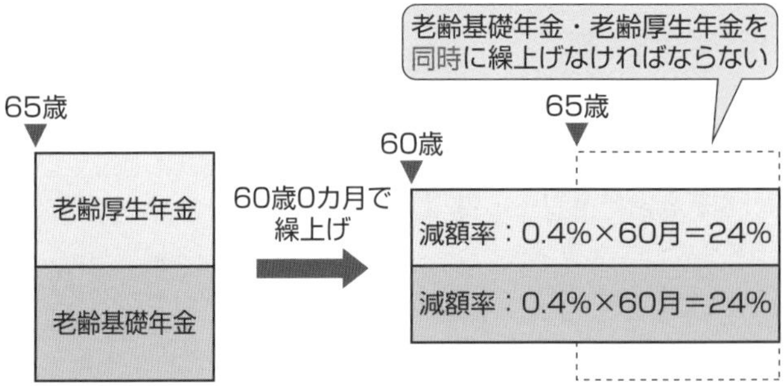

＊ 繰下げ受給は、片方のみすることも可能

3 障害年金

①受給要件

障害年金は、障害のもととなった病気やケガで、はじめて医師の診療を受けた日（初診日）に加入していた制度から支給されますが、次の３つの要件すべてを満たす必要があります。

<table>
<tr><th></th><th>障害基礎年金</th><th>障害厚生年金</th></tr>
<tr><td>初診日要件</td><td>国民年金の被保険者、または国民年金の被保険者であった国内居住の60歳以上65歳未満の者</td><td>厚生年金保険の被保険者</td></tr>
<tr><td>保険料納付要件</td><td colspan="2">次のいずれかを満たしていること
・初診日の前日において、初診日がある月の前々月までの国民年金の被保険者期間のうち、「保険料納付済期間＋保険料免除期間」が３分の２以上あること
・初診日がある月の前々月までの直近１年間に保険料の未納がないこと。ただし、65歳未満の者に限る（令和8年3月末まで）</td></tr>
<tr><td rowspan="2">障害等級要件</td><td colspan="2">障害認定日（初診日から１年６カ月経過日、またはその期間内に症状が固定した日）において※</td></tr>
<tr><td>１級または２級</td><td>１級・２級・３級</td></tr>
</table>

※ 障害認定日に障害等級に該当しなくても、その後悪化して、65歳になるまでに障害等級に該当し、かつ請求したときは、障害年金が支給される（事後重症による障害年金）

〈障害年金受給の流れ〉

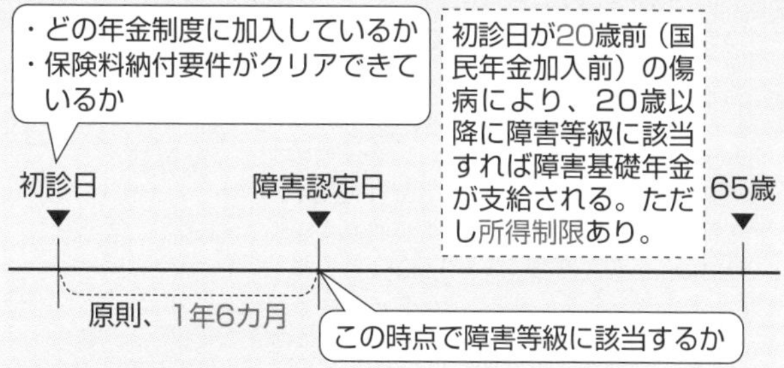

②年金額 頻出

	障害基礎年金	障害厚生年金
1級	816,000円×1.25 ＋子の加算額	**報酬比例**※×1.25 ＋配偶者の加給年金額
2級	816,000円 ＋子の加算額	**報酬比例**※（36ページ参照） ＋配偶者の加給年金額
3級	—	**報酬比例**※（最低保障あり）
加算 加給	36ページの加算の要件、支給額と同じ	・65歳未満の配偶者 ・234,800円 （特別加算なし）

※ 被保険者期間が300月未満のときは300月として計算
＊ 年金額・加算額は、いずれも令和6年度額
＊ 厚生年金には、3級より軽い一定の障害のときの障害手当金（一時金）制度がある

4 遺族年金

①受給要件

国民年金の遺族基礎年金および厚生年金保険の遺族厚生年金は、それぞれ次の被保険者などが死亡した当時、死亡した者に**生計を維持**されていた遺族に支給されます。

重要用語

生計維持

遺族年金では、死亡者と遺族が生計同一、かつ、遺族の年収が850万円未満であること。老齢・障害年金の加給年金額や加算額も同様の条件です。

〈死亡者の要件〉

遺族基礎年金	遺族厚生年金	
①国民年金の被保険者 ②国民年金の被保険者であった国内居住の60歳以上65歳未満の者 ③老齢基礎年金の受給権者※または受給資格期間※を満たす者	①厚生年金保険の被保険者 ②厚生年金保険の資格を喪失後、被保険者であった間に初診日がある傷病が原因で、**初診日**から**5年以内**の者 ③障害等級1級または2級の障害状態にある障害厚生年金の受給権者	短期要件
	④老齢厚生年金の受給権者※または受給資格期間※を満たす者	長期要件

※ 保険料納付済期間と保険料免除期間等を合算した期間が25年以上あること
＊ 遺族基礎年金・遺族厚生年金いずれも、①と②については保険料納付要件が必要(38ページの保険料納付要件の「初診日」を「死亡日」とする)

〈遺族の要件〉 頻出

遺族基礎年金	遺族厚生年金	
①**子のある配偶者**または子 配偶者は子と生計同一であること	①配偶者および子 ②父母 ③孫 ④祖父母	もっとも順位が高い者だけが受給できる

＊ 子・孫は18歳到達年度の末日まで、または20歳未満で障害等級1級・2級の障害状態にあること
＊ 遺族厚生年金の配偶者のうち夫、および父母・祖父母は、死亡当時55歳以上であること。ただし、支給開始は60歳から(遺族基礎年金の受給権がある夫を除く)
＊ 夫死亡時に30歳未満で子がない妻に対する遺族厚生年金は、夫死亡から5年間しか支給されない

②年金額 実技 頻出

遺族基礎年金	遺族厚生年金
816,000円＋子の加算額	報酬比例×3/4
〈加算額および対象となる子〉 36ページの加算額の要件、支給額と同じ(年金額・加算額は令和6年度額)	〈短期要件〉 ・300月みなしあり 〈長期要件〉 ・実際の加入期間で計算

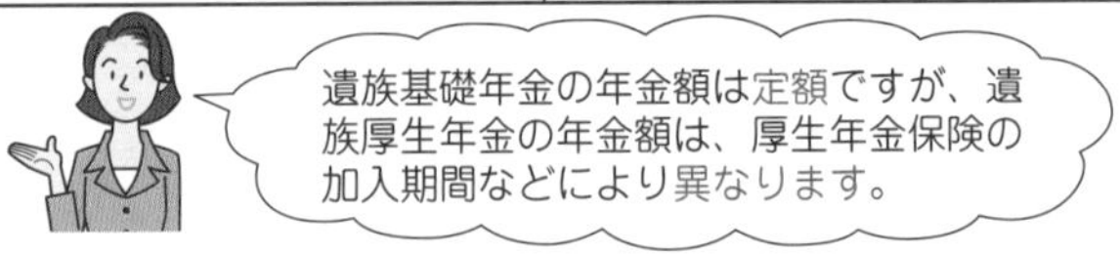

③中高齢寡婦加算と経過的寡婦加算 実技

中高齢寡婦加算	夫の死亡当時、妻の年齢が原則として**40歳以上65歳未満**であれば妻が**65歳**になるまでの間、遺族厚生年金※に加算される。ただし、遺族基礎年金の支給期間中は**支給停止**。加算額は**612,000円**(令和6年度額)
経過的寡婦加算	妻が**65歳**になると中高齢寡婦加算はなくなるが、昭和31年4月1日以前生まれの妻には、**65歳**以後の遺族厚生年金に生年月日に応じた一定額が加算される

※ 長期要件による遺族厚生年金の場合は、亡夫の厚生年金保険の被保者期間が20年以上あること

〈遺族年金の支給例〉

●夫死亡時に40歳以上で子のない妻

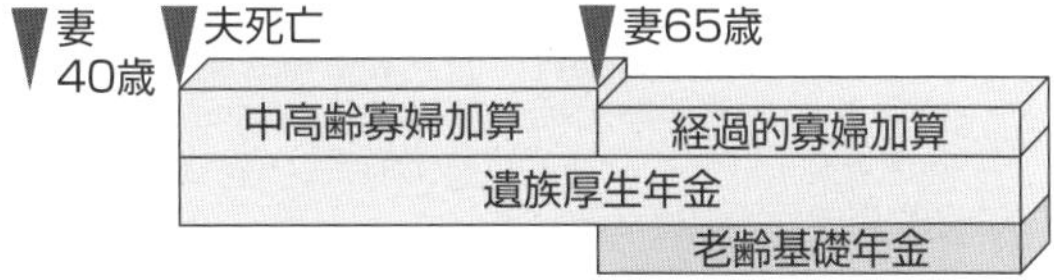

●夫死亡時に40歳未満で子がある妻

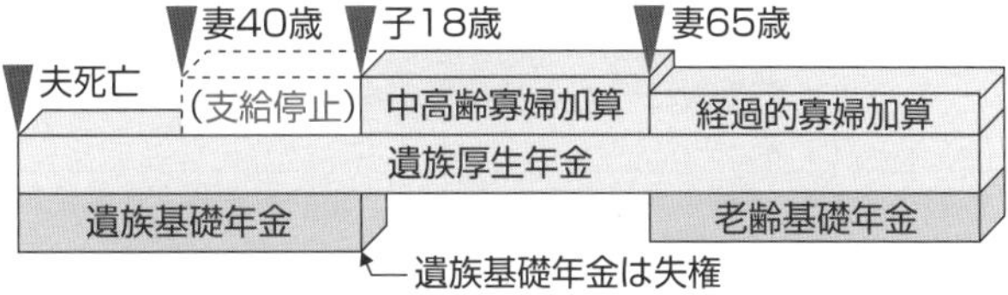

④第1号被保険者の死亡による国民年金の独自給付

国民年金の第1号被保険者期間がある人が、老齢基礎年金等を受給しないまま死亡したときに支給される給付です。

	寡婦年金	死亡一時金
死亡者の要件	第1号被保険者としての保険料納付済期間＋保険料免除期間が**10**年以上	第1号被保険者としての保険料納付済期間等が**3**年以上
受給者	婚姻期間が**10**年以上ある妻	**〔一定の遺族〕**
支給期間	60歳から65歳になるまで	一時金
支給額	第1号期間に基づく老齢基礎年金の**4**分の**3**	保険料納付済期間等に応じた一定額

＊ 寡婦年金と死亡一時金の両方を受けられる場合には、どちらかを選択する

⑧ 企業年金　重要度B

1 企業年金制度の概要

企業年金には、「確定給付型」と「確定拠出型」があります。

＊ 確定給付型：先に給付額を決め、それによって掛金を算定する（厚生年金基金、確定給付企業年金）。確定給付企業年金の掛金負担者は事業主であるが、規約により加入者の一部負担が可能
確定拠出型：先に掛金額を決め、給付額は運用結果により変動する

①確定拠出年金　頻出

⑴対象者、税制など

	個人型DC[※1]（愛称iDeCo）	企業型DC[※1]
加入対象者	・国民年金第1号被保険者（低所得による保険料免除者を除く） ・厚生年金保険の被保険者である国民年金第２号被保険者（65歳未満） ・国民年金第３号被保険者 ・65歳未満の一部の国民年金の任意加入被保険者	公務員を除く実施事業所に勤める厚生年金保険の被保険者[※2]（70歳未満）
運営主体	国民年金基金連合会	制度を実施する各企業
掛　金	年１回以上、定期的に拠出	
掛金負担者	〔加入者〕	〔事業主〕 規約により、事業主掛金と同額まで、かつ、事業主掛金と合算して拠出限度額内であれば加入者が自ら拠出も可能（マッチング拠出）
運　用	運用指図は、加入者本人が自己責任で行う	
老齢給付	通算加入者等期間が10年以上あると、60歳から受取開始可能。それ以外は期間に応じて61 ～ 65歳から受取開始可能。受取開始時期の上限は75歳	
税制　掛金	加入者：小規模企業共済等掛金控除　企業：全額損金算入	
税制　給付	老齢給付：年金…雑所得（公的年金等控除の適用あり） ：一時金…退職所得	

特　徴	・転職離職時には、積立資産を移換できる（ポータビリティー） ・原則として中途脱退はできないが、一定の要件に該当する場合は、積立資産が引き出せる

※1 確定拠出年金の略
※2 企業型は規約により一定の年齢未満（下限60歳）とすることが可能
＊ マッチング拠出を実施している企業型DCの加入者は、マッチング拠出か個人型加入者かを選択できる

(2)拠出限度額（年額） 改正

個人型	国民年金第1号被保険者		81.6万円（国民年金基金の掛金と合算）
	国民年金第3号被保険者		27.6万円
	厚生年金被保険者※1	厚生年金被保険者で下記以外の者	27.6万円
		企業型DCの加入者	24万円※2、3
		企業型DCと確定給付型企業年金の加入者	14.4万円※2、3
		・確定給付型企業年金の加入者 ・公務員	14.4万円※3
企業型	確定給付型の企業年金なし		66万円※4
	確定給付型の企業年金あり		33万円※4

※1 掛金の給与天引きが可能
※2 月額上限2万円（企業型DCと確定給付型企業年金の加入者は1.2万円）かつ企業型DC掛金と合計して5.5万円（2.75万円）以内
※3 令和6年12月から、月額上限2万円かつ事業主の掛金（企業型DC掛金および確定給付型企業年金など他制度掛金）との合計が5.5万円以内
※4 令和6年12月から、他制度掛金と合計して月額上限5.5万円以内

②自営業者などの年金

		国民年金基金	小規模企業共済
対象者		国民年金第1号被保険者（原則として免除者などを除く）、または65歳未満の一部の国民年金の任意加入被保険者	従業員数20人（商業・サービス業は5人）以下の個人事業主または会社等の役員、一定要件を満たす共同経営者
掛　金 頻出		月額68,000円まで（個人型確定拠出年金の掛金と合算して）※	・月額1,000円～70,000円 ・500円刻み
税制	掛金	社会保険料控除	小規模企業共済等掛金控除
	給付	（老齢）年金…雑所得（公的年金等控除の適用）	

※ 掛金の額は、加入時の年齢、選択した給付の型や加入口数によって異なる
＊ 小規模企業共済の共済金の受取りは、一時払いと分割払いの併用が可能

Q&A 基本

第1章

ライフプランニングと資金計画

学習日 ／

① ファイナンシャル・プランニングの考え方・手法

／11

Q 01 ライフイベント表には、住宅取得、自動車買替えなどの一時的支出は計上するが、収入は計上する必要はない。

Q 02 個人バランスシートは、ある時点の家計の中の預貯金と、住宅ローンのバランスを見るためのものである。

Q 03 FPは、顧客の個人情報が漏えいすることのないように、職務遂行上、十分に注意する必要がある。

Q 04 ライフプランニングにおける可処分所得は、年間の収入金額から社会保険料、所得税および住民税を控除した金額である。

Q 05 プランニングにあたっては、FPの利益を最優先し、手数料収入が見込めるかどうかを判断したうえで、顧客利益を考えるのが原則である。

Q 06 キャッシュフロー表の貯蓄残高は、前年の貯蓄残高にその年の年間収支を加えたものである。

過去問チェック! [2020-1]

Q キャッシュフロー表の作成において、住宅ローンの返済額は、「前年の年間返済額×(1＋物価変動率)」で計算された金額を計上する。

勉強のコツ❶

FPの職業倫理や関連法規のほか、社会保障の健康保険や公的年金については、必ず押さえましょう。

A 01 ×　満期保険金や退職金などの一時的収入も計上する。ライフイベント表は、自分や家族の将来のイベントを時系列で表したものであり、イベントの必要資金も記入する。

ひっかけ

A 02 ×　預貯金や住宅ローン以外にも、住宅や土地、車、株式などの資産のほか、車のローンなどの負債も計上する。

A 03 ○　FPは顧客のプライバシーにかかわる情報を扱うので、顧客利益の優先、守秘義務の遵守、説明責任などの高い職業倫理が必要である。

A 04 ○　キャッシュフロー表で収入を見積もるときには、可処分所得を用いるのが一般的である。可処分所得とは、収入から社会保険料と所得税・住民税をひいた金額である。

A 05 頻出 ×　プランニングはあくまでも顧客のライフプラン上の目標を達成するために行うものであり、常に顧客利益を最優先に考えるべきである。

A 06 実技 ×　貯蓄残高は、前年の貯蓄残高を一定の運用利率で運用したとした金額に、その年の年間収支を加える。

貯蓄残高＝前年の貯蓄残高×（１＋運用利率）±その年の年間収支

A ×　住宅ローンの返済額は、物価変動率は考慮せず毎年の返済額をそのまま計上する。

基本

Q 07 保険募集人の資格のないFPが、変額個人年金保険の商品説明および募集を行った。

Q 08 弁護士資格を有しないFPが、顧客からの将来の相続の相談に対し、民法で定められた遺留分について一般的な解説を行った。

Q 09 税理士資格を有しないFPであっても、現在の税制に関する資料の提供やそれに基づく一般的な説明などは、税理士法に抵触しないと解される。

Q 10 FPが所有する顧客の個人情報について、その顧客の家族から開示を請求された場合、本人の承諾を得なくても家族には提供できる。

Q 11 司法書士資格のないFPが、顧客の登記に関し、申請書類を作成して登記申請を代行した。

② 教育資金設計

／2

Q 12 日本政策金融公庫の教育一般貸付の融資額は、国内の４年制大学に進学し、自宅から通学する場合、学生・生徒１人につき350万円以内である。

Q 13 こども保険は、契約者である親が死亡した後も遺族が保険料を支払っていけば、満期保険金が受け取れる。

③ 住宅資金設計

／4

Q 14 財形住宅融資は財形住宅貯蓄をしていなければ利用できない。

過去問チェック！ ［2019-1］

Q FPのCさんは、賃貸アパートの建設に関する相談を受け、顧客から預かったデベロッパーの事業計画書を、顧客の同意を得ることなく、紹介予定の銀行の担当者に融資の検討資料として渡した。

A 07 頻出 ×

保険募集人ではないFPは、保険の商品説明はできるが、募集をすることはできない。

A 08 頻出 ○

弁護士資格のないFPは個別具体的な法律相談は受けることができないが、一般的な内容の解説はすることができる。

A 09 頻出 ○

税理士資格のないFPは個別具体的な税金の相談は受けることができないが、一般的な税法の解説などはすることができる。

A 10 ×

家族からの申し出であっても、必ず本人の承諾は必要である。

A 11 ×

登記に関する手続きを代行するには、司法書士資格が必要である。

A 12 ○

なお、金利は固定金利で、世帯の子どもの人数により年収基準の上限額が異なっている。自宅外通学や修業年限５年以上の場合などは450万円以内。

A 13 ×

こども保険は、契約者（親）が死亡した後は、保険料の払込みが免除され、満期保険金も受け取れる。

A 14 ×

財形住宅融資は、財形貯蓄（一般・住宅・年金のいずれでもよい）を1年以上継続して、残高が50万円以上であれば利用可能である。

ひっかけ

A ×

FPには、業務上知り得た情報を外部にもらさないという守秘義務の遵守が求められる。

基本

Q 15

住宅の床面積や年収等の融資条件を満たせば、借換え先の住宅ローンとして「フラット35」を利用することができる。

Q 16

団体信用生命保険の保険金額は、返済期間中は当初の借入金額と同額のままである。

Q 17

一部繰上げ返済を行う場合、返済残高・金利・返済期間などの条件が同一であれば、返済額軽減型は、期間短縮型よりも、利息の軽減効果が大きい。

4 カードとローン

/2

Q 18

一般に、クレジット会員への入会の際は、紛失や盗難に備えた「カード盗難保険」に加入することになるが、本人に過失があると保険金が支払われない場合がある。

Q 19

クレジットカードの支払いでは、1回払い、分割払い、ボーナス払い、リボルビング払いなどは金利負担が発生する。

5 中小企業の資金計画

/6

Q 20

資金調達の方法には、金融機関等からの借入れによって資金を調達する直接金融と、株式の発行等によって投資家等から資金を調達する間接金融がある。

過去問チェック! [2023-9]

Q

日本政策金融公庫の中小企業事業における融資では、事業用資金だけでなく、投資を目的とする有価証券等の資産の取得資金についても融資対象となる。

A 15 ○

フラット35は借換えにも利用できる。なお、「フラット35」S（優良住宅取得支援制度）は利用できない。フラット35の借換え融資の対象となる住宅ローンおよび住宅の条件として、住宅取得時の住宅ローンの借入額が8,000万円以下で、かつ、購入価額の100%以内であること、床面積が、一戸建は70㎡以上、マンション等は30㎡以上などがある。

A 16 ×

団体信用生命保険の保険金額はローンの返済に応じた残債額なので逓減していく。

A 17 ×

期間短縮型の方が、利息の軽減効果が大きい。

A 18 ○

盗難保険とは、クレジットカードを盗難や紛失等により不正使用された場合に、一般的に60日前までさかのぼってその損害分を補償する保険。本人に重大な過失があった場合は適用されない。

A 19 ×

一般に、1回払いやボーナス払いには金利負担はない。

A 20 ×

金融機関等からの借入れによって資金を調達するのは間接金融である。直接金融は企業が株式や債券等を発行して個人や企業などの投資家に買ってもらい、直接的に資金を調達する方法である。

A ×

投資を目的とする有価証券等の取得目的の資金は、融資対象外である。

基本

Q 21 「少人数私募債」は、親族、知人、取引先などの縁故者（30人未満）を対象として、企業が社債を発行して資金調達する方法である。

Q 22 「第三者割当増資」は、特定の既存株主に限定して、新株引受権を与えて株式を発行し、資金調達をする方法である。

Q 23 損益計算書は、企業の一会計期間における資金の調達源泉と使途を示したものである。

Q 24 キャッシュフロー計算書は、一会計期間における企業の資金の増減を示したものである。

Q 25 中小企業向けの日本政策金融公庫の融資は、必ず担保が必要である。

6 社会保険

／30

Q 26 日本国内に住所を有する者は、原則として何らかの公的医療保険に加入することになっている。

Q 27 健康保険は、業務上・業務外にかかわらず疾病、負傷、死亡または出産に関して保険給付を行う制度である。

過去問チェック! ［2023-5］

Q 日本政策金融公庫のマル経融資（小規模事業者経営改善資金）は、商工会議所や商工会などの経営指導を受けている小規模事業者の商工業者が利用できる融資制度であり、利用に当たって担保と保証人は不要とされている。

A 21 ×

ひっかけ

少人数私募債は社債の引受けを勧誘する相手の人数が50人未満、社債の発行総額が社債の一口額面の50倍未満、譲渡制限付きの社債である。短期間、低コストで簡単に発行できる。

A 22 ×

第三者割当増資は、株式を割り当てる人を「特定の第三者」に限定するもので、「既存株主」に限定しない。

A 23 ×

損益計算書（P/L）は、企業の一会計期間における収益と費用の状態を表す営業成績を示したものである。

A 24 ○

キャッシュフロー計算書（C/S）は、お金の流れによって会社の実態を表すもので、会計期間における資金（現金および現金同等物）の増減、つまり収入と支出を営業活動・投資活動・財務活動ごとに3つに区分して表示するものである。

A 25 ×

日本政策金融公庫の融資は、必ず担保が必要ということはなく、無担保、無保証人で利用できる制度もある。

A 26 ○

公的医療保険については、すべての人が何らかの制度に加入する。これを「国民皆保険」という。

A 27 ×

ひっかけ

健康保険は業務外の病気やケガなどに対して保険給付を行う。業務上の病気やケガなどに対しては労災保険から保険給付が行われる。

A ○

経営改善に必要な資金を無担保・無保証人で利用できる制度で、融資限度額は2,000万円、返済期間は運転資金が7年以内、設備資金は10年以内である。

基本

Q 28
健康保険・国民健康保険の療養の給付に係る一部負担金(自己負担額)の割合は、義務教育就学以後75歳未満の人は3割である。

Q 29
全国健康保険協会管掌健康保険(協会けんぽ)の保険料率は、都道府県ごとに設定されている。

Q 30
健康保険の保険料は、40歳未満の場合、被保険者の月給(標準報酬月額)および賞与(標準賞与額)にそれぞれ一般保険料率を乗じて算出され、その全額を被保険者が負担する。

Q 31
健康保険の被扶養者となるのは、主として被保険者の収入で生計維持されている国内居住の一定の親族である。

Q 32
高額療養費は、同一月・同一の医療機関等で支払った医療費の一部負担金の額が高額になり、自己負担限度額を超えたときに、その超えた部分の額が所定の手続きにより支給される制度である。

Q 33
傷病手当金は、健康保険の被保険者が業務外の事由による傷病の療養のため働けない場合、会社を休んだ日が連続して3日以上になったときに、4日目以降の休んだ日について支給される。

Q 34
傷病手当金は、支給開始日から通算して1年を限度として支給される。

過去問チェック! [2023-9(加工)]

Q 健康保険の適用事業所に常時使用される75歳未満の者は、原則として、健康保険の被保険者となる。

A 28 ×

医療費の自己負担割合は、義務教育就学以後70歳未満は３割、義務教育就学前は２割、70歳以上75歳未満は原則として２割、一定以上所得者は３割となっている。

A 29 ○ 頻出

全国健康保険協会管掌健康保険（協会けんぽ）は、都道府県単位で財政運営を行い、保険料率（一般保険料率）も都道府県ごとに設定されている。なお、協会けんぽの介護保険料率は全国一律である。

A 30 × 頻出 実技

健康保険の保険料（40歳以上65歳未満の人は介護保険料を含む）は、原則として事業主と被保険者との折半負担である。なお、健康保険の標準報酬月額は139万円（50等級に区分）、標準賞与額は１年度ごとに573万円が上限とされる。

A 31 ○

被扶養者となるのは、主として被保険者に生計維持される国内居住の一定の親族である。なお、被扶養者の保険料負担はない。

A 32 ○ 頻出 実技

高額療養費は、原則として同一の月（暦月）、同一の医療機関（入院・通院は別）ごとに適用される。自己負担限度額は、70歳前後で計算手順が異なり、さらに所得区分によって分かれている。

A 33 ○ 頻出

傷病手当金を受けるには、療養のために休業（自宅療養を含む）した日が３日間連続すること（待期）が必要であり、４日目以降の休業した日について支給される。

A 34 × 頻出

傷病手当金の支給期間は、同一の傷病に関し、支給開始の日から通算して最長で1年6カ月間である。

A ○ なお、健康保険には、全国健康保険協会が保険者となっている全国健康保険協会管掌健康保険（協会けんぽ）と、健康保険組合が保険者になっている組合管掌健康保険（組合健保）がある。

基本

Q 35

退職により健康保険の被保険者資格を喪失した場合、所定の要件を満たせば、最長1年6カ月間は健康保険の任意継続被保険者になることができる。

Q 36

健康保険の任意継続被保険者になるための申請は、資格喪失日(退職日の翌日)から14日以内に行わなければならない。

Q 37

国民健康保険の被保険者となるのは、健康保険の被保険者および被扶養者等を除いた都道府県の区域内に住所を有する75歳未満の者である。

Q 38

国民健康保険には被扶養者制度はなく、加入する者全員が被保険者となる。

Q 39

国民健康保険の保険料は、保険者が都道府県および市町村(特別区を含む)の場合、所得割や均等割等によって計算され、保険料率等は都道府県ごとに異なる。

Q 40

健康保険や国民健康保険の被保険者等は、原則として75歳になると、その資格を喪失して、後期高齢者医療制度の被保険者となる。

Q 41

後期高齢者医療制度の療養の給付に係る一部負担金(自己負担額)の割合は、所得に応じて2割または3割である。

過去問チェック! [2023-1]

Q

自営業者や農林漁業従事者などが被保険者となる国民健康保険は、国が保険者として運営している。

A 35 頻出 ×

任意継続被保険者制度は、健康保険の資格喪失日の前日までに継続して2カ月以上被保険者期間があった人が、引き続き2年を限度として、それまでの健康保険に加入できる制度である。

A 36 頻出 ×

任意継続被保険者の申請は、資格喪失日から20日以内である。14日以内は、国民健康保険の申請期限である。（ひっかけ）

A 37 ○

健康保険の被保険者・被扶養者等以外の75歳未満の人は、原則として国民健康保険に加入する。国民健康保険は、傷病手当金や出産手当金の給付はない。

A 38 ○

国民健康保険には被扶養者という概念そのものがなく、専業主婦や子どもも被保険者として扱われる。

A 39 ×

国民健康保険の保険料（税）は、前年の所得（所得割）や加入者数（均等割）などによって世帯単位で算出され、都道府県が示す標準保険料率を参考に市町村ごとに決定している（上限あり）。

A 40 頻出 ○

後期高齢者医療制度の被保険者とされるのは、75歳（一定の障害状態にある人は65歳）以上の人である。この制度は、各都道府県に設置された後期高齢者医療広域連合が運営主体となり、市区町村が申請や届出の窓口となっている。（ひっかけ）

A 41 頻出 ×

後期高齢者医療制度の医療費の自己負担割合は、原則として1割とし、一定以上所得者は2割、現役並み所得者は3割とされている。

A ×

国民健康保険の保険者は、都道府県および市区町村である。なお、上記以外に、同業種の自営業者等を対象とする国民健康保険組合が保険者となるものがある。

基本

Q 42 介護保険の被保険者は、第1号被保険者と第2号被保険者に区分され、60歳以上の者は第1号被保険者、40歳以上60歳未満の医療保険加入者は第2号被保険者となる。

Q 43 介護保険による介護サービスを受けるには、あらかじめ都道府県による、要介護状態あるいは要支援状態の認定を受けなければならない。

Q 44 介護サービスを受けた場合の自己負担割合は、実際にかかった費用(食費・居住費などを除く)の3割である。

Q 45 介護サービスを受けたときのひと月の自己負担額が、一定の金額を超えた場合は、超えた分が高額介護サービス費として支給される。

Q 46 労災保険の保険料を計算する際に用いる保険率は、事業の種類にかかわらず一律である。

Q 47 労災保険の保険料は、その全額を事業主が負担する。

Q 48 労働者が業務上の負傷により、労災指定病院などで療養補償給付として療養の給付を受けたときは、労働者の自己負担はない。

過去問チェック！ ［2021-9］

Q 労災保険の適用を受ける労働者には、雇用形態がアルバイトやパートタイマーである者は含まれない。

A 42 頻出 ×

介護保険は、市町村(特別区を含む)の区域内に住所を有する40歳以上の人が被保険者となり、65歳以上の人が第１号被保険者、40歳以上65歳未満の医療保険加入者が第２号被保険者に区分される。

A 43 頻出 ×

介護保険の給付を受けるためには、保険者である市町村(特別区を含む)から、認定を受けなければならない。要介護あるいは要支援と認定されると、介護サービス・介護予防サービスを受けることができる。

A 44 頻出 ×

介護保険の利用者負担は原則として１割。ただし65歳以上の一定以上所得者は、所得に応じて2割または3割。なお、施設サービスにおける食費や居住費などは、原則として利用者が負担する。

A 45 ○

１カ月に支払った１割～ 3割の自己負担額が、所得状況等により定められている上限額を超えたときは、所定の手続きにより、その超えた額が高額介護サービス費として支給される。

A 46 頻出 ×

労災保険率は、事業の種類ごとに細かく分かれている。

A 47 頻出 ○

労災保険の保険料は、全額事業主負担であるため、労働者の保険料負担はない。

（ひっかけ）

A 48 頻出 ○

労災保険の療養(補償)給付は、健康保険と異なり、原則として自己負担はない。

A ×

労災保険は、正社員はもとより、アルバイトやパートタイマーなど雇用形態を問わず適用事業で働くすべての労働者に適用される。

基本

Q 49 ☐☐☐

雇用保険の一般被保険者が、定年や自己都合により離職し、基本手当を受給するためには、離職の日以前2年間に被保険者期間が通算して12カ月以上あることが必要である。

Q 50 ☐☐☐

雇用保険の一般被保険者が、35年間勤めた会社を60歳で定年退職した場合の基本手当の所定給付日数(基本手当を受けられる日数)は、就職困難者に該当する場合を除き、180日である。

Q 51 ☐☐☐

基本手当を受給するためには、所定の公共職業安定所に行き、求職の申し込みを行わなければならない。

Q 52 ☐☐☐

雇用保険の基本手当は、離職した日の翌日から起算して1年6カ月を経過すると、たとえ所定給付日数が残っていても、それ以後の基本手当は支給されない。

Q 53 ☐☐☐

一般教育訓練に係る教育訓練給付金の支給額は、受講者本人が支払った受講費用の15%である。

過去問チェック! [2022-9(加工)]

Q

パートタイマーとして働いている人も、1週間の所定労働時間が20時間以上で、継続して31日以上雇用される見込みがある人は、雇用保険に加入しなければならない。

A 49 頻出

○ 基本手当の受給要件は、原則として離職の日以前2年間に、被保険者期間が通算して12カ月以上あることである。ただし、倒産や雇止めなどによる離職のときは、離職の日以前1年間に同様の月が6カ月以上あれば良い。なお、この場合の「被保険者期間」とは、賃金の支払基礎となる日数が、原則として11日以上ある月をいう。育児休業給付、介護休業給付の被保険者期間も同様にカウントする。

A 50 頻出

× 定年や自己都合による離職は、雇用保険の加入期間のみで所定給付日数が決まる（90日～150日）。一方、倒産、解雇等による離職は、離職時の年齢および雇用保険の加入期間によって所定給付日数が細かく分かれている（90日～330日）。

A 51

○ 基本手当は、本人の住所を管轄する公共職業安定所で求職の申し込みを行い、離職票を提出しなければならない。

A 52 頻出

× （ひっかけ）基本手当を受給できる期間（受給期間）は、原則として離職した日の翌日から1年間である。なお、傷病や出産などの理由で引き続き30日以上就職できないときは、所定の期間内に申請すると、受給期間を延長（所定の受給期間と合わせて最大で4年間）することができる。

A 53

× 一般教育訓練に係る教育訓練給付の支給額は、原則として支払った入学金および受講料（最大1年間分）の20％（上限10万円）である。なお、4千円を超えないときは支払われない。

A ○ 短時間就労者や派遣労働者は、1週間の所定労働時間が20時間以上、かつ31日以上の雇用見込がある場合は、雇用保険の被保険者とされる。

基本

Q 54 高年齢雇用継続給付は、60歳以後の各月の賃金が、60歳到達時点の賃金と比べて、75%未満に低下した60歳以上65歳到達月までの雇用保険の被保険者に対して支給される。

Q 55 高年齢雇用継続給付の支給額は、賃金の低下率が61%未満の場合、支給対象月の賃金額の10%相当額である。

⑦ 公的年金

/26

Q 56 民間企業に勤める会社員および公務員は、厚生年金保険の被保険者であるが、重ねて国民年金の被保険者になることはない。

Q 57 国民年金の第1号被保険者は、日本国内に居住する20歳以上60歳未満の自営業者、学生、無職の者などのうち、日本国籍を有する者が該当する。

Q 58 国民年金の第２号被保険者に扶養されている61歳の専業主婦の妻は、国民年金の第３号被保険者となる。

Q 59 国民年金の毎月の保険料は、翌月末日までに納付しなければならない。

Q 60 国民年金の第１号被保険者は、通常の保険料とは別に月額200円の付加保険料を納付することができ、納付すると将来の老齢基礎年金の額に「400円×納付月数」の付加年金が上乗せされる。

過去問チェック! [2022-9]

Q 国民年金の付加保険料は、将来の一定期間の保険料を前納することができ、前納する期間に応じて所定の額が控除される。

A 54 頻出 ○

高年齢雇用継続給付は、所定の要件を満たす60歳以上65歳到達月までの被保険者の各月の賃金が、60歳到達時の賃金と比べて、75%未満となった場合に支給される制度である。（ひっかけ）

A 55 頻出 ×

賃金の低下率が61%未満の場合、高年齢雇用継続給付の支給額は、支給対象月に支払われた賃金額の15%相当額である。

A 56 ×

厚生年金保険の被保険者は、同時に国民年金の第2号被保険者とされる。国民年金は全国民共通の年金制度で、厚生年金保険は国民年金の上乗せ年金という位置付けにある。

A 57 頻出 ×

国民年金の第1号被保険者は、国内居住の20歳以上60歳未満の者で、第2号および第3号被保険者のいずれにも該当しない者（自営業者や学生など）である。第1号、第2号、第3号被保険者ともに国籍要件を問わない。（ひっかけ）

A 58 頻出 ×

国民年金の第3号被保険者は、第2号被保険者に扶養されている20歳以上60歳未満の配偶者で、原則として国内居住の者である。

A 59 ○

国民年金の保険料の納付期限は、翌月末日である。保険料を納めないまま納付期限から2年を経過すると、時効により納めることができない。

A 60 頻出 ×

付加年金は、国民年金の定額保険料に加えて月額400円の付加保険料を納付すると、老齢基礎年金に上乗せして支給される年金給付である。付加年金の額（年額）は「200円×付加保険料納付月数」で計算され、物価スライドはない。（ひっかけ）

A ○

国民年金の保険料および付加保険料は、将来の一定期間（最大2年間）前払い（前納）することができ、その期間に応じて所定の額が控除（割引）される。

基本

Q 61

厚生年金保険の被保険者とされるのは、適用事業所に常時使用される65歳未満の者である。

Q 62

産前産後休業を取得している厚生年金保険および健康保険の被保険者に係る保険料は、被保険者負担分のみ免除される。

Q 63

国民年金保険料の申請免除は、本人および配偶者ならびに世帯主の前年の所得状況に応じて、全額免除、４分の３免除、半額免除、４分の１免除に分かれている。

Q 64

国民年金保険料の学生納付特例の承認を受けた期間は、その期間の保険料を追納しない場合、老齢基礎年金の受給資格期間には算入されるが、老齢基礎年金の年金額には反映されない。

Q 65

国民年金の保険料免除制度の承認を受けた期間の保険料は、将来、追納することができるが、追納できるのは過去５年前までに限られる。

Q 66

老齢基礎年金の受給資格期間は、保険料納付済期間、保険料免除期間および合算対象期間(カラ期間)を合算して20年以上あることである。

Q 67

老齢基礎年金は、20歳から60歳になるまでの40年間の全期間が保険料納付済期間である場合、満額の816,000円/年(令和6年度額)が65歳から支給される。

過去問チェック! [2020-9]

Q 国民年金の第１号被保険者である大学生は、本人の所得金額の多寡にかかわらず、所定の申請により、学生納付特例制度の適用を受けることができる。

A 61 ×（頻出）
70歳未満の者が適用事業所に常時使用される場合は、厚生年金保険の被保険者とされる。

A 62 ×（頻出）
育児休業等および産前産後休業期間中の厚生年金保険・健康保険の保険料は、事業主の届出により、被保険者負担分・事業主負担分ともに免除される。

A 63 ○
申請免除は、所得水準に応じて4段階あり、保険料は本人だけでなく配偶者や世帯主も連帯して納付義務を負っているため、それらの者も所得審査の対象となる。

A 64 ○（頻出）
学生納付特例および納付猶予を受けた期間は、追納しない場合、老齢基礎年金の受給資格期間には算入されるが、老齢基礎年金の年金額には反映されない。一方、法定免除および申請免除の期間については、受給資格期間・年金額ともに算入・反映される。

A 65 ×（頻出）
保険料の納付を免除・猶予された期間は、保険料を全額納付した期間よりも老齢基礎年金の年金額が少なくなる。そこで、過去10年以内であれば追納（あとから納めること）ができる。追納の納付額は、当時の保険料額に一定額を加算した額となる。
（ひっかけ）

A 66 ×（頻出）
老齢基礎年金は、保険料納付済期間と保険料免除期間などを合算した受給資格期間が10年以上ある場合に、原則として65歳から支給される。

A 67 ○（実技）
老齢基礎年金は、20歳から60歳になるまでの40年間（480月）がすべて保険料納付済期間であれば、満額が支給される。

A ×
学生納付特例は、学生本人の所得のみで審査を行い、配偶者や世帯主の所得は問わない。なお、学生には、夜間、定時制、通信制の学生も含まれる。

基本

Q 68

特別支給の老齢厚生年金を受給するためには、老齢基礎年金の受給資格期間（10年）を満たしていて、厚生年金保険の被保険者期間が１カ月以上あるなどの要件を満たす必要がある。

Q 69

特別支給の老齢厚生年金の支給開始年齢は、段階的に引き上げられていて、男女ともに昭和36（1961）年4月2日以後生まれの者には支給されない。

Q 70

老齢厚生年金に加給年金額が加算されるためには、原則として厚生年金保険の被保険者期間が20年以上あり、かつ、所定の要件を満たす配偶者または子がいる必要がある。

Q 71

特別支給の老齢厚生年金の受給権者が、同時に厚生年金保険の被保険者である場合、基本月額と総報酬月額相当額との合計額が50万円を超えた場合、年金額の全部または一部が支給停止となる。

Q 72

老齢厚生年金の繰上げ受給の請求を行っても、老齢基礎年金は繰上げ受給の請求は行わず、65歳から受給することができる。

Q 73

老齢基礎年金の繰下げ申出は、老齢厚生年金の繰下げ申出と同時に行わなければならない。

Q 74

老齢基礎年金を繰り上げて受給した場合の年金額の減額率と、繰り下げて受給した場合の年金額の増額率は、どちらも1カ月あたり0.7%である。

過去問チェック！ [2023-9]

Q 国民年金の保険料納付済期間が10年以上あり、厚生年金保険の被保険者期間を有する者は、原則として、65歳から老齢基礎年金および老齢厚生年金を受給することができる。

A 68　×
頻出

特別支給の老齢厚生年金は、老齢基礎年金に係る10年以上の受給資格期間を満たし、かつ厚生年金保険の被保険者期間を1年以上有する一定の者が、支給開始年齢に達したときに支給される。

ひっかけ

A 69　×
頻出

特別支給の老齢厚生年金は、民間企業に勤める会社員（第1号厚生年金被保険者）の場合、昭和36（1961）年4月2日以後生まれの男性および昭和41（1966）年4月2日以後生まれの女性には支給されない。

A 70　○
頻出

加給年金額は、老齢厚生年金の額の計算の基礎となる厚生年金保険の被保険者期間が20年以上あり、受給権者に生計維持されている65歳未満の配偶者や一定年齢の子がいるときに加算される。

A 71　○
頻出

在職老齢年金は、60代前半・60代後半ともに、基本月額と総報酬月額相当額との合計額が支給停止調整額（令和6年度は50万円）を超えると、その超える額の2分の1相当額が年金から支給停止される。

A 72　×
頻出

老齢厚生年金の繰上げ受給を請求する場合は、その請求と同時に老齢基礎年金の繰上げ受給の請求もしなければならない。

ひっかけ

A 73　×
頻出

繰下げの申出は、片方のみすることも、あるいは両方を同時に繰り下げることも、さらには別々の時期から繰り下げることもできる。

A 74　×
頻出

繰上げ受給の減額率は、繰り上げた月数1カ月あたり0.4%（最大24%）。繰下げ受給の増額率は、繰り下げた月数1カ月あたり0.7%（最大84%）である。減額率・増額率は生涯変わらない。

A　○

65歳からの老齢厚生年金は、老齢基礎年金の受給資格期間（10年以上）を満たしていて、厚生年金保険の被保険者期間が1カ月以上あれば、老齢基礎年金に上乗せして支給される。

基本

Q 75

障害基礎年金は、原則として国民年金の被保険者である間に初診日のある傷病により、障害認定日において障害の状態が障害等級に該当し、保険料納付要件を満たす者に支給される。

Q 76

障害等級１級に該当する者の障害基礎年金の年金額は、障害等級２級の障害基礎年金の年金額の100分の125に相当する額である。

Q 77

遺族基礎年金の支給対象となる遺族は、国民年金の被保険者等が死亡した当時、その者によって生計を維持し、かつ、所定の要件を満たす配偶者、子、父母、孫、または祖父母である。

Q 78

妻と子が受給権者となった場合の遺族基礎年金は妻に支給され、支給額は子が２人の場合、基本額に2人分の子の加算額を加えた額である。

Q 79

遺族厚生年金の年金額は、死亡した者の厚生年金保険の被保険者記録に基づく老齢厚生年金の報酬比例部分の額の４分の３に相当する額である。

Q 80

厚生年金保険の被保険者である間に死亡した場合の遺族厚生年金の年金額は、その者の厚生年金保険の被保険者期間が240月に満たない場合は、240月あるものとして計算される。

Q 81

老齢給付、障害給付および遺族給付は、雑所得として課税の対象となる。

過去問チェック! [2019-5]

Q

国民年金の第１号被保険者が死亡し、その遺族である妻が寡婦年金と死亡一時金の両方の受給要件を満たす場合、その妻はどちらか一方を選択して受給する。

A 75 ○

なお、障害認定日とは、障害の程度の認定を行う日のことで、初診日から起算して1年6カ月を経過した日（その期間内に傷病が治った〈症状が固定した〉ときは治った〈症状が固定した〉日）を指す。

A 76 頻出 ○

障害基礎年金の年金額は、障害等級に応じた定額となり、障害等級1級の年金額は、障害等級2級の年金額の100分の125に相当する額である。

ひっかけ

A 77 頻出 ×

遺族基礎年金を受給することができる遺族の範囲は、「子のある配偶者」または「子」に限定される。よって子のいない配偶者や父母等は受給することができない。

ひっかけ

A 78 実技 ○

配偶者が受給する遺族基礎年金には、配偶者と生計を同じくする子の数に応じた子の加算があるため、「基本額+2人分の子の加算額」となる。

A 79 頻出 実技 ○

遺族厚生年金の年金額は、死亡した者の厚生年金保険の被保険者記録を基に計算した老齢厚生年金の報酬比例部分の額の4分の3相当額である。

ひっかけ

A 80 頻出 ×

死亡した者が短期要件（40ページ）に該当する遺族厚生年金は、死亡した者の厚生年金保険の被保険者期間が300月未満の場合、300月とみなして年金額を計算する。

A 81 ×

老齢給付は所得税法上「公的年金等」にかかる雑所得として課税の対象となるが、障害給付・遺族給付については非課税である。なお、健康保険、雇用保険の失業等給付、労災保険も非課税である。

A ○

寡婦年金と死亡一時金は、受給権者が選択するいずれか1つしか支給されない。

基本

⑧ 企業年金

/7

Q 82

確定拠出年金では、加入者または企業が拠出した掛金の運用指図を、加入者自らが行う。

Q 83

企業型確定拠出年金の加入者が60歳未満で退職して、国民年金の第3号被保険者になったときは、個人型年金の運用指図者として運用のみ行い、個人型年金の加入者になることはできない。

Q 84

国民年金基金は、国民年金の第１号被保険者と第３号被保険者を対象として、老齢基礎年金に上乗せする年金を支給する制度である。

Q 85

国民年金基金の掛金は、個人型確定拠出年金の掛金と合算して月額51,000円が上限とされる。

Q 86

常時使用する従業員数が20人以下の小売業を営む個人事業主は、小規模企業共済に加入することができる。

Q 87

小規模企業共済制度の掛金は、全額が所得控除の対象となる。

Q 88

中小企業退職金共済制度の加入対象者は、業種ごとに定められた従業員数または資本金額以下の企業の従業員である。

過去問チェック! ［2022-9（加工）］

Q 個人型確定拠出年金の加入者が支払った掛金は、その全額が社会保険料控除として、所得控除の対象となる。

A 82 ○ 確定拠出年金の運用指図は、加入者が自己責任で行い、その運用結果に応じて将来の年金給付額が変動する。運用商品は、元本保証型の商品以外に、株式、投資信託など、元本が保証されていない商品もある。

A 83 × 頻出

企業型確定拠出年金の加入者が、国民年金の第3号被保険者になったときは、企業型年金の個人別管理資産を個人型年金に移換し、個人型年金運用指図者または個人型年金加入者になることができる。

A 84 × 国民年金基金に加入できるのは、国民年金の第1号被保険者および任意加入被保険者(60歳以上65歳未満の者・20歳以上65歳未満の海外在留邦人)である。

A 85 × 頻出

国民年金基金の掛金の上限は、個人型確定拠出年金に加入している場合は、その掛金と合算して月額68,000円である。なお、国民年金基金の掛金は、その全額が社会保険料控除の対象となる。

A 86 × 小売業や卸売業などの商業やサービス業を営む個人事業主が小規模企業共済に加入できるのは、使用する従業員数が5人以下の場合である。

A 87 ○ 頻出

小規模企業共済制度の掛金は、その全額が所得税および住民税に係る所得控除(小規模企業共済等掛金控除)の対象となる。

A 88 ○ 頻出

中小企業退職金共済制度は、中小企業に勤める従業員のための退職金制度である。

ひっかけ

A × 個人型確定拠出年金の加入者自身が拠出する掛金は、その全額が小規模企業共済等掛金控除として所得控除の対象となる。

Q&A 重要

第1章

ライフプランニングと資金計画

学習日 ／

① ファイナンシャル・プランニングの考え方・手法　／12

Q 01 可処分所得は、一定期間内のすべての収入と支出の差額であるため、その期間における貯蓄残高の増減額と一致する。

Q 02 キャッシュフロー表では住宅ローンは、返済額のうち利息部分は支出項目に見積もるが、元本部分は見積もる必要はない。

Q 03 キャッシュフロー表の作成の際には、収入および支出項目の変動率や金融資産の運用利率を設定することも必要である。

Q 04 個人バランスシートにおける金融資産や不動産は、時価ではなく、取得価額で計上しなくてはならない。

Q 05 将来の老後資金を定年までに準備するために、毎年いくら積み立てるかを計算するには、減債基金係数を使う。

Q 06 生命保険募集人の登録を受けていないFPが、顧客のライフプランを立案・作成し、死亡時に必要な保障額に基づき生命保険加入の必要性を提案した。

過去問チェック! [2023-9]

Q 一定の利率で複利運用しながら一定期間、毎年一定金額を受け取るために必要な元本を試算する際、毎年受け取りたい金額に乗じる係数は、資本回収係数である。

勉強のコツ❷

社会保険・公的年金制度の給付に関してはその支給要件なども正確に理解しておきましょう。

A 01 ×　可処分所得は収入から社会保険料と所得税・住民税を控除したものである。

A 02 ×　住宅ローンの返済額として家計から出るお金には、当然元本も含まれる。

A 03 ○　変動率や運用利率は、0%やマイナスの変動率で見積もることもある。

A 04 ×　個人バランスシートは、現在の資産の状況を把握するために作成するものであるから、すべて作成時の時価で計上する必要がある。（ひっかけ）

A 05 ○　減債基金係数は、将来の目標額を貯めるために必要な、毎年の積立額を計算する場合に使う。

頻出

A 06 ○　生命保険募集人ではないFPは、保険の募集行為はできないが、必要保障額を計算したり、保険の必要性を提案することは可能である。

A ×　複利運用しながら一定期間、毎年一定額を受取るために必要な元本を計算する場合の係数は、年金現価係数である。

重要

Q 07 税理士資格を有しないFPが、顧客から相続税の算出方法について相談されたので、仮定の事例に基づく概算額を計算して説明した。

Q 08 所得税の確定申告を電子申告する場合であれば、FPが顧客の税務書類（電磁的記録）を作成することは、税理士法に抵触しない。

Q 09 新聞記事をコピーしてセミナーなどで配布する場合、当該新聞社の許諾は必要ない。

Q 10 弁護士資格を有していないFPが、報酬を得る目的で、遺産分割で争っている顧客の代理人となって、遺産分割交渉を行った。

Q 11 金融商品取引業の登録を受けていないFPが、顧客と有償の投資顧問契約を結び、その契約に基づき、顧客に株式の個別銘柄に関する投資情報を提供した。

Q 12 FPは顧客へ保険商品を組み入れてプランニングすることもあるが、保険業法では保険募集人でないFPによる保険の募集は規制されている。

② 教育資金設計

／2

Q 13 日本政策金融公庫の教育一般貸付は、日本学生支援機構の奨学金との重複利用はできない。

Q 14 国の教育ローンの使途は、授業料や入学金など学校に支払うものに制限されている。

過去問チェック! ［2020-9］

Q FPのDさんは、顧客から公正証書遺言の作成時の証人になることを求められ、証人としての欠格事由に該当しないことを確認して、証人として立ち会った。

A 07 ○ 頻出

税理士資格のないFPは、個別具体的な税金の相談は受けることはできないが、一般的な話や仮定の事例を解説することは可能である。

A 08 ×

電子申告での税務書類であっても、税務書類作成は税理士でないFPは行うことはできない。

A 09 ×

私的使用に当たらないため、当該新聞社の許諾が必要である。

A 10 ×

弁護士でないFPが法律相談を受けることはできない。

A 11 ×

金融商品取引業の登録のないFPは、顧客に株式の個別銘柄に関する投資情報を提供することはできない。投資顧問業務を営むのであれば、法律に基づく登録が必要である。

A 12 ○

保険募集人ではないFPでも保険商品を組み入れたプランニングはできるが、募集行為はすることができない。

ひっかけ

A 13 ×

日本政策金融公庫の教育一般貸付と日本学生支援機構の奨学金は重複利用できる。

A 14 ×

国の教育ローンの使途は、授業料や入学金以外にも下宿費用や受験費用、国民年金保険料なども認められている。

A ○

公正証書遺言の証人になるために特別な資格は必要ない。ただし、一定の者(未成年者、推定相続人及び受遺者並びにこれらの配偶者及び直系血族、公証人の配偶者や親族など)は証人になれない。

重要

③ 住宅資金設計

／4

Q15 保証会社の保証を利用した住宅ローンの返済が滞った場合、借り入れたＡさんに代わって保証会社による銀行への返済がなされ、Ａさんはその保証会社に対して債務を負うことになる。

Q16 団体信用生命保険の死亡保険金は、相続税の課税対象となるため、死亡保険金の非課税金額の規定の適用を受けることができる。

Q17 住宅ローンの借換えのため別の金融機関で新たな住宅ローンを借り入れた場合、新たに抵当権を設定する必要はないので、登録免許税等の抵当権設定費用は生じない。

Q18 財形住宅貯蓄（貯蓄型）を目的以外で払い戻した場合、過去に支払われたすべての利息について課税される。

④ カードとローン

／2

Q19 クレジットカードで買い物をする場合、その金額は後払いの負債であるため、貸金業法上、総量規制の対象となる。

Q20 クレジットカードは、クレジットカード会員の所有物であるため、自己の責任において第三者に貸すことができる。

過去問チェック! ［2020-1］

Q 日本政策金融公庫の教育一般貸付（国の教育ローン）は、学生の保護者が申込人になることはできず、学生本人が申込人となる。

A 15 ○ 保証会社は返済が滞った場合、借主にかわり貸主に返済するが、借主の債務がなくなるわけではなく、その後は保証会社に返済していくことになる。

A 16 × 団体信用生命保険の死亡保険金の受取人はローンを貸した金融機関であるため、相続税の対象とはならない。

A 17 × 借換えは、新たにローンを組むことになるので、抵当権を設定する必要があり、費用もかかってくる。

A 18 × 払い出しが行われた月から5年間さかのぼり、この間に生じた利子について課税される。

A 19 × クレジットカードでの買い物は、総量規制の対象ではない。なお、キャッシングは総量規制の対象となる。

A 20 × クレジットカード会社が所有権を有しており、カード表面に印字された会員以外が使用することはできない。

A × 原則、学生の保護者が申込人になる。なお、奨学金は学生本人が申込人となる。

重要

⑤ 中小企業の資金計画

／4

Q 21 ☐☐☐

売掛債権を買い取ってもらうファクタリングは、売掛債権を、その償還期日前に資金化することを可能とする手段である。

Q 22 ☐☐☐

資金調達は、月の途中で一時的に資金不足となることもあるため、月次ベースだけではなく日次ベースの資金繰りも考慮したうえで行う必要がある。

Q 23 ☐☐☐

中小企業が金融機関から融資を受ける場合、担保や経営者等の保証を提供することが一般的であるが、もっとも多い物的担保は、預金である。

Q 24 ☐☐☐

キャッシュフロー計算書からは、営業・財務の2つの活動についてキャッシュの増減をみる。

⑥ 社会保険

／27

Q 25 ☐☐☐

健康保険の被扶養者になるためには、当該被保険者と必ず同一世帯であることが要件の一つである。

Q 26 ☐☐☐

68歳の親が、子の加入している健康保険の被扶養者になるためには、原則として親自身の年間収入が103万円未満である必要がある。

Q 27 ☐☐☐

妊娠や出産は、原則として健康保険の療養の給付の対象とはならない。

過去問チェック！［2022-9］

Q インパクトローンは、米ドル等の外貨によって資金を調達する方法であり、その資金使途は、海外事業の展開・再編に係るものに限定されている。

A21 ○ ファクタリングとは、企業が売掛債権をファクタリング会社に売却し、ファクタリング会社が企業に成り代わって売掛債権を回収する取引のこと。

A22 ○ 中小企業の資金調達は月次ベースだけでなく、日次ベースの資金繰りも考慮する必要がある。

A23 × 国内銀行の担保付貸出に占める割合がもっとも大きい担保は、不動産である。

A24 × キャッシュフロー計算書では、営業・投資・財務の３つの活動からキャッシュの増減をみる。

A25 × 被扶養者が配偶者(内縁関係を含む)、子、孫、直系尊属(父母、祖父母等)、兄弟姉妹の場合は、主として被保険者によって生計を維持されていれば足り、同一世帯でなくてもよい。

A26 × 頻出

被扶養者と認定されるには、認定される人の年間収入が130万円未満(60歳以上または障害者は180万円未満)で、かつ、被保険者の年収の2分の1未満であること(同一世帯でない場合は、被保険者からの援助額より少ないこと)である。 ひっかけ

A27 ○ 病気とはみなされないもの(正常な妊娠・出産、健康診断等)は、療養の給付の対象とはならない。

A × インパクトローンは外貨での借り入れであり、使い道には制限がない。

重要

Q 28 高額療養費の自己負担額は、入院時の食事代や差額ベッド代などを含めたすべての費用が対象になる。

Q 29 傷病手当金の支給額は、休業１日につき標準報酬日額の60％相当額である。

Q 30 傷病手当金を受けることができる期間に給与が支給された場合であっても、給与の額が傷病手当金の額よりも少ないときは、その差額が支給される。

Q 31 健康保険の被保険者が、出産のため仕事を休んだときに支給される出産手当金の支給額は、傷病手当金と同額で、支給期間は出産日以前42日間と出産日後56日間である。

Q 32 健康保険の被保険者または被扶養者が出産したときは、原則として１児ごとに48万円が出産育児一時金（家族出産育児一時金）として支給される。

Q 33 任意継続被保険者の保険料は、被保険者と事業主であった者との折半負担である。

Q 34 健康保険の被保険者が75歳になり、後期高齢者医療制度の被保険者になると、同時にその被扶養者は後期高齢者医療制度の被扶養者となる。

過去問チェック！ ［2018-9］

Q 任意継続被保険者は、一定の要件を満たす親族を被扶養者とすることができる。

A 28 ×

入院時の食事代や差額ベッド代などの保険適用外の費用については、高額療養費の対象にならない。

A 29 ×

頻出

傷病手当金の額は、1日につき「支給開始月以前12カ月間の各月の標準報酬月額の平均額の30分の1」の3分の2相当額である。

A 30 ○

頻出

給与が支払われた場合、傷病手当金は支給されない。ただし、給与の額が傷病手当金の額より少ないときは、その差額が支給される。

A 31 ○

出産手当金の支給額は傷病手当金と同額で、出産日以前42日（多胎妊娠は98日）から、出産日後56日の間のうち会社を休んだ日数分が支給される。出産日が予定日より遅れた場合は、出産予定日の翌日から出産日までの日数分も支給される。

A 32 ×

出産育児一時金は、1児につき50万円（産科医療補償制度に未加入の医療機関等で出産した場合は48.8万円）である。妊娠4カ月（85日）以上の出産（流産・死産などを含む）に対して支給される。

A 33 ×

頻出

任意継続被保険者の保険料は、事業者負担はなく全額自己負担となり、退職時の標準報酬月額(原則として上限あり)に基づいて算出される。

A 34 ×

後期高齢者医療制度には被扶養者制度がない。後期高齢者医療制度の被保険者になると、その被扶養者も健康保険の資格を喪失することとなり、他の家族の健康保険の被扶養者となるか国民健康保険に加入する必要がある。

A ○ 任意継続被保険者に所定の要件を満たす親族がいる場合、それらの者を被扶養者とすることができる。

重要

Q 35

後期高齢者医療制度の保険料は、全国一律に設定されている。

Q 36

介護保険の第１号被保険者の保険料は、公的年金の受給額が年額18万円以上の場合は、その年金から天引きされる。

Q 37

交通事故が原因で後遺症が残り要介護状態になったときは、第１号被保険者・第２号被保険者ともに介護保険の介護サービスを受けることができる。

Q 38

介護保険の要介護(支援)状態区分については、要支援は2段階、要介護は5段階に分かれている。

Q 39

要介護認定を受けた介護保険の被保険者が、自宅で生活するためにスロープの設置など住宅改修をした場合は、所定の手続きにより、その全額が居宅介護住宅改修費として支給される。

Q 40

介護保険では、要支援と認定された場合、介護サービスのうち、施設サービスは利用できない。

Q 41

労災保険の休業補償給付は、労働者が業務上の傷病による療養のために労働することができず、賃金を受けられないときに、賃金を受けない日の１日目から支給される。

過去問チェック! ［2020-1］

Q

要介護認定を受けた被保険者の介護サービス計画(ケアプラン)は、一般に、被保険者の依頼に基づき、介護支援専門員(ケアマネジャー)が作成するが、所定の手続きにより、被保険者本人が作成することもできる。

A 35 ×

後期高齢者医療制度の保険料は、各広域連合(都道府県)ごとに決定され、被保険者一人ひとりが負担する。納付方法は、年金額が一定額以上の場合、「年金天引き」か「口座振替」を選択できる。

A 36 ○ 頻出

第1号被保険者の保険料は、年金額が18万円以上の人は年金から天引き(特別徴収)され、年金額が18万円未満の人は納付書で納付する(普通徴収)。

A 37 × 頻出

第1号被保険者は、原因を問わず要介護あるいは要支援と認定された場合は介護サービスを受けられるが、第2号被保険者は、老化に起因する特定疾病(末期がん、脳血管疾患など16種)によって要介護・要支援になったときに限定されている。

ひっかけ

A 38 ○

介護の度合いに応じて、軽い方から要支援1・2、要介護1 ～ 5の7段階。要介護状態が重いほど、介護サービスの利用限度額が高くなる。

A 39 ×

居宅介護住宅改修費は20万円を上限として、利用者の負担割合に応じて費用の7割～ 9割が、利用限度額とは別枠で支給される(つまり、対象となる費用のうち1割～ 3割は自己負担)。

A 40 ○

施設サービスの利用は、要介護と認定された人に限定され、さらに特別養護老人ホームの入所対象は、原則として要介護3以上の人に限定される。

A 41 × 頻出

休業補償給付は、賃金を受けない日(休業した日)のの第4日目から支給される。休業補償給付の額は、1日につき給付基礎日額(災害発生前3カ月間に支払われた平均賃金日額)の60%相当額である。

A ○

ケアプラン(居宅サービス計画)は、一般的にはケアマネジャー (介護支援専門員)に作成を依頼するが、被保険者本人やその家族が作成することもできる。

重要

Q 42

業務上の傷病は治癒したが、身体に一定の障害が残り、労災保険法の障害等級に該当するときは、障害補償給付が支給される。

Q 43

遺族補償年金の年金額は、遺族補償年金の受給権者と生計を同じくする受給資格者の人数にかかわらず一律である。

Q 44

雇用保険の基本手当日額の計算の基礎となる賃金日額は、原則として退職前3カ月間に支払われた賃金総額(賞与や臨時に支払われた賃金を除く)を90で割った額である。

Q 45

雇用保険の基本手当は、受給資格決定日(求職の申込みをした日)から、失業の状態にあった日が通算して3日に満たない間は支給されず、さらに自己都合による退職の場合は、3日経過した翌日から給付制限期間が設けられている。

Q 46

離職日において65歳以上の被保険者(高年齢被保険者)が失業した場合は、高年齢求職者給付金が一時金で支給される。

Q 47

雇用保険の基本手当を受給している人が、所定給付日数を一定以上残して再就職した場合、再就職手当が支給される。

過去問チェック! [2021-9]

Q 労災保険の適用事業所の事業主は、その営む事業において使用する労働者数の多寡にかかわらず、労災保険の特別加入の対象となる。

A 42 ○ 障害補償給付は、負傷または疾病が治癒した（症状が固定）した後、障害等級に該当する障害が残った場合に、等級に応じて年金または一時金が支給される。

A 43 × 遺族補償年金の年金額は、遺族の人数（遺族補償年金の受給権者+受給権者と生計を同じくする受給資格者の数）に応じて異なる。例えば、遺族1人では、原則として給付基礎日額の153日分、2人では201日分である。

A 44 × 賃金日額は、退職前6カ月間に支払われた賃金総額（賞与や臨時に支払われた賃金を除く）を180で割った額である。

A 45 頻出

× 求職の申込み日以後、失業の状態が通算して7日間経過するまでを「待期期間」といい、離職理由を問わず、この間の基本手当は支給されない。また、自己都合による退職は待期期間に加え、さらに2カ月（最長3カ月）、基本手当は支給されない（給付制限）。

A 46 ○ 高年齢被保険者（65歳以上の者）については、30日分または50日分の高年齢求職者給付金（一時金）が支給される。受給要件は、離職の日以前1年間に、被保険者期間が通算して6カ月以上あることである。

A 47 ○ 再就職手当は、基本手当の所定給付日数を3分の1以上残して再就職した場合に支給され、支給額は基本手当の支給残日数の60%（早期再就職は70%）。

A × 事業主が特別加入できるのは、中小企業（原則として労働者数300人以下）に限定されている。

重要

Q 48

一般教育訓練に係る教育訓練給付を受けるためには、雇用保険に加入していた期間が原則として３年以上あることが必要である。

Q 49

育児休業給付の支給額は、賃金が支払われなかった場合、休業中の全期間「休業開始時賃金日額×支給日数×50%」相当額である。

Q 50

介護休業給付が支給される介護の対象となる家族には、配偶者の父母は含まれない。

Q 51

高年齢雇用継続給付は、原則として60歳到達時に雇用保険の被保険者期間が3年以上あることが支給要件の一つである。

⑦ 公的年金

／24

Q 52

老齢年金を受給している66歳の夫が、厚生年金保険の被保険者として勤めた場合、専業主婦の59歳の妻は、国民年金の第3号被保険者に該当する。

Q 53

国民年金の第２号被保険者が退職すると、その配偶者が第３号被保険者になっていたときは、一定期間内に第3号被保険者から第１号被保険者への種別変更の届出を行い、60歳になるまで国民年金の保険料を納めなければならない。

過去問チェック！ [2022-9]

Q 介護休業給付金は、同一の対象家族について介護休業を分割して取得する場合、休業開始日から休業日数が通算して93日に達するまでに5回を限度として支給される。

A 48 ○ 教育訓練給付を受けるためには、原則として支給要件期間（雇用保険の加入期間）が3年（初回は1年）以上必要である。なお、専門実践教育訓練は、支給要件期間が3年（初回は2年）以上必要である。

A 49 × 頻出

育児休業給付の支給額は、休業開始から通算して180日までは休業開始時賃金日額×支給日数×67%相当額、181日目以降は50%相当額である。なお、賃金が支払われ、賃金の額が休業開始時賃金の80%相当額以上であるときは支給されない。

A 50 × 介護休業給付の対象家族とは、2週間以上にわたり常時介護を必要とする状態にある配偶者、父母、子および配偶者の父母などである。

A 51 × 頻出

高年齢雇用継続給付の支給を受けるためには、原則として60歳到達時において、雇用保険の被保険者期間が5年以上あることが必要である。

A 52 × 65歳以上で国民年金の第2号被保険者とされるのは、老齢年金の受給権がない場合に限られるため、この夫は第2号被保険者ではない。したがって妻は第1号被保険者である。

A 53 ○ 国民年金の第３号被保険者は、その配偶者が第２号被保険者(厚生年金保険の被保険者)に該当しなくなったときは、当該事実があった日から14日以内に、住所地の市区町村に第３号被保険者から第1号被保険者への種別変更の届出をし、60歳になるまで保険料の納付が必要である。

A × 介護休業給付の支給期間は、同一の対象家族につき通算して93日とし、3回まで分割可能である。

重要

Q 54 国民年金の強制被保険者から適用除外されていても、将来の年金受給につなげたい場合や老齢基礎年金の年金額を満額に近づけたいときは、本人の希望により一定の要件のもと国民年金に任意加入できる。

Q 55 国民年金保険料の納付を免除されている者であっても、付加保険料を納めることができる。

Q 56 厚生年金保険の標準報酬月額は、被保険者の報酬月額によって区分され、上限は65万円(32等級)である。

Q 57 国民年金の第1号被保険者は、出産予定月の前月から4カ月間(多胎妊娠の場合は出産予定月の3カ月前から6カ月間)の保険料が免除される。

Q 58 国民年金保険料の納付を全額免除された期間は、平成21年３月以前の期間については２分の１、平成21年４月以後の期間については３分の１として老齢基礎年金の年金額に反映される。

Q 59 老齢厚生年金や障害年金の加給年金額・加算額の対象となる子、また遺族年金を受給できる子とは、18歳到達年度の末日までの子、または20歳未満で障害等級１級・２級の障害の状態にある子であって、かつ婚姻をしていない子をいう。

Q 60 加給年金額の加算対象である配偶者が、10年以上の被保険者期間に基づく老齢厚生年金を受給できるときは、加給年金額は支給停止となる。

過去問チェック! [2022-9]

Q 国民年金の第１号被保険者で障害基礎年金または障害等級１級もしくは２級の障害厚生年金を受給している者は、原則として、所定の届出により、保険料の納付が免除される。

A 54 ○ 頻出

強制加入被保険者（第１号、第２号、第３号）でなくても、老齢基礎年金の受給権確保または年金額増額を目的として、満額（原則、最長で65歳）になるまで、一定の要件のもと国民年金に任意加入できる。

A 55 ×

保険料納付の免除者（産前産後免除を除く）や国民年金基金の加入員などは、付加保険料を納めることはできない。

A 56 ○

厚生年金保険の標準報酬月額は、第1等級の8.8万円から第32等級の65万円である。なお、標準賞与額は１回の支給ごとに150万円が上限とされる。

A 57 ○

第1号被保険者が出産したときは、所得の有無を問わず、所定の届出により、出産予定月の前月から4か月間（多胎妊娠の場合は出産予定月の３カ月前から６カ月間）保険料が免除される。

A 58 ×

老齢基礎年金の年金額の計算に関して、保険料の免除期間の反映割合は、全額免除の場合、平成21年３月以前の期間は3分の1、平成21年４月以後の期間は2分の1として評価する。（ひっかけ）

A 59 ○

子とは、18歳到達年度の末日までの間にあるか、20歳未満で障害等級1級または2級に該当する障害の状態にあり、かつ婚姻をしていない子を指す。

A 60 ×

加給年金額の対象者の配偶者自身が、厚生年金保険の被保険者期間が20年以上ある老齢厚生年金の受給権を有するときは、加給年金額は支給停止される。

A ○ 第１号被保険者で２級以上の障害年金や生活保護による生活扶助を受ける者は、法定免除になる。法律上当然に全額免除されるが届出は必要である。

重要

Q 61

基準日（9月1日）において、厚生年金保険の被保険者として在職している65歳以上の者の老齢厚生年金は、当年8月分までの被保険者期間分を算入して、毎年10月に年金額が改定される。

Q 62

厚生年金保険の適用事業所に在職する70歳以上の者は、在職老齢年金の仕組みによる老齢厚生年金の支給調整は行われない。

Q 63

老齢基礎年金の繰下げ受給の申出は、65歳に達した月の翌月からすることができる。

Q 64

雇用保険の基本手当と60代前半の老齢厚生年金は、併給される。

Q 65

離婚時における年金分割の請求は、合意分割・3号分割ともに、原則として離婚をしたときから2年以内に行わなければならない。

Q 66

初診日が国民年金の被保険者期間ではない20歳前にあり、20歳以後に障害等級1級または2級に該当する者は、その者の所得にかかわらず、障害基礎年金が支給される。

Q 67

初診日において、厚生年金保険の被保険者であった65歳未満の者が、障害認定日に障害等級の2級に該当すると、障害厚生年金と併せて障害基礎年金が支給される。

過去問チェック! ［2022-1］

Q 老齢基礎年金と併せて付加年金が受給できる場合であっても、付加年金については繰上げ受給により減額されることはなく、繰下げ受給により増額されることもない。

A 61 ○ 65歳以上の老齢厚生年金の受給権者が、基準日（9月1日）に厚生年金保険の被保険者である場合、老齢厚生年金の年金額は、基準日の前月である8月までの被保険者期間を算入し、基準日の属する月の翌月（10月）に再計算を行う（在職定時改定）。

A 62 × 70歳以上の人は厚生年金保険の被保険者とはされず、保険料の負担はない。ただし、老齢厚生年金は、在職老齢年金の仕組みが適用される。

A 63 × 老齢基礎年金の繰下げ受給の申出は、66歳以後75歳になるまでの間に行うことができる。（ひっかけ）

A 64 × 基本手当を受給している間、60代前半の老齢厚生年金（特別支給の老齢厚生年金・繰上げ受給の老齢厚生年金）は全額支給停止される。

A 65 ○ 離婚時における年金分割の請求は、原則として離婚日の翌日から2年以内という期限がある。なお、分割の対象になるのは、婚姻期間中の厚生年金保険の保険料納付記録（標準報酬月額・標準賞与額）である。

A 66 × 初診日が国民年金の被保険者期間ではない20歳前にある者に支給する障害基礎年金は、受給権者の所得が一定額を超えるときは、年金額の全部または2分の1相当分が支給停止される。

A 67 ○ 障害年金は、初診日に加入していた制度から支給される。65歳未満の厚生年金保険の被保険者は、同時に国民年金の第2号被保険者であるため、1級または2級に該当したときには、障害厚生年金と障害基礎年金の両方が支給される。

A × 老齢基礎年金を繰上げ・繰下げ受給した場合、付加年金も同時に減・増額される。なお、振替加算や加給年金額は、老齢年金を繰り下げ（上げ）ても増（減）額されない。

重要

Q 68 障害等級3級の障害厚生年金の受給権を有する者が、所定の要件を満たす配偶者がいる場合、その者に支給される障害厚生年金には配偶者加給年金が加算される。

Q 69 老齢厚生年金の受給権者が死亡した場合、保険料納付済期間、保険料免除期間および合算対象期間が10年以上あれば、一定の遺族に遺族厚生年金が支給される。

Q 70 厚生年金保険の被保険者である夫が死亡し、夫の死亡当時、30歳未満の子のない妻が取得した遺族厚生年金の支給期間は、最長で５年間である。

Q 71 厚生年金保険の被保険者である夫が死亡し、夫の死亡当時、子がいない40歳以上65歳未満の妻が遺族厚生年金の受給権を取得した場合、その遺族厚生年金には、妻が65歳になるまでの間、中高齢寡婦加算が加算される。

Q 72 会社員の夫(45歳)が死亡して、専業主婦の妻(43歳)と子(13歳)が遺族である場合、遺族基礎年金と中高齢寡婦加算が加算された遺族厚生年金が同時に支給される。

Q 73 遺族厚生年金と特別支給の老齢厚生年金は、いずれか一方を選択して受給する。

過去問チェック! [2023-1]

Q 障害基礎年金と老齢厚生年金の受給権を有している者は、65歳以降、障害基礎年金と老齢厚生年金を同時に受給することができる。

A 68 ×

頻出

障害等級2級以上の障害厚生年金には、配偶者加給年金額が加算されるが、障害等級3級には加算されない。

A 69 ×

老齢年金の受給資格期間は、平成29年8月に25年から10年に短縮されたが、遺族年金の長期要件（40ページ）については従来どおり25年以上必要である。

A 70 ○

夫の死亡時に30歳未満の子のない妻が遺族厚生年金の受給権者であるときは、夫死亡から5年を経過すると受給権は消滅する。

A 71 ○

頻出

中高齢寡婦加算が加算されるのは、子のいない妻で、夫死亡当時40歳以上65歳未満の場合である。なお、夫の死亡当時40歳未満の子のいる妻は、40歳の時点で、遺族基礎年金の受給権者の子と生計を同じくしていれば中高齢寡婦加算の対象となる。

A 72 ×

頻出

遺族基礎年金が支給される場合は、その間、遺族厚生年金の中高齢寡婦加算は支給停止となる。

A 73 ○

支給事由（種類）が異なる複数の年金の受給権があるときは、原則として本人が選択する1つの年金が支給される。なお、65歳以降の遺族厚生年金と老齢年金は併給される。ただし、自分の老齢厚生年金が優先して支給されるため、遺族厚生年金は、老齢厚生年金の額に相当する部分は支給停止される。

A ○ 65歳以降は受給資格を満たせば、障害基礎年金と老齢厚生年金、あるいは障害基礎年金と遺族厚生年金は併給される。

重要

Q 74 ☐☐☐

65歳以降で受給資格を満たせば、障害厚生年金と老齢基礎年金を同時に受給することができる。

Q 75 ☐☐☐

年金は、毎月15日に、その月の分が支給される。

⑧ 企業年金

／6

Q 76 ☐☐☐

個人型確定拠出年金の掛金の拠出限度額は、加入者が国民年金の第３号被保険者のときは、年額276,000円である。

Q 77 ☐☐☐

確定拠出年金の老齢給付は、確定拠出年金等の加入者であった期間にかかわらず60歳から受給することができる。

Q 78 ☐☐☐

国民年金基金はいったん加入すると、所定の事由に該当した場合を除いて脱退することができない。

Q 79 ☐☐☐

国民年金基金には終身年金と確定年金があり、加入者は年金の種類とその口数を自由に選択して加入することができる。

Q 80 ☐☐☐

小規模企業共済の毎月の掛金は、1,000円から30,000円で選択することができる。

Q 81 ☐☐☐

中小企業退職金共済制度の掛金は、従業員と事業主との折半負担である。

過去問チェック! [2023-1]

Q 企業型年金における加入者掛金(マッチング拠出により加入者が拠出する掛金)の上限額は、事業主掛金の額にかかわらず、拠出限度額から当該加入者に係る事業主掛金の額を差し引いた額となる。

A 74 ×　頻出

障害厚生年金と老齢基礎年金は併給できない。本人がいずれか１つを選択する。

A 75 ×

年金は、原則として偶数月(2月・4月・6月・8月・10月・12月)の各15日に、前2カ月分が支給される。

A 76 ○　頻出

個人型確定拠出年金の加入者が国民年金の第３号被保険者である場合、掛金の拠出限度額は年額276,000円である。

A 77 ×　頻出

確定拠出年金の老齢給付は、通算加入者等期間が10年以上ある場合は60歳から受給できるが、10年未満の場合は、加入年数に応じて61～65歳から受給できる。遅くとも75歳までに受給開始しなければならない。

A 78 ○

国民年金基金は、喪失事由(就職して国民年金の第2号被保険者になった等)に該当しない限り、任意に脱退することはできない。

ひっかけ

A 79 ×　頻出

国民年金基金に加入する場合、１口目は２種類の終身年金から選択し、２口目以降は２種類の終身年金および５種類の確定年金から選択できる。

A 80 ×　頻出

小規模企業共済の毎月の掛金は、1,000円から70,000円までの範囲内(500円刻み)で自由に設定することができる。

A 81 ×　頻出

中小企業退職金共済制度の掛金は、その全額を事業主が負担する。掛金月額は30,000円が上限であり、負担した掛金については、法人の場合は損金に、個人事業の場合は必要経費とすることができる。

A ×

マッチング拠出では、加入者自らが拠出できる掛金の額は、事業主掛金と同額まで、かつ、事業主掛金と合算して拠出限度額内とされている。

第2章

リスク管理

要/点/整/理/

❶ リスクマネジメント

❷ 契約者保護に関する制度と仕組み

❸ 生命保険の基礎

❹ 保険約款の基礎知識

❺ 生命保険商品

❻ 生命保険と税金

❼ 損害保険の基礎

❽ 損害保険商品

❾ 損害保険と税金

一問一答Q＆A(基本)

一問一答Q＆A(重要)

FP技能検定２級　出題傾向と対策

「生命保険」「損害保険」「第3分野の保険」からの問題が多く出題されています。生命保険では死亡保障の商品、第３分野の保険では医療保険やがん保険について重点的に押さえておきましょう。「保険と税金」についても出題傾向が高く、保険料控除の仕組み、保険金の受取時の課税関係や法人契約の経理処理は理解する必要があります。

実技試験は、金財（個人資産相談業務）ではリスク管理の分野は出題されませんが、FP協会の実技試験では、生命保険の保険証券を使った問題が頻繁に出題されています。

●これまでの出題傾向

	2024年1月			2023年9月			2023年5月			2023年1月			2022年9月		
	学科	実技		学科	実技		学科	実技		学科	実技		学科	実技	
		金	協会		金	協会		金	協会		金	協会		金	協会
1 リスクマネジメント															
2 保険制度全般	1		1	1						1					
3 生命保険	4		3	5		5	5		3	4		2	6		5
4 損害保険	3		1	2		2	3		1	2		1	2		1
5 第三分野の保険	1		1	1			1		1	1		2	1		
6 リスク管理と保険	1			1			1			2			1		
7 リスク管理の最新の動向															

（金：金財（個人資産相談業務）／協会：FP協会の出題数を表す）

第2章 リスク管理

学習日 ／

① リスクマネジメント　重要度C

リスクは、将来起こりうるある事象の変動に関しての**不確実性**のことです。リスクマネジメントは、リスクを予測し対処することであり、その手法には損害頻度や規模を軽減・回避等させる**リスクコントロール**や、リスク自体は変えず、保険に加入するなどにより経済的影響を軽減する**リスクファイナンス**があります。

② 契約者保護に関する制度と仕組み　重要度A

1 クーリング・オフ制度

クーリング・オフとは、契約者が一定の範囲内で、一方的な意思表示のみによって、保険契約の申込みを**撤回**または**解除**することができる制度です。

クーリング・オフ事項を記載した書面を交付された日または申込日のいずれか遅い日から起算

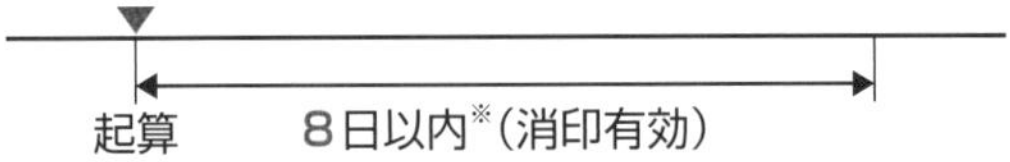

「書面」または「電磁的記録」による申込みの撤回、契約の解除ができる

※保険会社や商品などによって期間・方法は異なる

以下の場合は、適用除外となります。

⑴保険期間が**1年以内**であるとき
⑵**医師による診査**を受けたとき
⑶**法令により加入**が義務付けられているとき（**自賠責保険**など）

2 ソルベンシー・マージン比率

ソルベンシー・マージン比率	保険会社の財務体質の健全性を示す指標。ソルベンシー・マージン比率が**200%**を下回ると、**金融庁**は保険会社に対して、**業務改善**命令や**業務停止**命令などの早期是正措置を命ずることができる

3 保険契約者保護機構

保険契約者保護機構は、保険業法に基づいて設立された法人で、保険契約者等の保護を目的としています。原則、国内で事業を行うすべての生命保険・損害保険会社が加入しています。

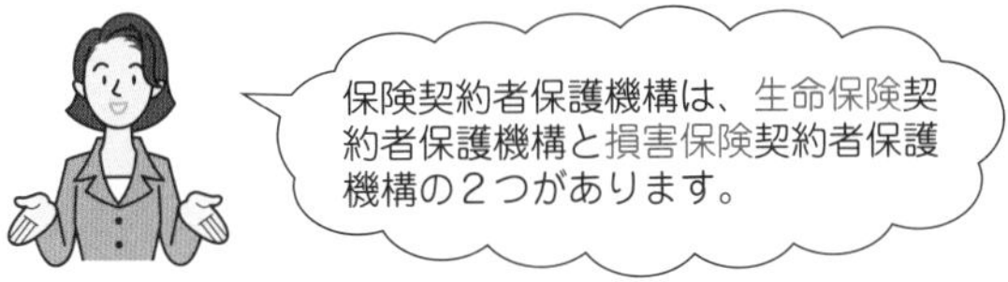

〈保険契約者保護機構の主な補償対象・補償割合〉

生命保険契約者保護機構	原則、再保険を除く全保険契約(原則、破綻時点の**責任準備金等の90%**まで補償。ただし、高予定利率契約を除く)
損害保険契約者保護機構	(1)自賠責保険、家計地震保険…保険金・解約返戻金の**100%** (2)自動車保険、火災保険など…保険金(破綻後**3カ月以内は100%**補償)、解約返戻金の**80%** (3)医療・介護(費用)保険など…保険金・解約返戻金の**90%**

③ 生命保険の基礎　重要度B

1 生命保険の仕組み

〈保　険〉

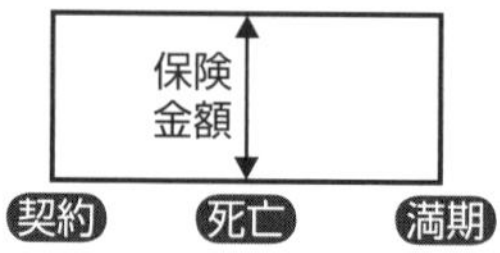

〈貯　蓄〉

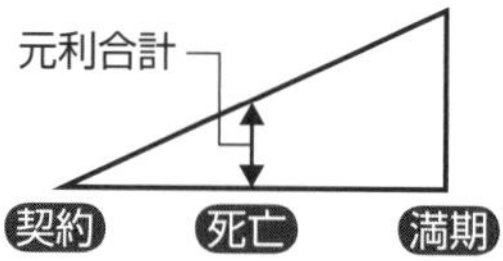

保険は、保険期間中どの時点で死亡しても契約した保険金額を受け取ることができます(上記左図)。

貯蓄は、死亡した時点における元利合計金額のみを受け取ることができます(上記右図)。

2 生命保険料の仕組み

①保険料算出の大原則

生命保険の保険料は、**収支相等**の原則と**大数**の法則の２つの考え方に基づいて算出されています。

収支相等の原則	契約者全体が支払う**保険料**とその**運用益**の総額と、保険会社が**受取人全体**に支払う保険金と経費の総額が**等しくなる**ように保険料を計算することをいう
大数の法則	**数少ない**事象では何も法則がないことでも、**数多くの**事象を集めて大数で見ると一定の法則があることをいう

②保険料算出の基礎

保険料は、以下の３つの予定率を基礎として算出されます。

予定死亡率	過去の**死亡率**の統計(**生命**表)をもとに算出される年齢、性別ごとの死亡者数の割合
予定利率	保険会社が**資産運用**により見込める運用益分を保険料から割引く割引率
予定事業費率	保険会社が保険事業運営上の**費用**を保険料に組み込む割合

〈保険料の構成〉

- **営業保険料**（**契約者**が支払う保険料）
  - **純保険料**（**保険金**の支払いに充てる）
    - **死亡保険料**
    - **生存保険料**
  - **付加保険料**（保険事業運営の費用に充てる）

純保険料は予定死亡率と予定利率とを計算基礎として、付加保険料は予定事業費率を計算基礎として算出されます。

3 剰余金と配当金の仕組み

①剰余金

保険料は３つの予定率をもとに計算されます。保険会社の毎年度末の決算時に生じる利益を**剰余金**といい、以下の３利源から生じます。

死差益	予定死亡率＞実際の死亡率
利差益	予定利率による運用収入＜実際の運用収入
費差益	予定事業費率による事業費＞実際にかかった事業費

②配当金

決算で剰余金が生じた場合は、一定の条件のもと契約者に還元されます。これを、配当金といいます。

有配当保険（通常配当）	剰余金の３利源をもとに、一般的に、契約後３年目から毎年配当を行う
準有配当保険（５年ごと利差配当付保険）	剰余金の３利源のうち、**利差益のみ**の配当を５年ごとに行う（５年ごとに通算して剰余金が生じた場合に、契約後６年目から5年ごとに分配する）
無配当保険	剰余金が生じても契約者に還元しない

④ 保険約款の基礎知識　重要度A

1 生命保険の基礎用語

契約者	保険会社と契約を締結し、契約上の一切の権利・義務を有する者
被保険者	その人の傷病や死亡などが、保険金等の支払い対象となる者
受取人	保険会社から保険金の支払いを受けるべき者として、契約者から指定された者
診　査	保険契約にあたり、保険会社が指定する医師の診察のこと
承　諾	保険会社が加入の申込みを認めること
主契約・特約	主契約は生命保険の基礎となる部分であり、特約はそれに付加して保障内容を充実させるもの。主契約が消滅すれば、特約も消滅する
責任準備金	保険会社が将来の保険金や給付金の支払いのために備え、保険料の中から積み立てるもの
解約返戻金	保険契約を途中で解約した場合などに、契約者に払い戻されるお金のこと
約款・ご契約のしおり	契約内容となるお互いの権利・義務を規定したものが「約款」、そのうちとくに重要事項部分を抜き出して平易に解説したものを「ご契約のしおり」という

2 告知義務制度

①告知義務

保険契約申込の際に、契約者または被保険者が保険会社に対して、重要な事実を告げる義務、および重要な事項について不実なことを告げない義務をいいます。

②告知義務違反

故意または重大な過失により重要な事実について告知をしなかったり、事実と違うことを告げたりすることをいいます。違反した場合は、保険会社は契約を解除することができます。

3 契約の承諾と責任開始期

保険会社が保険契約上の責任（保険金・給付金の支払いなど）を負う義務が開始する時期を責任開始期（日）といいます。責任開始には保険会社の承認が必要です。

〈責任開始日〉
- 保険契約申込書の提出
- 告知（診査）
- 第１回保険料（充当金）の払込み

→ **3つがすべて完了した日！**

4 保険料の払込方法

保険料の払込方法には、主に月払い、半年払い、年払い、一時払い、前納の方法があります。

重要用語 **一時払いと前納**

一時払いとは、契約時に、保険期間全体の保険料を一時にまとめて払うことをいいます。前納とは、将来払い込むべき年払いや半年払い保険料をまとめて払うことをいいます。保険会社は預かった保険料を払込期日到来時に保険料の払込みに充当します。

5 保険料の払込猶予期間

払込猶予期間とは、保険料の払込みが遅れた場合の契約が効力を失うまでの期間で、この間の保険事故は保険金等は支払われますが、未払保険料は差し引かれます。

月払い	払込期月の**翌月初日から末日**まで
半年払い・年払い	払込期月の**翌月初日から翌々月の月単位の契約応当日**まで。 ただし、契約応当日が2月、6月、11月の各末日の場合は、それぞれ4月、8月、1月の各末日まで

保険料の払込みが支払期月に遅れても、保険会社は一定期間、保険料の払込みを待ちます。

6 契約の失効・復活

失　効	猶予期間経過後に、**自動振替貸付制度**が適用されない場合に、保険契約が効力を**失う**こと
復　活	いったん失効した契約でも、**一定要件**を満たすことにより契約の効力を**元の状態**に戻すことができること

復活するためには、以下のことが必要になります。
①失効してから一定期間内(一般的には3年以内)
②被保険者の告知書を提出(場合により診査要)
③失効期間中の滞納保険料とその間の利息をまとめて払い込む

7 保険料払込みが困難なときの対応策

自動振替貸付制度	保険料が払込猶予期間満了日までに払い込まれなかった場合、その時点の**解約返戻金の範囲内**で保険会社が自動的に保険料を立て替えて契約を継続させる制度
契約者貸付制度	契約者の申し出により、その時点の**解約返戻金の一定範囲内**(通常8～9割)で保険会社から資金の貸付けを受けることができる制度
払済保険	保険料の払込みを中止して、**保険期間**を変えずにその時の解約返戻金をもとに、従前の契約と同種類の保険または養老保険に変更する方法
延長(定期)保険	保険料の払込みを中止して、**保険金額**を変えずにその時の解約返戻金をもとに**定期保険**に変更する方法
契約転換制度	既に加入している保険契約の責任準備金や積立配当金を利用して(下取り)、同じ保険会社での新しい保険に加入する(買換え)制度
減　額	保険料の払込みを軽減するために、保険期間の途中で保険金額を減らす方法

〈払済保険のイメージ〉

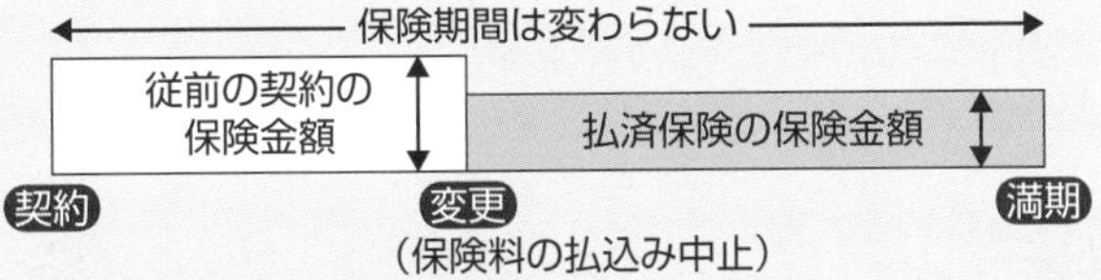

保険金額は従前の契約の保険金額より**少なく**なるが、減額された水準で保障が続く

〈延長（定期）保険のイメージ〉

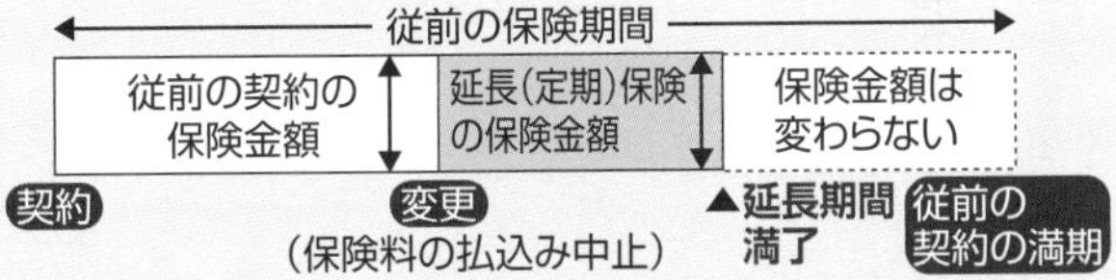

解約返戻金の額に応じて、保険期間が従前の契約の保険期間より短くなる場合は、その期間満了をもって契約は**消滅**する。従前の契約の保険期間を超える場合は、従前の保険期間にとどめ、**満了日**に生存保険金が支払われる

〈契約転換制度のイメージ〉

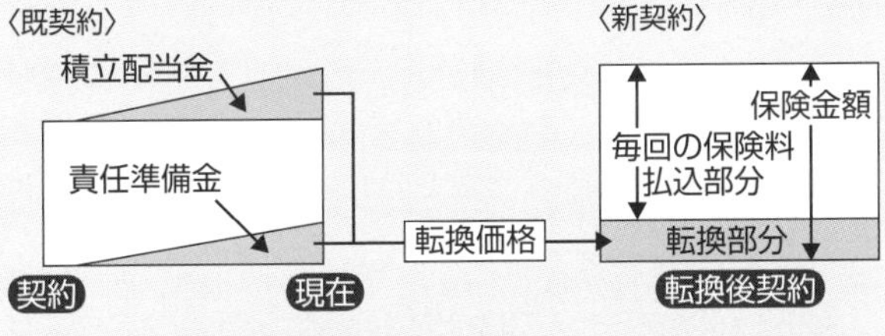

既契約の**転換価格**（責任準備金や積立配当金などの合計額）を新契約の保険料の一部に充当するため、既契約は消滅し、その部分にかかる保険料の払込みは不要となる

8 解　約

契約者は、いつでも保険契約を解約することができ、保険種類や経過年数などに応じた**解約返戻金**や**配当金**が支払われます。

⑤ 生命保険商品　重要度A

1 生命保険商品の種類と内容

①定期保険

10年、15年など一定の保険期間内に死亡あるいは高度障害になった場合、保険金が支払われる保険です。

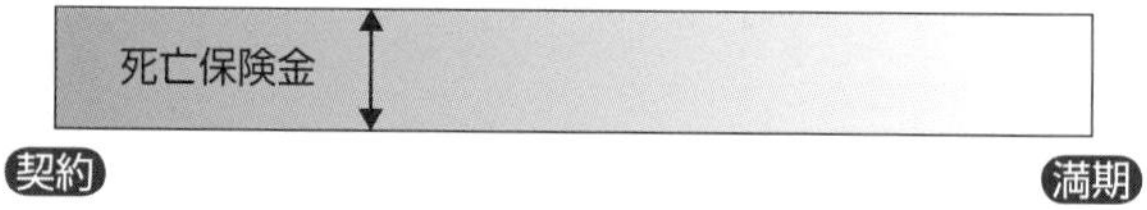

②収入(生活)保障保険　実技

保険期間内に、死亡あるいは高度障害になった場合、一定期間、保険金が**年金形式**(一括受取も可能)で支払われる保険です。分割受取期間が一定(10年など)の確定タイプと、保険料払込期間満了時までが所定期間(最低保証期間あり)の歳満了タイプがあります。

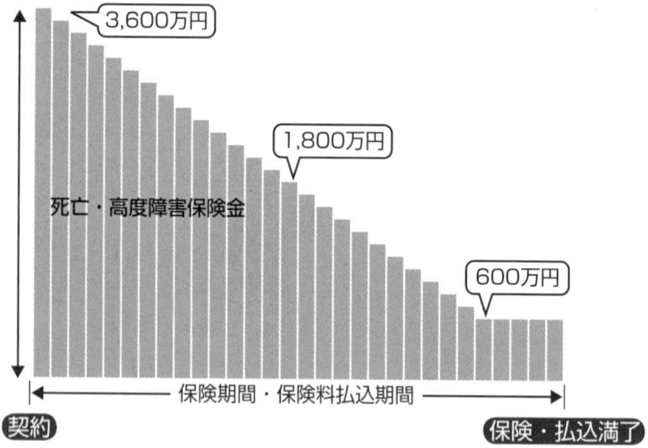

③終身保険

　保険期間が一生涯であり、死亡あるいは高度障害になった場合、保険金が支払われる保険です。

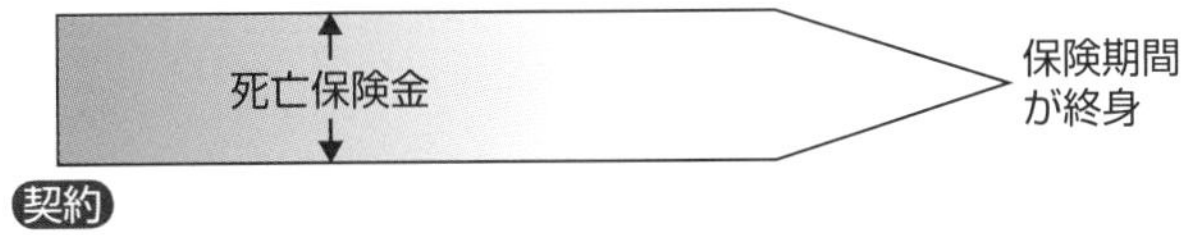

④定期保険特約付終身保険

　主契約の終身保険に、定期保険を特約として組み合わせた保険です。定期保険特約の保険期間には、契約から主契約の保険料払込期間満了時まで更新がない**全期型**と、契約から10年・15年など特約期間が満了するごとに、主契約の保険料払込期間満了時までを限度として更新していく**更新型**があります。

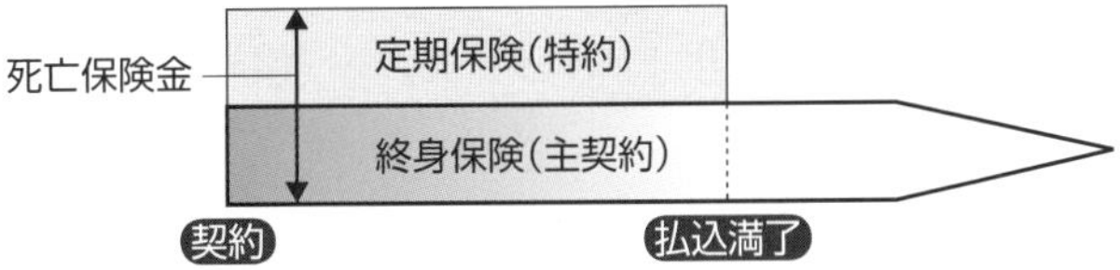

⑤利率変動型積立終身保険（アカウント型保険）

　保険を**保障部分**と**積立部分**（アカウント部分）に分け、ライフプランに応じた保障内容に変更することができる自由設計型保険です。保険料払込期間満了時点で、積立部分の積立分をもとに、終身保険（または年金受取）に移行することができます。

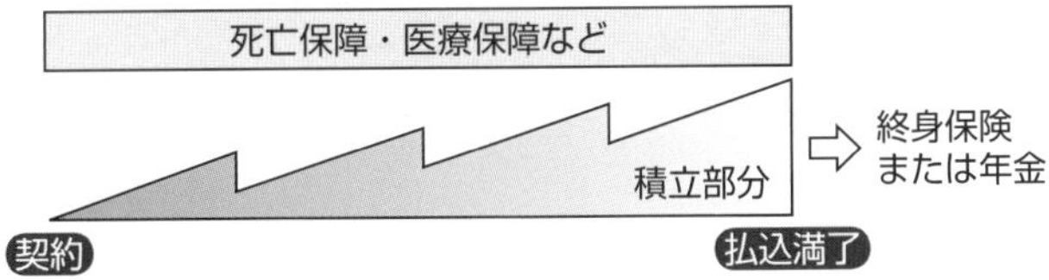

⑥養老保険

　一定の保険期間内に**死亡**あるいは**高度障害**となった場合は、死亡保険金あるいは高度障害保険金が、満期まで生存していた場合には死亡・高度障害保険金と同額の満期保険金が支払われる保険です。

⑦こども保険（学資保険）

子どもの入学・進学時や満期時に、祝金・満期保険金が支払われる教育資金の準備のための保険です。通常、**親**が契約者であり、その者が死亡あるいは高度障害となった場合は、それ以降の保険料払込みは**免除**となるとともに、一時金や育英年金が支払われるものもあります。また、その後の祝金・満期保険金は支払われます。

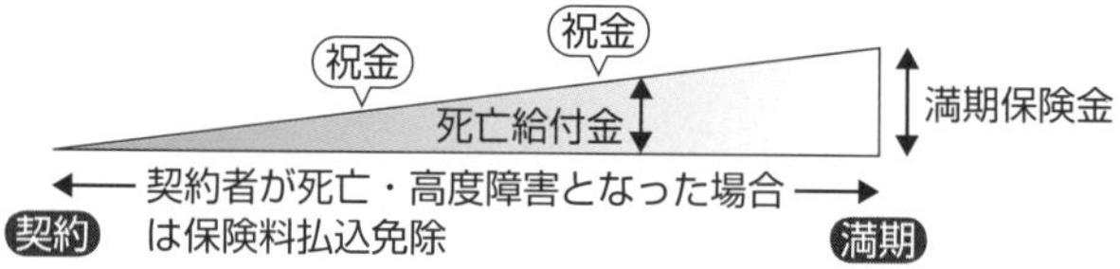

⑧変額保険

株式や債券に主に投資して、契約後の運用状況によって保険金額や解約返戻金が変動する保険です。通常の保険は一般勘定で運用されますが、この保険は特別勘定で運用されます。

⑴終身型

一生涯の保障があり、死亡あるいは高度障害保険金については、契約時の**基本保険金額**が最低保証されています。ただし、**解約返戻金額**は最低保証されていません。

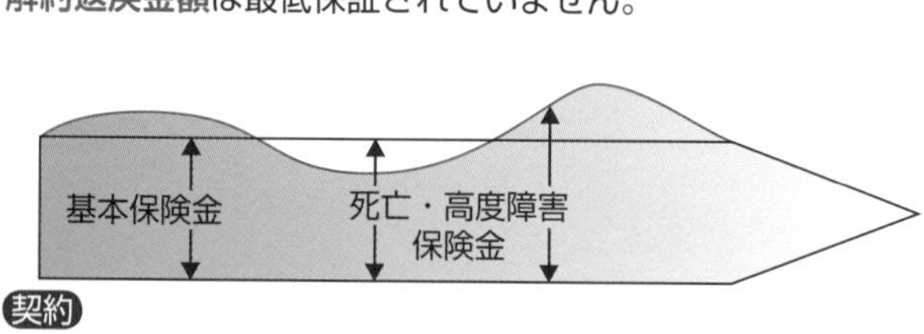

⑵有期型

満期までの保障があり、死亡あるいは高度障害保険金については、契約時の**基本保険金額**が最低保証されています。ただし、**満期保険金**や**解約返戻金**は最低保証されていません。

(満期時：満期保険金＞基本保険金)　(満期時：満期保険金＜基本保険金)

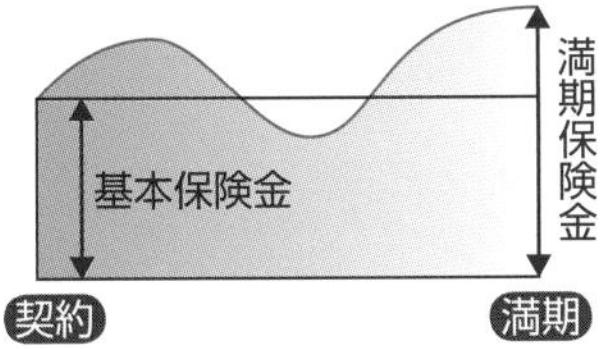

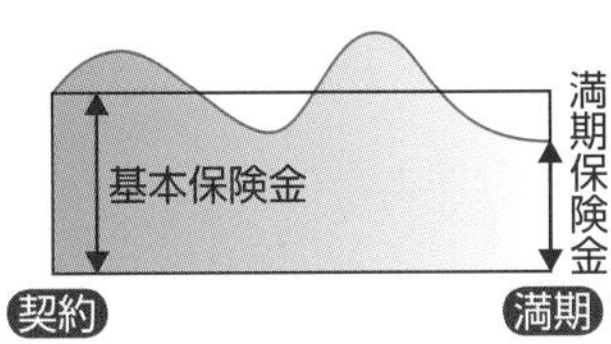

2 個人年金保険 頻出

個人年金保険は、老後の資金準備を目的とした保険であり、定額年金保険と変額年金保険があります。

有期年金	10年·15年などあらかじめ定めた年金受取期間内で、被保険者が**生存している期間のみ**年金が支払われ、死亡した時点でその後の年金支払いは終了する
確定年金	年金受取期間と保証期間が同一の保証期間付有期年金保険の一種であり、**被保険者の生死にかかわらず**、一定期間(10年・15年など)年金が支払われる
終身年金	被保険者が**生存している限り**、一生涯年金が支払われ、死亡した時点でその後の年金支払いは終了する
夫婦年金	夫婦の**いずれかが生存している限り**、年金が支払われる終身年金
変額年金	国内外の株式や債券に投資し、**運用状況**によって受け取る年金額が**変動**する

①有期年金保険

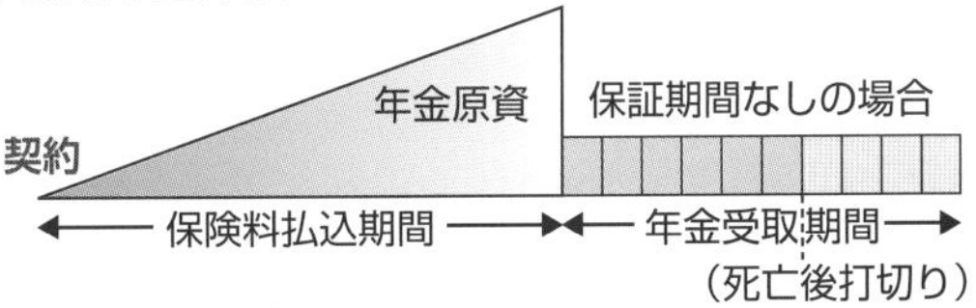

②確定年金保険

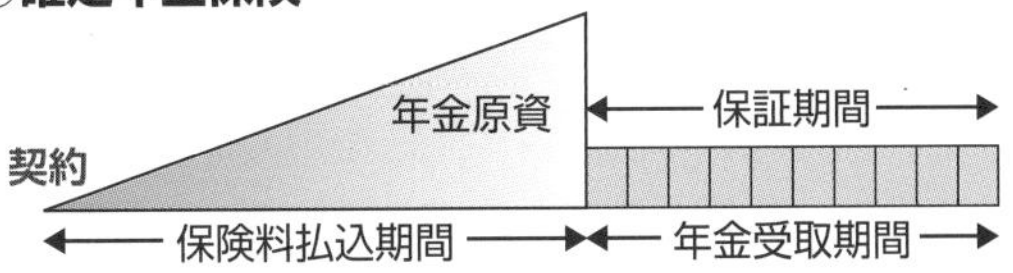

＊ 年金受取期間中に死亡した場合は、残存期間の年金またはその時点の年金現価相当額の死亡一時金が遺族に支払われる

③終身年金保険

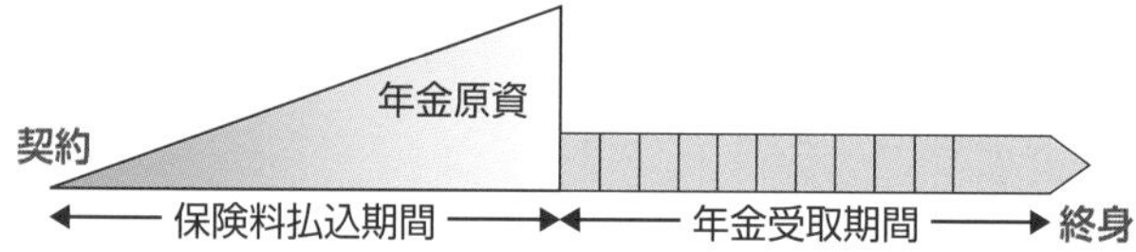

④夫婦年金保険

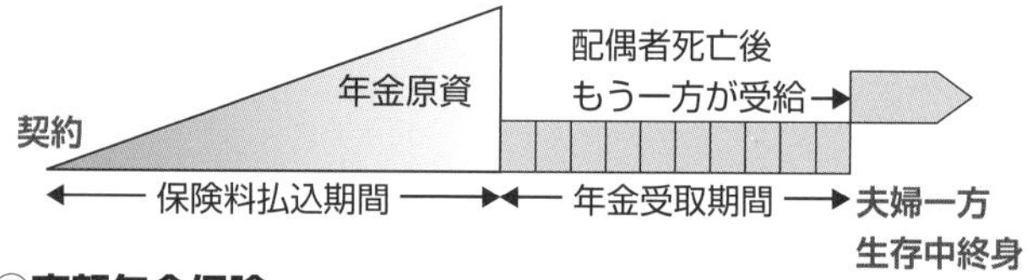

⑤変額年金保険

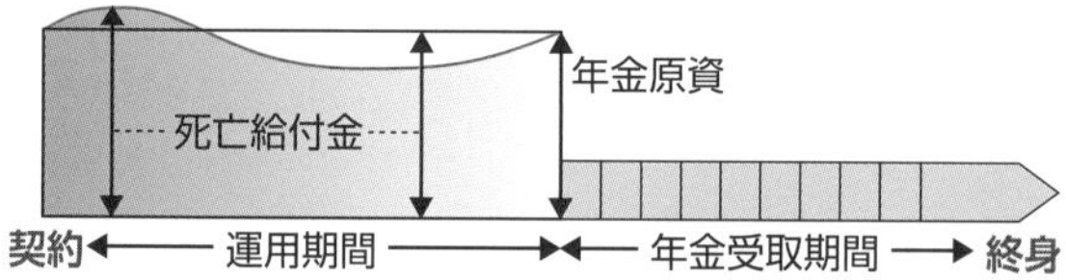

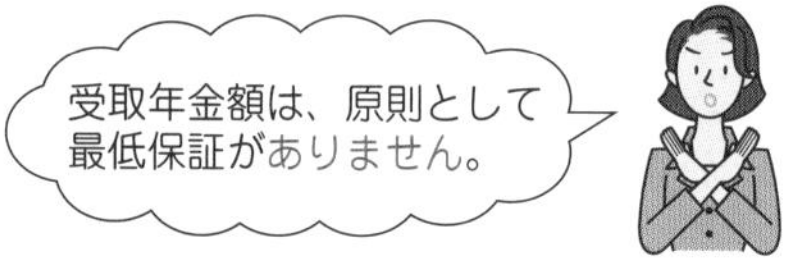

3 その他の保障

①医療保険（医療特約）

病気やケガで入院・手術をした場合などに入院給付金等が受け取れる保障です。独立タイプの医療保険と主契約に付加するタイプの医療特約があります。

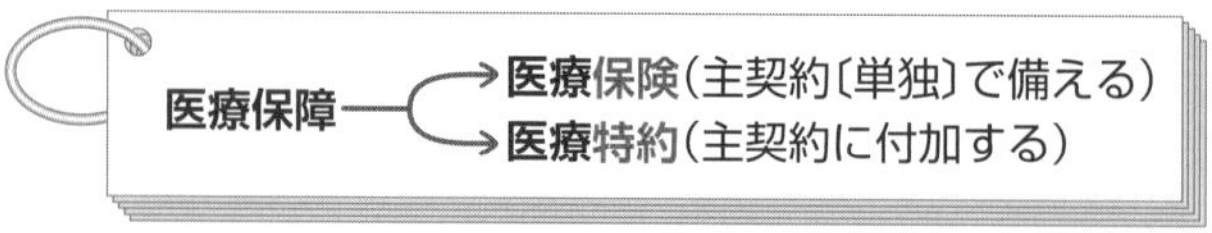

②生前給付保険と関連特約

特定疾病(三大疾病)保障保険	**がん**、**急性心筋梗塞**、**脳卒中**によって、所定の状態と診断された場合、保険金が支払われる
リビング・ニーズ特約	**原因に関係なく**、被保険者の**余命が6カ月以内**と医師に診断された場合、死亡保険金の範囲内かつ会社所定の金額の範囲内で生前に前払請求できる特約

③保険料払込免除特約

特定疾病、所定の要介護状態などになった場合、以後の保険料払込みが免除される特約です。

6 生命保険と税金 重要度A

1 個人契約と税金

①生命保険料控除

生命保険料控除は、その年に支払った保険料に応じて一定金額が所得控除されることで、税金の負担が**軽減**される制度です(225ページ参照)。控除額の計算は保険の種類により「一般生命保険料控除」「個人年金保険料控除」と2012年に新設された「**介護医療保険料**控除」の別枠でそれぞれ控除額を計算します。

〈生命保険料控除額〉

●2011年12月31日以前に締結した保険契約について

	年間正味払込保険料		控除額
所得税		25,000円以下	その金額
	25,000円超	50,000円以下	支払金額×1/2+12,500円
	50,000円超	100,000円以下	支払金額×1/4+25,000円
	100,000円超		**50,000円**
住民税		15,000円以下	その金額
	15,000円超	40,000円以下	支払金額×1/2+7,500円
	40,000円超	70,000円以下	支払金額×1/4+17,500円
	70,000円超		**35,000円**

●2012年1月1日以降に締結した保険契約について

	年間正味払込保険料	控除額
所得税	20,000円以下	その金額
	20,000円超　40,000円以下	支払金額×1/2+10,000円
	40,000円超　80,000円以下	支払金額×1/4+20,000円
	80,000円超	40,000円
住民税	12,000円以下	その金額
	12,000円超　32,000円以下	支払金額×1/2+6,000円
	32,000円超　56,000円以下	支払金額×1/4+14,000円
	56,000円超	28,000円

＊ 新旧制度両方ある場合は所得税12万円、住民税7万円が限度となる

②保険金等と税金

契約者、被保険者、受取人の契約形態により課税が異なります。

⑴死亡保険金にかかる税金

契約者	被保険者	保険金受取人	課　税
A	A	B	相続税
A	B	A	所得税(一時所得)
A	B	C	贈与税

⑵満期保険金にかかる税金

契約者	被保険者	受取人	課　税
A	−	A	所得税(一時所得)
A	−	B	贈与税

＊ 源泉分離課税となるケース
保険期間が5年以下(5年以下で解約する場合も含む)で一時払い、かつ災害死亡保険金が満期保険金の5倍未満かつ普通死亡保険金が満期保険金と同額以下の契約の満期保険差益は、20.315%源泉分離課税の対象となる

③解約返戻金と税金

契約者	被保険者	受取人	課　税
A	−	A	所得税(一時所得)
A	−	B	贈与税

④給付金と税金

高度障害給付金、入院給付金・手術給付金・通院給付金、特定疾病保険金などの生前給付金、リビング・ニーズ特約給付金などの給付金は原則として**非課税**です。

⑤個人年金保険にかかる税金

年金受取開始時
→契約者(保険料負担者)と年金受取人が**異なる**場合は年金受取開始時に**贈与**税
年金受取開始後の税金
→**毎年**受け取る年金は、**雑所得**※

※ 雑所得の金額＝受取年金額(配当金含む)－必要経費

2 法人契約の経理処理

①保険料と経理処理

(1)基本的な保険料の経理処理

貯蓄性のある保険(養老保険・終身保険など)→**資産**計上
貯蓄性のない保険(定期保険・医療保険など)→**損金**算入

(2)定期保険

2019年7月8日以降の契約については、最高解約返戻率により、経理処理方法が異なります。最高解約返戻率50%以下の定期保険の保険料は原則として**損金算入**、50%超の場合、保険期間3年以上の定期保険は、**部分的に損金算入**します。

【例】50%超70%以下の場合、保険期間の前半4割相当期間はその40%相当額を資産計上、残金を損金算入とする。

(3)養老保険(被保険者＝役員・従業員)

満期保険金受取人	死亡保険金受取人	経理処理
法　人	法　人	資産計上
役員・従業員	役員・従業員の遺族	損金算入
法　人	役員・従業員の遺族	1/2資産計上、1/2損金算入

②保険金の経理処理

法人が受け取った場合の経理処理は、以下のようになります。

(1)保険金・解約返戻金の経理処理
→資産計上されている保険料･配当金を取り崩し、死亡保険金・満期保険金との差額を**益金**に算入

(2)配当金の経理処理
→原則としてその年の事業年度の**益金**に算入

(3)入院給付金の経理処理
→入院給付金は、雑収入として**益金**に計上

⑦ 損害保険の基礎

重要度B

1 損害保険の基本用語

再調達価額	事故によって失われた保険の目的と**同等**のものを新たに**購入**するのに必要な金額。**新価**ともいう
時価額	**現時点**での評価額。再調達価額から消耗分を控除した金額
保険価額	被る可能性のある損害の**最高見積**額。原則は時価額
保険金額	契約で設定する金額で、保険会社が支払う**限度額**
保険金	**損害**に対して保険会社が支払う金銭のこと
実損てん補	実際の**損害額全額**を保険金として支払うこと(保険金額限度)
比例てん補	損害が生じたとき、保険金額が保険の対象物の価額に**不足**している場合に、その**不足**する割合に応じて保険金を**削減**して支払うこと
免　責	一定額以下の小損害について**自己負担**するものとして設定する金額
重過失	通常、当然なすべき注意を著しく**逸した**行為
通知義務	契約期間の中途で**契約条件**を変更しなければならないような事実が生じたとき、保険会社や代理店に**連絡**しなければならない義務

2 保険料の仕組み

損害保険の保険料は、保険事故の際に保険金の支払いに充てられる**純保険料**と、損害保険会社の経費、代理店への手数料に充てられる**付加保険料**に分けられます。

損害保険料も原則として収支相等の原則、大数の法則をもとに計算されます。これらに加えて給付・反対給付均等の原則や利得禁止の原則といった考え方もあります。

給付・反対給付均等の原則	損害保険ではそれぞれの危険度に応じて**公平**に保険料を設定
利得禁止の原則（損害てん補）	保険で得してはいけないという原則で、**損害額**以上の保険金は支払われない

8 損害保険商品

重要度 A

1 火災保険

①保険種類

火災保険は、保険の目的や保障内容によって種類が異なります。

保険種類	対　象	特　徴
住宅火災保険	住宅・家財	火災、落雷、破裂･爆発、風･ひょう･雪災による損害を補償。盗難、水漏れ、水災などによる損害は**対象外**
普通火災保険	店舗・工場など	補償内容は住宅火災保険とほぼ同じ
住宅総合保険	住宅・家財	住宅火災保険で補償される損害のほか、盗難、水漏れ、一定の水災、建物外部からの物体の落下・衝突、騒じょうなどによる損害も**補償対象**
店舗総合保険	店舗・併用住宅など	補償内容は住宅総合保険とほぼ同じ
長期総合保険	住宅・家財	補償内容は住宅総合保険とほぼ同じ積立型の火災保険。3年、5年、10年の保険期間がある

②地震保険 頻出

地震保険単独での契約はできず、火災保険に付帯して契約します。

- 地震・噴火またはこれらによる津波を原因とする損害が補償の対象となる
- 保険金額は、主契約保険金額の30～50%の範囲内で設定するが、建物で5,000万円、家財で1,000万円が上限
- 全損の場合、保険金額の100%、大半損60%、小半損30%、一部損の場合は5%が支払われる※

※ 2016年末までの契約は、「全損」「半損」「一部損」に区別される
＊ 地震保険が上乗せ補償できる保険もある

2 自動車保険

自動車保険は強制加入の自動車損害賠償責任保険（自賠責保険）と任意保険があり、自賠責保険ではカバーできない部分を補うのが任意保険です。

①自動車損害賠償責任保険（自賠責保険）

自賠責保険は、自動車損害賠償保障法（自賠法）によって加入が義務付けられた自動車保険です。

- 加入対象範囲…自動車、自動二輪車および原動機付自転車
- 補償範囲…人身事故のみ対象の強制保険
  保険金の支払限度額は、被害者１名につき
  ①　死亡3,000万円
  ②　後遺障害75万円～4,000万円（程度による）
  ③　傷害は死亡・後遺障害と別枠で120万円

②自動車保険（任意保険）

任意の自動車保険には、次のような担保種目があります。

対人賠償保険	自動車事故で他人を死傷させ、法律上の損害賠償責任を負った場合に、自賠責保険を上回る部分の金額が支払われる
対物賠償保険	自動車事故で他人の財物に損害を与え、法律上の損害賠償責任を負った場合に保険金が支払われる
自損事故保険	自賠責保険で対象とならない場合に適用され、単独事故などのとき、運転者の被害に対して定額で支払われる

無保険車傷害保険	加害者側が十分な保険に加入していないなど、賠償資力が十分でない場合に、代わりに支払われる
人身傷害補償保険	自動車事故によって本人や同乗者が死亡・傷害の被害を被った場合、**過失の有無**にかかわらず、**示談**の結果を待たずに**損害額**が支払われる
搭乗者傷害保険	自動車に搭乗中の人が死傷した場合に、死亡保険金や入院・通院保険金が契約時に定めた金額に応じて定額で支払われる
車両保険	所有する自動車が損害を被ったときや盗難にあった場合などに保険金の支払い対象となる

3 傷害保険

傷害保険は**急激かつ偶然な外来の事故**によって、身体に被った傷害に対して保険金が支払われます。

①傷害保険の主な商品

普通傷害保険	**国内外**を問わず、家庭内、職場内、通勤途上、旅行中など、日常生活におけるあらゆる傷害を補償
交通事故傷害保険	**国内外**における交通事故および建物火災や交通乗用具に搭乗中、道路通行中の事故などを補償
家族傷害保険・ファミリー交通傷害保険	被保険者は、本人、配偶者、本人または配偶者と生計を一にする**同居**の親族および**別居**の未婚の子
国内旅行傷害保険	国内旅行行程中(旅行の目的をもって**住居**を出発してから**住居**に帰宅するまで)に被った傷害を補償
海外旅行傷害保険	海外旅行行程中(旅行の目的をもって**住居**を出発してから**住居**に帰宅するまで)に被った傷害を補償
年金払積立傷害保険	給付金を年金形式で受け取れ、保険期間中は**傷害事故**で死亡・後遺障害となった場合に補償

②傷害保険の類似商品

所得補償保険	**国内外**を問わず、病気やケガで就業不能になった場合、所得を補償
介護費用保険	被保険者が**寝たきり**または**認知症**により一定の要介護状態になった場合に、介護に要した費用などをてん補

4 賠償責任保険

賠償責任保険とは、個人の日常生活や企業の業務遂行などが原因となる**偶然な事故**によって、法律上の賠償責任を負ったときのために備える保険です。

①個人向け賠償責任保険

個人賠償責任保険	個人が居住する**住宅**の管理および日常生活において生じた**偶然な事故**により他人の身体・財物に損害を与え、法律上の損害賠償責任を負うことによって被る損害を補償

②企業向け賠償責任保険

	保険種類	内　容
賠償責任保険	生産物賠償責任保険(PL保険)	製造・販売した商品などが他人に**引き渡されたあと**、または仕事を行い終了したあと、その商品などの**欠陥**や仕事の結果にともなって生じた偶然な事故による賠償責任を補償
	施設所有(管理)者賠償責任保険	工場・店舗などの施設の**使用**・**管理**またはその施設における仕事の遂行にともなって生じた偶然な事故による賠償責任を補償
	請負業者賠償責任保険	建築工事・土木工事の**請負**による仕事の遂行または遂行のための施設の使用・管理にともなって生じた偶然な事故による賠償責任を補償
その他	労働災害総合保険	労働者が政府労災保険の対象となる**業務上**の損害を被り、**事業主**が使用者として法律上の損害賠償責任を負担したときなどに保険金が支払われる。＊ 政府労災の上乗せ保険
	利益保険	火災などが原因で生じた**喪失利益**や休業中の人件費などを補償する

9 損害保険と税金　重要度A

1 保険料と税金

①個人が支払う損害保険料

個人が支払う地震保険料は、その支払保険料に応じてその年の契約者の所得から一定の金額が控除されます。

〈地震保険料控除〉

・所得税
→地震保険契約にかかる保険料の**全額**（**最高50,000円**）

・住民税
→地震保険契約にかかる保険料の**1/2**に相当する額（**最高25,000円**）

＊ 地震保険料控除の創設により、損害保険料控除は廃止。経過措置として2006年12月末までに契約した長期損害保険は従来の損害保険料控除の対象となる

②法人が支払う損害保険料

個人事業主が業務に関連して支払った保険料
→**必要経費**！
法人が事業に関連して支払った保険料
→**損金**！

2 満期返戻金と税金

個人事業主	**源泉分離課税**または一時所得として所得税の対象
法人契約	**益金**に算入し、それまで資産計上していた積立保険料部分を**損金**に算入。つまり、満期返戻金・契約者配当金と資産計上額との**差額**が課税対象

3 個人事業主・法人契約の火災保険金と税金

	建　物	棚卸資産	店舗休業保険 利益保険
個人事業主	非課税 保険金額を上回る損失分は必要経費	事業収入 損失分は必要経費	事業収入
法　人	益金（損害額は損金） **圧縮記帳**※可能	益金（損害額は損金） **圧縮記帳**不可	益金

※ 建物などの資産が損害にあった場合、支払われた保険金は益金に、損害額は損金に算入する方法。受け取った保険金で代替の建物などを取得し帳簿価額を上回る場合（益金＞損金）、その差額を保険差益といい、これに一時に課税されないよう、一定の条件の下で将来に繰り延べることができる

Q&A 基本 第2章

リスク管理

学習日

① 契約者保護に関する制度と仕組み

/5

Q 01 保険期間が1年の定期保険の契約の申込みをしたが、医師の診査を受ける前であればクーリング・オフをすることができる。

Q 02 日本国内で営業する生命保険会社および損害保険会社であっても、外国に本社がある保険会社は、保険契約者保護機構への加入が任意である。

Q 03 生命保険会社が破綻した場合、補償対象となる生命保険契約(高予定利率契約を除く)は、破綻時の責任準備金等の80%が補償される。

Q 04 ソルベンシー・マージン比率が100%を下回ると、金融庁から保険会社に対して業務改善命令などの早期是正措置が出される。

Q 05 保険業法は、保険会社に対する監督(免許の内容、業務の内容の規制、罰則等)について定めるものである。

② 生命保険の基礎

/2

Q 06 準有配当保険とは剰余金の3利源をもとに契約後6年目から5年毎に配当を行う保険である。

過去問チェック! [2021-5(加工)]

Q 保険契約者または被保険者になる者は、生命保険契約の締結に際し、保険会社から告知を求められた事項以外に保険事故の発生の可能性に関する重要な事項があれば、その者が自発的に判断して事実の告知をしなければならない。

勉強のコツ❶

生命保険、損害保険ともに、商品の仕組みを押さえましょう。保険料控除や課税方法なども頻出です。

A 01 ×
保険期間が1年以内、医師による診査を受けている、法令により加入が義務付けられている、などのケースではクーリング・オフは適用除外となる。

A 02 ×
頻出
日本で営業を行う保険会社はすべて、保険契約者保護機構へ強制加入となる。

A 03 ×
生命保険会社が破綻し、責任準備金等の削減や予定利率の引下げ等が行われた場合、一般的に保険金額が減少することになるが、保険契約の補償対象契約は、高予定利率契約を除き、破綻時点の責任準備金等の90%まで補償されることになっている。

A 04 ×
ソルベンシー・マージン比率とは、保険会社の財務体質の健全性を示す指標で、早期是正措置が出されるのは比率が200%を下回った場合である。

A 05 ○
保険法と保険業法とは役割を異にするものである。保険法は、保険契約についての一般的なルールを定めた法律である。

A 06 ×
準有配当保険とは剰余金の3利源のうち、利差益のみの配当を行う保険である。それ以外は、設問のとおりである。
（ひっかけ）

A ×
自発的に判断して告知する必要はない。支払い事由（被保険者の死亡等）の発生の可能性に関する重要な事項のうち、保険会社が告知を求めた事項について、契約者等が事実の告知をすればよい。

基本

Q 07

生命保険の保険料は、保険金の支払いに充てる付加保険料と保険事業運営の必要経費に充てる純保険料とで構成される。

③ 保険約款の基礎知識

/7

Q 08

告知義務者が告知内容を保険募集人に口頭で詳しく説明をすれば、告知書に自ら記入しなくても、告知は成立する。

Q 09

保険契約者または被保険者が、告知事項について故意または重大な過失により事実をありのままに告知しなかった場合、原則として、保険会社は当該生命保険契約を解除することができる。

Q 10

生命保険募集人が、保険契約者または被保険者に対して、告知事項について不実の告知をすることを勧めた場合でも、原則として、保険会社は当該生命保険契約を解除することができる。

Q 11

保険料の払込猶予期間中に保険事故が発生した場合には、保険金は支払われない。

Q 12

延長定期保険に変更した場合、各種の特約が付加されていた場合は、変更した時点で特約を継続するかどうか選択する。

Q 13

契約転換をする際の保険料は、転換前の契約の契約年齢で計算される。

過去問チェック! [2021-1]

Q 保険法は、生命保険契約、損害保険契約だけでなく、保険契約と同等の内容を有する共済契約も適用対象となる。

A 07 頻出 ×

保険金の支払いに充てる保険料は純保険料、保険事業運営の必要経費に充てる保険料は付加保険料である。

A 08 ×

保険募集人に口頭で説明をしても、告知したことにはならない。

A 09 ○

告知義務違反による保険会社の解除権は、保険会社が解除の原因を知ったときから1カ月間権利を行使しなかった場合、または契約の締結時から2年以内に保険金・給付金に支払い事由が生じなかった場合には消滅する。

A 10 ×

告知義務違反があっても、生命保険募集人等がそのように告知するよう勧めた場合などは、原則として保険会社が生命保険契約を解除することができない。

A 11 ×

猶予期間中に保険事故が発生した場合でも、未払保険料を差し引いたうえで保険金が支払われる。

A 12 頻出 ×

各種の特約が付加されていた場合は、変更した時点で消滅する。

A 13 ×

転換後の保険料は、転換時点の年齢および保険料率でもって計算される。 ひっかけ

A ○

保険法は、保険契約、共済契約等の名称を問わず、保険の機能を有するものを『保険契約』と定義している。よって、各種共済契約にも適用される。

基本

Q 14

保険料の払込みを軽減するため減額した場合、減額した部分は解約したものとして扱われるが、解約返戻金は支払われない。

④ 生命保険商品

/23

Q 15

終身保険の保険料払込期間について、終身払いと有期払いとを比べた場合、他の条件が同一であれば、毎回の支払保険料が高いのは終身払いである。

Q 16

定期保険特約付終身保険（更新型）は、更新をする都度、告知が必要である。

Q 17

利率変動型積立終身保険（アカウント型保険）の積立金部分は、保険料に充当するだけではなく、一般的に、一定の条件のもとで引き出すことができる。

Q 18

終身保険では、払込満了時に死亡保障に代えて介護保障に変更したり、年金受取を選択したりできるケースもある。

Q 19

逓増定期保険は、保険期間の経過とともに死亡保険金額と支払保険料が逓増する保険である。

Q 20

養老保険は、死亡保険金を受け取ることなく保険期間が満了した場合は満期保険金が支払われる。

Q 21

収入保障保険は、被保険者が死亡した場合に所定の期間、死亡保険金が年金形式で支払われる。

過去問チェック！［2020-1］

Q 収入保障保険の死亡保険金を年金形式で受け取る場合の受取総額は、一時金で受け取る場合の受取額よりも多くなる。

A 14 ×
減額した場合は解約したものとして扱われ、解約返戻金がある場合は支払われる。

A 15 ×
終身保険の保険料の払込みにおいて、終身払いと有期払いとでは、他の条件が同一であれば、毎回の支払保険料が高いのは有期払いである。

A 16 ×
定期保険特約付終身保険（更新型）は、更新の都度、告知および保険会社の承諾は不要である。
ひっかけ

A 17 ○
一般的に、入金をすることも可能である。

A 18 ○
終身保険には、満期はないため満期保険金はないが、貯蓄性はある。払込満了時に介護保障や年金受取を選択できるケースもある。

A 19 ×
死亡保険金額は逓増するが、更新などがなければ、支払保険料は一定のまま、増減しない。

A 20 ○
頻出
死亡保険金を受け取ることなく満期を迎えた場合は満期保険金が支払われ、保険期間中に死亡保険金が支払われた場合には、その時点で保険契約が終了する。

A 21 ○
頻出
被保険者が死亡した場合に所定の期間、死亡保険金が年金形式で支払われる。一時金で受け取ることも選択できる。

A ○
一時金で受け取る額は、年金形式よりも保険金は減額される。

基本

Q 22 低解約返戻金型の終身保険は、他の条件が同一であれば、一般的な終身保険に比べて保険料が割高である。

Q 23 個人年金保険には、被保険者が生存している限り年金が支払われる「終身年金」や、年金支払期間中であれば被保険者の生死にかかわらず年金が支払われる「確定年金」等がある。

Q 24 確定年金では、年金受取期間中に被保険者が死亡した場合、その後の年金の支払いはなくなる。

Q 25 保証期間付終身年金は、保証期間経過後は被保険者が生存している場合に限り、年金を受け取ることができる。

Q 26 医療保険では、１泊以上の入院をしなければ入院給付金は支払われず、日帰り入院の場合は入院給付金が支払われることはない。

Q 27 がん保険は、１回の入院および通算入院日数において入院給付金の支払日数に限度はない。

Q 28 がん保険では、所定の待期期間中にがんと診断された場合でも、契約成立後のため、診断給付金は支払われる。

Q 29 無選択型保険の保険料は、告知や診査がある保険に比べると、他の契約条件が同じであれば、高くなる。

過去問チェック！ ［2019-1］

Q 外貨建て終身保険は、円換算支払特約を付加することにより、契約時の円建ての死亡保険金額が死亡保険金受取時にも円貨で保証される。

A 22 ×

低解約返戻金型の終身保険は、保険料払込期間中の解約返戻金が低いため、保険料は割安となる。

A 23 ○

個人年金保険は、被保険者が年金の受取開始前に死亡すると、それまでに払い込んだ保険料相当額の死亡給付金を受け取ることができる。

A 24 ×

頻出

年金受取期間中に被保険者が生存している場合に限り、年金を受け取ることができるのは有期年金である。

A 25 ○

保証期間付終身年金は、保証期間中は被保険者の生死にかかわらず年金が支払われ、その後も生存している場合に限り一生涯年金が支払われる。

A 26 ×

日帰り入院の場合でも、入院給付金が支払われる商品も販売されている。

A 27 ○

頻出

がん保険の1回の入院および通算での入院において、基本的に入院給付金の支払日数は限度がなく無制限となっている。

ひっかけ

A 28 ×

頻出

一般的には、責任開始日から90日間（3カ月）が待期期間となり、がんと診断された場合でも支払われない。

A 29 ○

リスクが高い人が集まることを想定しているため、告知や診査がある保険より保険料が高くなる。

A ×

円換算支払特約は、契約時の円建ての保険金額を保証するものではなく、円での支払いを可能とする特約である。

基本

Q 30 ☐☐☐

特定疾病保障保険では、がん、急性心筋梗塞、脳卒中によって所定の状態と診断された場合、生前に死亡保険金の半額の保険金が支払われる。

Q 31 ☐☐☐

リビング・ニーズ特約は、ケガや病気の種類を問わず、被保険者の余命が６カ月以内と診断された場合、所定の死亡保険金額の範囲内で保険金の全部または一部を請求することができる。

Q 32 ☐☐☐

リビング・ニーズ特約を付帯すると、被保険者本人が余命を告知されていないなど特約保険金を請求できない所定の事情がある場合、指定代理請求人が被保険者に代わって当該保険金を請求することができる。

Q 33 ☐☐☐

女性疾病入院特約は、乳がんや子宮筋腫などの女性特有の病気で入院したときに、入院給付金が支払われる特約である。

Q 34 ☐☐☐

利率変動型積立終身保険は、死亡保障、医療保障等の特約の保険料に積立金が充当でき、所定の範囲内で支払保険料の額を変えることなく保障の内容を変更することができる。

Q 35 ☐☐☐

変額保険は、特別勘定で運用されている。

Q 36 ☐☐☐

共済契約は、保険法が適用される。

過去問チェック！ ［2020-1（加工）］

Q 保証期間のない有期年金では、年金受取開始後、契約時に定めた年金受取期間中に被保険者（＝年金受取人）が死亡した場合、被保険者の相続人が残りの年金受取期間分の年金現価を一時金で受け取ることができる。

A 30 ×　頻出

死亡保険金の半額ではなく、同額の保険金が支払われる。（ひっかけ）

A 31 ○　頻出

余命6カ月以内と診断されたときに死亡保険金の全部または一部を受け取ることができる。

A 32 ○

なお、リビング・ニーズ特約の特約保険料は、不要である。

A 33 ○

女性特有の病気でも一般の入院特約で保障されるので、女性疾病入院特約は上乗せの保障である。

A 34 ○

利率変動型積立終身保険の保険料は、保障部分とアカウント部分と呼ばれる積立部分に分かれ、主契約の積立部分の金額は、医療特約や定期保険などの特約を付加するなど保障の見直しに充てたり、引き出して使うこともできる。保険料払込期間満了後には、その時の積立金があればそれをもとにして、終身保険に変更することができる。

A 35 ○

通常の保険は一般勘定で運用される。

A 36 ○

保険法では、保険・共済契約に関する一般的なルールが定められている。

A ×　保証期間のない有期年金は、被保険者の死亡で年金の支払いは終了する。

基本

Q 37 □□□

少額短期保険業者が引受けを行うことができる保険金額は被保険者1人あたり2,000万円が上限である。

⑤ 生命保険と税金

／8

Q 38 □□□

介護医療保険料控除の対象となる医療保険を2023年3月に契約した場合、2023年分の所得税において契約者の所得から控除できる金額は最高5万円である(他に契約している生命保険はないとする)。

Q 39 □□□

被保険者本人が介護保険金など生前給付金を受け取った場合は非課税である。

Q 40 □□□

収入保障保険の保険金を年金形式で受け取る場合、その受給権が相続税の課税対象となり課税されるが、その後毎年受け取る年金は所得とみなされず、課税されない。

Q 41 □□□

所得税における個人年金保険料控除の適用を受けるための要件の1つに、保険料等は、年金支払を受けるまでに10年以上の期間、定期に支払う契約である、というものがある。

Q 42 □□□

支払事由の発生していない生命保険契約の権利を相続した場合、それまでの既払込保険料相当額が相続税評価額となる。

過去問チェック! [2022-9(加工)]

Q 契約者(=保険料負担者)を法人、被保険者が役員・従業員全員、死亡保険金受取人および満期保険金受取人が法人である養老保険の支払保険料は、その全額を資産に計上する。

A 37 ✕ 保険金額は被保険者1人につき1,000万円が上限であり、保険期間は1年（損害保険は2年）である。

A 38 ✕ 2012年1月以降に契約した医療保険について、介護医療保険料控除として受けられる所得控除の金額は、年間の保険料を8万円超支払っている場合で最高4万円である。

ひっかけ

A 39 ○ 入院・手術など病気やケガの給付金や特定疾病保険金、介護一時金、リビング・ニーズ特約保険金なども非課税となる。

A 40 ✕ 毎年受け取る年金は雑所得として所得税・住民税の課税対象となる。ただし、相続税の課税対象となった部分については所得税の課税対象とはならない。

A 41 ○ 個人年金保険料控除の適用を受けるためには、以下の4要件を満たす契約であることが必要である。

- 年金受取人が契約者またはその配偶者のいずれか
- 被保険者＝年金受取人
- 保険料払込期間が10年以上
- 確定年金・有期年金であれば、年金受取開始時の被保険者年齢が60歳以上で、かつ年金受取期間が10年以上

A 42 ✕ 頻出

相続時の解約返戻金相当額で評価される。解約返戻金相当額がわからないときは、契約先である生命保険会社などに照合し、確認できる。

ひっかけ

A ○ なお、満期保険金受取人を法人、死亡保険金受取人を役員・従業員の遺族とし、役員・従業員全員を被保険者とする場合は2分の1資産計上、2分の1損金算入となる。

基本

Q 43

所得税における個人年金保険料控除の適用を受けるための要件の１つに、確定年金の場合、年金受取開始時の被保険者の年齢が60歳以上で、かつ年金受取期間が10年以上であること、というものがある。

Q 44

所得税における個人年金保険料控除の適用を受けるための４つの要件の１つに、年金受取人は、被保険者と同一人であること、というものがある。

Q 45

個人年金保険の契約者が夫、年金受取人が妻の場合、年金支払開始時に妻が年金受給権を贈与により取得したものと見なされ、年金受給権の評価額が贈与税の課税対象となる。

⑥ 損害保険商品

／14

Q 46

自動車（二輪自動車や原動機付自転車を含む）は、原則として、自動車損害賠償責任保険（自賠責保険）に加入していなければ運行することができない。

Q 47

自賠責保険の支払限度額は、被害者１名につき、死亡による損害については5,000万円、傷害による損害については200万円である。

Q 48

対人賠償保険では、自動車を車庫に入れるとき、車両誘導中の運転者の配偶者に誤って接触し重傷を負わせた損害に対しても保険金が支払われる。

過去問チェック！［2020-1］

Q 家族傷害保険では、保険期間中に被保険者に子が生まれた場合、その子を被保険者に加えるためには、追加保険料を支払う必要がある。

A 43 ○

要件はQ41の解説のとおり。
個人年金保険で「個人年金保険料税制適格特約」を付加していない場合や変額個人年金保険は、一般の生命保険料控除の対象となる。

A 44 ○

要件はQ41の解説のとおり。
災害入院特約・疾病入院特約等を付加している場合、特約部分の保険料については、個人年金保険料の対象とはならず、一般の生命保険料控除または、介護医療保険料控除（2012年以降の契約）の対象となる。

A 45 ○

年金受取開始時に贈与税の対象となり、毎年受け取る年金は雑所得として所得税・住民税がかかる。

A 46 ○

自賠責保険は、自動車損害賠償補償法によって、自動車および原動機付自転車を使用する際に加入が義務付けられている損害保険である。

A 47 ×
頻出

自賠責保険の支払限度額は、被害者１名につき、死亡による損害については3,000万円、傷害の際は120万円。なお、後遺障害の際は、障害の程度に応じて75万円～ 4,000万円が支払われる。

A 48 ×

対人賠償保険や対物賠償保険では、配偶者や本人・親・子に対する賠償責任については対象とならない。

A ×

家族傷害保険では、対象となる被保険者の人数によって保険料が変わることはない。

基本

Q 49
一般条件の車両保険では、衝突や盗難の偶然の事故によって受けた被保険自動車（保険対象の車両）事故の損害に対して、保険金が支払われる。

Q 50
地震保険は、火災保険に付帯して契約する必要があり、単独で契約することはできない。

Q 51
地震保険の保険金額は、火災保険の保険金額の30 ～ 50％の範囲内で設定され、その限度額は建物が5,000万円、家財（生活用動産）が1,000万円である。

Q 52
居住用建物および収容家財の地震を原因とする火災や崩壊によるリスクは、火災保険に付帯して地震保険に加入することで備えられる。

Q 53
普通傷害保険では、飲酒運転中の事故での傷害は補償の対象外である。

Q 54
個人賠償責任保険を契約することで、仕事の遂行が原因で他人にケガを負わせてしまうことにより生ずる損害賠償責任に備えられる。

Q 55
所得補償保険は、病気やケガで就労不能となり収入を得られなくなった場合に備えた保険である。

Q 56
普通傷害保険契約では、地震を原因として負傷した場合でも、保険金は支払われる。

過去問チェック！［2023-5（加工）］

Q
車両保険では、特約を付帯しなくても、被保険自動車が地震・噴火またはこれらによる津波により損害を被った場合、保険金の支払い対象となる。

A 49 ○ 所有する自動車が損害を被ったときや盗難に遭った場合などに、保険金の対象となる。また、車両に定着している付属品の損害も対象となる。

A 50 頻出 ○ 火災保険の保険期間の途中から地震保険に契約することも可能。

A 51 頻出 ○ 支払いは、全損の場合は保険金額の全額（100%）、大半損の場合は60%、小半損の場合は30%、一部損の場合は5%が支払われる。なお、2016年12月までの契約は、全損100%、半損50%、一部損5%の3区分で支払われる。

A 52 ○ 地震保険の対象となるのは住居用建物（専用住宅および併用住宅）および家財である。

A 53 頻出 ○ 無免許・酒酔い・麻薬等を使用しての運転中に生じた傷害は対象外となる。

A 54 × 個人賠償責任保険は、仕事の遂行中の損害賠償責任は補償対象外である。

ひっかけ

A 55 ○ 所得補償保険は、国内外を問わず、病気や傷害で就業不能になった場合、その間の所得を補償する。

A 56 × 普通傷害保険では地震、噴火またはこれらによる津波によって被った傷害に対しては、免責となり、保険金が支払われない。他に、保険契約者または被保険者の故意または重大な過失や被保険者の無資格運転、酒酔い運転なども免責である。

A × 地震・噴火や、それによる津波により自動車が受けた損害は対象外である。保険会社によって地震等による車両全損一時金特約を付加することはできる。

基本

Q 57 □□□
請負業者賠償責任保険は、製造や販売をした商品等を他人に引き渡したあと、その商品の欠陥などによって他人の身体や財物に損害を与えた場合に、法律上の損害賠償責任を負うことによるリスクに備える保険である。

Q 58 □□□
不動産所得や年金、利子・配当所得のみで生計を立てている者は、所得補償保険の被保険者となることはできない。

Q 59 □□□
普通傷害保険は日常生活での傷害を補償するが、海外での傷害や細菌性食中毒は補償対象外となる。

⑦ 損害保険と税金

/5

Q 60 □□□
住宅が焼失したことにより火災保険金を契約者が受け取った場合、その保険金は非課税である。

Q 61 □□□
積立普通傷害保険の満期返戻金を契約者が受け取った場合、その満期返戻金の全額が雑所得となる。

Q 62 □□□
子どもがケガをしたことにより家族傷害保険の通院保険金を受け取った場合、その保険金は非課税である。

Q 63 □□□
生命保険料控除の対象となる医療保険契約は生命保険会社と損害保険会社のどちらで締結した契約も対象となる。

Q 64 □□□
個人やその遺族が損害賠償金を受け取った場合、その賠償金は一時所得となる。

過去問チェック! [2019-1(加工)]

Q
契約者(=保険料負担者)を個人とする損害保険の税金に関して、配偶者が不慮の事故で死亡したことにより契約者が受け取る家族傷害保険の死亡保険金は、相続税の課税対象となる。

A 57 ×

設問は生産物賠償責任保険の内容の説明である。請負業者賠償責任保険は、建築工事や土木工事の請負による仕事の遂行などにともなって生じた偶然な事故によって法律上の損害賠償責任を負うことによるリスクに備える保険である。

A 58 ○

所得補償保険の被保険者になるためには、一定の業務をもち収入を得ている者という要件がある。

A 59 ×

普通傷害保険の補償対象は国内外を問わない。細菌性食中毒やウイルス性食中毒は対象外である。

ひっかけ

A 60 ○

個人契約の建物・動産・車両にかかわる保険金は、非課税である。

A 61 ×

積立普通傷害保険の満期返戻金を契約者が受け取った場合、その満期返戻金は一時所得として、所得税・住民税の課税対象となる。

A 62 ○

頻出

通院給付金も、被保険者本人またはその配偶者や直系血族あるいは生計を一にするその他の親族が受け取った場合には、非課税である。

A 63 ○

医療保険契約の生命保険料控除は、生命保険会社だけでなく損害保険会社と締結した医療保険契約も対象となる。

A 64 ×

個人やその遺族が受け取る損害賠償金は、非課税である。

A ×

契約者が保険料負担者で受取人でもあるので、死亡保険金は一時所得として所得税・住民税の対象となる。

Q&A 重要

第2章

リスク管理

学習日 /

① 契約者保護に関する制度と仕組み

/3

Q 01 一般に保険料の払込猶予期間は月払いと半年払いの場合、払込期月の翌月初日から末日まで、年払いは払込期月の翌月初日から翌々月の月単位の契約応当日までである。

Q 02 保険契約者保護機構が、破綻した保険会社の契約者等を保護するために負担する資金援助等の財源は、国が拠出している。

Q 03 契約者が個人である火災保険契約の保険金支払いは、損害保険契約者保護機構により、保険会社が破綻した後３カ月間は、90%補償される。

② 生命保険の基礎

/2

Q 04 責任準備金は、保険会社が将来の保険金や給付金の支払いのために積み立てておくための準備金である。

Q 05 同じ年齢での死亡率を男女で比較した場合、女性の方が死亡率が低く、平均余命が長いため、一般的に、同年齢で比較した死亡保険料は女性より男性の方が高い。

過去問チェック! ［2023-9］

Q 少額短期保険業者が取り扱う保険契約は、生命保険契約者保護機構または損害保険契約者保護機構の保護の対象となる。

勉強のコツ❷

リスク管理の分野では大きな改正点はありませんが、生命保険料控除などを引き続き、確認しておきましょう。

A 01 ✕

半年払いも年払いと同様、払込期月の翌月初日から翌々月の月単位の契約応当日までである。契約応当日が2・6・11月の各末日の場合は、それぞれ4・8・1月の各末日までとなる。

A 02 ✕

保険契約者保護機構が、破綻した保険会社の契約者を保護するために負担する資金援助等の財源は、会員である保険会社各社が拠出している。

A 03 ✕ 頻出

契約者が個人である火災保険契約の保険金支払いに係る補償割合は、保険会社の破綻後3カ月間については100%である。

（ひっかけ）

A 04 ○

養老保険の責任準備金は、保険期間の経過に従って増加し、保険契約の満期時には満期保険金額と同額の水準に達する。保険会社は、これを取り崩して満期保険金を支払う。

A 05 ○

同じ年齢での死亡率を男女で比較した場合、女性の方が死亡率が低く、平均余命が長いため、一般的に、同年齢で比較した死亡保険料は女性より男性の方が高い。「生存率が低くなる」というのが危険リスクであり、保険料の算定には欠かせない要素である。

A ✕ 少額短期保険業者は、保険契約者保護機構の保護の対象外である（保険法・保険業法は対象）。

重要

③ 保険約款の基礎知識

／9

Q 06 生命保険に加入の際、告知義務違反をして申込みを行ったことがわかったときには、生命保険会社はいつでも契約を解除することができる。

Q 07 いったん失効した契約を復活した場合、保険料は復活したときの年齢で再計算される。

Q 08 払済保険や延長(定期)保険を、一定期間内に、従前の契約に戻すことを復活という。

Q 09 払済保険や延長(定期)保険への変更後、一定期間内であれば契約者の申し出のみで復旧することができる。

Q 10 自動振替貸付制度および契約者貸付制度を受けたまま契約消滅事項が生じた場合は、保険金(または解約返戻金)から未返済の貸付金とその利息を差し引いた金額が支払われることになる。

Q 11 契約者貸付を受けた場合、配当金を受け取ることができない。

Q 12 前納で保険料を払った終身保険について、契約消滅時(死亡・解約など)には、それ以降の保険料(未経過保険料)は返還されない。

過去問チェック! [2022-9]

Q 団体定期保険(Bグループ保険)は、従業員等が任意に加入する1年更新の保険であり、毎年、保険金額を所定の範囲内で見直すことができる。

A 06 ×
頻出

契約が契約日（または復活日）から2年を超えて有効に継続した場合、および保険会社が告知義務違反を知った日から1カ月以内に解除を行わなかった場合には契約の解除権は消滅する。（ひっかけ）

A 07 ×

復活したときの保険料は、契約時（失効前）の保険料と変わらない。

A 08 ×

払済保険や延長（定期）保険を、一定期間内に、従前の契約に戻すことは復活ではなく、復旧という。

A 09 ×

告知または診査と、所定の金額（積立金不足額やその利息）を払い込む必要がある。

A 10 ○

自動振替貸付制度とは、払込猶予期間満了日までに払い込まれなかった場合、その時点での解約返戻金の範囲内で、保険会社が自動的に保険料を立替えて契約を有効に継続させる制度。契約者貸付制度は、その時点の解約返戻金の一定範囲内で保険会社から資金の貸付を受けることができる制度である。

A 11 ×

契約者貸付を受けた場合でも、貸付けを受けていない契約と同様の配当金が支払われる。

A 12 ×

前納とは、年払いや半年払い等、保険料をまとめて支払うことを指す。保険会社は、預かった前納保険料を払込期間が到来するまで運用することができるため、前納の保険料は一定の利率で割引される。保険事故が起こった場合には、期間が到来していない保険料については返還される。

A ○ 企業等が契約者となり従業員等が任意で加入する保険で、団体加入のため保険料が割安である。保険料は従業員が負担し、保険金の受け取りは従業員等の遺族となる。

重要

Q 13 保険契約中に受け取る配当金は保険料を事後精算する性質のもので、税金はかからない。

Q 14 特別配当は、通常配当とは別に、長期の継続契約に対して支払われる配当金で、保険金支払いや解約などの契約消滅時に支払われる。

④ 生命保険商品

/22

Q 15 収入保障保険（生活保障保険）の死亡保険金を年金形式で受け取る場合の受取総額と、一時金で受け取る場合の受取額は、同額になる。

Q 16 更新型の定期保険特約付終身保険の定期保険特約部分を更新する場合には、新たに診査や告知が必要であるが、保険料は更新時の年齢と当初契約時の保険料率で計算される。

Q 17 積立利率変動型終身保険は、通常、積立利率が保険会社所定の基準を上回った場合には、保険料が安くなる。

Q 18 利率変動型積立終身保険（アカウント型保険）のアカウント部分の予定利率には、最低保証はない。

Q 19 団体信用生命保険の死亡保険金は、相続税の課税対象となり、「500万円×法定相続人の数」が非課税となる。

Q 20 逓減定期保険では、一般に、死亡保険金が逓減するにしたがって、支払保険料も逓減する。

過去問チェック! ［2023-5（加工）］

Q 低解約返戻金型終身保険は、保険料払込期間満了後に解約をした場合の解約返戻金の額については、支払保険料以外の契約条件が同じで低解約返戻金型ではない終身保険と同程度である。

A13 ○ 設問のとおり。なお、生命保険料控除の対象となる正味保険料は「支払保険料－配当金」となる。

A14 ○ 特別配当とは、通常配当とは別に、特に一定期間以上継続している契約に対して支払われる配当のことである。

A15 ✕ 頻出 死亡保険金を年金形式で受け取る場合の受取総額は、一時金で受け取る場合の受取総額より多くなる。

A16 ✕ 頻出 更新型の定期保険特約部分を更新する際には、診査や告知は不要で更新できるが、保険料は年齢や更新時の保険料率で再計算される。（ひっかけ：不要）

A17 ✕ 積立利率が保険会社所定の基準を上回った場合には、死亡保険金（基本保険金）や解約返戻金が増加するが、通常、保険料は一定である。

A18 ✕ 頻出 アカウント部分の予定利率は一定期間ごとに見直されるが、最低保証はある。

A19 ✕ 団信の保険金は受取人が金融機関となるため、被保険者（住宅ローン債務者）の死亡により支払われるものであっても、その死亡保険金は相続税の課税対象とはならない。

A20 ✕ 逓減定期保険は、死亡保険金が逓減していく商品であるが、一般的に支払保険料は一定である。

A ○ 契約条件が同じで低解約返戻金でない終身保険と比べ、払込期間中は解約返戻金は少ないが、払込期間満了後は同程度である。

重要

Q 21 がん保険では、初めてがんと診断された場合に診断給付金が支払われるが、再発した場合は再度、診断給付金が支払われることはない。

Q 22 疾病入院特約(日額5,000円)と、成人病入院特約(日額5,000円)が付加されている定期保険特約付終身保険に加入している場合(その他の特約はない)、がんと診断された場合に受け取れる給付金は入院1日あたり10,000円である。

Q 23 夫婦年金は、夫婦がともに生存している場合に限り、年金を受け取ることができる。

Q 24 個人年金保険で受け取る年金額は契約時に定めた「基本年金」、年金支払開始前の配当金を原資とする「増加年金」の合計である。

Q 25 一時払変額個人年金保険の死亡給付金額は、運用実績によって増額することがある。

Q 26 一時払変額個人年金保険には、運用実績にかかわらず、据置(運用)期間満了時の年金原資や年金受取総額が最低保証される商品もある。

Q 27 特定疾病保障保険は、がんと診断され特定疾病保険金を受け取った後、急性心筋梗塞や脳卒中など別の支払い要件に該当しても、特定疾病保険金を再度受け取ることはできない。

過去問チェック! [2022-9]

Q 外貨建て終身保険では、円換算支払特約を付加することで、当該保険契約の締結後から保険金を受け取るまでの為替リスクを回避することができる。

A 21 ×
がん診断給付金は保険期間中、1回受け取れる商品と複数回受け取れる商品がある。

A 22 ○ 実技
疾病入院特約は病気で入院した場合に入院給付金が支払われ、がんの入院も対象である。成人病入院特約は、がん・心疾患・脳血管疾患・高血圧性疾患・糖尿病などで入院した場合に給付金が支払われる。よって設問では、合わせて入院1日あたり10,000円となる。

A 23 ×
夫婦のいずれか一方が死亡した場合でも、年金の受取りは継続できる。

A 24 ×
個人年金保険で受け取る年金額は、契約時に定めた「基本年金」、年金支払い開始前の配当金を原資とする「増額年金」、年金支払い開始後の配当を原資とする「増加年金」の合計である。

A 25 ○
運用実績が悪くても支払った一時払保険料相当額は最低保証されるが、運用実績がよければ、増加した金額が支払われる。

A 26 ○
設問のとおり。一時払保険料と同額の最低保証がある商品もある。

A 27 ○ 頻出
特定疾病保障保険は、がん、急性心筋梗塞、脳卒中のいずれかと診断され特定疾病保険金を受け取った時点で契約が終了するため、再度受け取ることはできない。

A ×
円換算支払特約により払込保険料は円貨で支払い、保険金等を円貨で受け取ることができる。この場合、保険料支払時と保険金等の受取時の為替相場の変動により影響を受ける。

重要

Q 28 先進医療特約は、厚生労働大臣が承認する先進医療に該当する治療を届け出がなされている医療機関で受けたときに給付金が支払われるが、加入後に新しく認められた先進医療を受けた場合、支払いの対象外である。

Q 29 一時払いの終身保険について、保険期間中に被保険者が死亡した場合でも保険料の返還はない。

Q 30 終身保険には満期保険金がないため、解約により解約返戻金を受け取ることができない。

Q 31 こども保険には、子どもの病気やけがなどに備えて入院特約などをつけることはできない。

Q 32 総合福祉団体定期保険は、企業が保険料を負担し、被保険者である役員・従業員の死亡退職金・弔慰金の備えとする10年更新の定期保険である。

Q 33 民間の介護保険では、被保険者が公的介護保険の介護サービスを利用した場合の自己負担額を限度に介護年金が支払われる。

Q 34 介護保障保険は、被保険者が寝たきりまたは認知症により所定の要介護状態となった場合に介護一時金や介護年金が支払われるが、被保険者が死亡した場合に死亡保険金が支払われるものはない。

過去問チェック! ［2019-1］

Q 先進医療特約の対象となる先進医療は、給付時点ではなく保険契約時点で厚生労働大臣により定められたものとされている。

A 28 ×　加入後に新しく認められた先進医療技術についても、支払対象となる。ただし、療養を受けた日現在に規定されているものに限る。（ひっかけ）

A 29 ○　一時払いとは、契約締結時に全保険期間に対する保険料を一時に全額払い込むことをいい、保険事故が起こった場合に保険料が戻ることはない。

A 30 ×　満期保険金はないが、貯蓄性を有しているので、解約により解約返戻金を受け取ることができる。

A 31 頻出 ×　子どもの病気やけがなどに備えて入院特約などを付けることは可能である。

A 32 ×　総合福祉団体定期保険は、企業が保険料を負担し、被保険者である役員・従業員の死亡退職金・弔慰金の備えとする1年更新の定期保険である。

A 33 ×　民間の介護保険は、所定の介護状態になったときに、自己負担額の限度とは関係なく、契約に基づいて介護年金や介護一時金が受け取れる保険である。

A 34 ×　介護保障保険では被保険者が死亡した場合、死亡保険金が支払われるものがある。

A ×　対象となる先進医療は、治療を受けた日時点で規定されていることが必要となる。

重要

Q35 変額年金保険で、死亡給付金の死亡保障額が運用次第でステップアップし、その後の運用実績に関係なく、一度上がった死亡給付金の最低保証額が下がらないものを、ラチェットタイプという。

Q36 長期平準定期保険は、死亡退職金の準備を目的とした保険であるが、生存(勇退)退職金の準備にも活用できる。

⑤ 生命保険と税金

／15

Q37 保険料を一時払いで支払った場合、生命保険料控除は保険期間中は毎年適用となる。

Q38 全期前納で支払った保険契約について、生命保険料控除は毎年適用となる。

Q39 契約者(保険料負担者)が法人、被保険者が従業員の場合、死亡給付金受取人が従業員の遺族、年金受取人が従業員である個人年金保険の保険料は、支払保険料の全額を給与として損金に算入する。

Q40 確定申告で医療費控除の適用を受ける場合、個人が受け取った入院給付金については、負担した医療費から差し引く必要がある。

過去問チェック! [2021-9]

Q 契約者、被保険者および年金受取人が同一人である個人年金保険(保証期間付終身年金)において、保証期間内に被保険者が死亡し、残りの保証期間について相続人が受け取る年金の年金受給権は、相続税の課税対象となる。

A 35 ○ ラチェットタイプは、年金原資や死亡給付金の最低保証額が、運用実績に応じて引き上げられるタイプをいう。

A 36 ○ 長期平準定期保険は解約返戻金があるため、生存（勇退）退職金の準備にも活用できる。

A 37 × 頻出 生命保険料控除は支払った年の１回のみの適用となる。

A 38 ○ 頻出 全期前納とは、保険料払込の全期間分を前払いすることである。生命保険料控除は毎年適用となる。契約消滅時（死亡・解約など）は、それ以降の保険料（未経過保険料）は返還されることになる。

A 39 ○ 法人契約の個人年金保険の保険料は、死亡給付金と年金受取人が法人である場合には保険料積立金として全額資産計上し、被保険者またはその遺族である場合には給与とする。死亡給付金の受取人が被保険者の遺族、年金受取人が法人の場合は、90％を資産計上し残額は損金算入とする。

<table>
<tr><th rowspan="2">契約者</th><th rowspan="2">被保険者</th><th colspan="2">受取人</th><th rowspan="2">個人年金保険料</th></tr>
<tr><th>死亡給付金</th><th>年金</th></tr>
<tr><td rowspan="3">法人</td><td rowspan="3">従業員</td><td colspan="2">法人</td><td>資産計上</td></tr>
<tr><td>被保険者の遺族</td><td>被保険者</td><td>給与</td></tr>
<tr><td>被保険者の遺族</td><td>法人</td><td>90％…資産計上
10％…損金算入※
※役員等のみを対象とする場合は給与</td></tr>
</table>

A 40 ○ 保険金などで補てんされる金額（入院給付金、手術給付金、高額療養費、出産育児一時金など）を差し引いて計算する。

A ○ 保険料負担者、被保険者、年金受取人が同一である場合は、年金受給権は相続または遺贈とみなされて相続税の課税対象となる。

重要

Q 41 契約者と被保険者が同一人である終身保険契約において、死亡保険金を相続人以外の者が受け取った場合は、死亡保険金の非課税金額の規定の適用を受けることができない。

Q 42 契約者と年金受取人が同一人である個人年金保険契約において、年金受取人が毎年受け取る年金については、当該年金額から払込保険料に基づき計算された必要経費を差し引いた金額が雑所得として総合課税の対象となる。

Q 43 契約者と年金受取人が違う個人年金保険契約において、年金受取時に贈与税の課税対象となる年金受給権の評価額は、いかなる場合でもその時点での解約返戻金額となる。

Q 44 一時払定額個人年金(10年確定年金)を、契約から5年以内に解約した場合、当該解約返戻金は一時所得の収入金額として総合課税の対象となる。

Q 45 変額個人年金保険の保険料は、所得税の計算において、どのような契約形態であっても、個人年金保険料控除の対象とはならない。

Q 46 リビング・ニーズ特約により受け取った保険金は、受取時には非課税であるが、その後、被保険者が亡くなり当該金額が預金として残っていた場合は、相続税の課税対象となり、「500万円×法定相続人の数」までは非課税となる。

Q 47 リビング・ニーズ特約による生前給付金の支払いを受けたあとに、その受取人である被保険者が死亡した場合、当該金額は相続税の計算において、死亡保険金の非課税金額の規定の適用対象となる。

過去問チェック! [2021-1(加工)]

Q 被保険者は役員、契約者と死亡保険金受取人が法人で、最高解約返戻率が65%である定期保険(保険期間20年)の支払保険料は、保険期間の前半4割相当期間においては、その60%相当額を資産計上する(保険契約は2020年10月締結)。

A41 ○ 頻出

死亡保険金の非課税金額の規定の適用が受けられるのは、受取人が相続人の場合である。なお、相続税の非課税限度額は、「500万円×法定相続人の数」である。

A42 ○

毎年受け取る年金は、雑所得として所得税・住民税が課税される。雑所得の金額は、その年中に支払を受けた年金の額から、その金額に対応する払込保険料又は掛金の額を差し引いた金額である。

A43 ×

年金受給権の評価額は、①その時点の解約返戻金額　②一時金で受け取ることができる場合はその一時金相当額　③1年間に受けるべき年金額×その契約の予定利率による複利年金現価率　のいずれか多い金額となる。

A44 × 頻出

金融類似商品に該当するケースなので、20.315%の源泉分離課税の対象となる。

ひっかけ

A45 ○

変額個人年金保険の保険料は、個人年金保険料控除の対象とはならないが、一定の要件を満たすと一般の生命保険料控除の対象にはなる。

A46 ×

リビング・ニーズ特約で受け取った保険金は、受け取った時点で金融資産となり、その後亡くなった場合は、本来の財産として相続税が課税されるため、死亡保険金の非課税金額の規定の適用はない。

A47 ×

当該金額は、本来の相続財産として相続税の課税対象となる。

A ×

最高解約返戻率が50％超70％以下である定期保険の支払保険料は、保険期間の前半4割相当期間は、その40％相当額を資産計上し、残金を損金算入する。

重要

Q 48 □□□

終身保険の契約者を親から子に変更した場合、親から子に解約返戻金相当額が贈与されたものとみなして、変更時に贈与税の課税対象となる。

Q 49 □□□

既に給付事由が発生している個人年金保険の年金受給権を相続する場合の評価額は、年金受取総額相当額となる。

Q 50 □□□

法人契約で解約返戻金のない定期保険の保険料は、原則として、全額損金算入する。

Q 51 □□□

契約者と満期保険金の受取人が法人、特定の従業員を被保険者、被保険者の遺族を死亡保険金受取人、とする養老保険の保険料は、ハーフタックスプランといい、法人の支払った保険料の2分の1を福利厚生費として損金算入することができる。

⑥ 損害保険商品

／9

Q 52 □□□

住宅総合保険では、火災・落雷・爆発・破裂・風災・雪災による損害などが対象となるが、水災や盗難、外部からの落下物については補償の対象外となる。

過去問チェック! ［2022-5］

Q

人身傷害保険では、被保険者が被保険自動車を運転中に起こした交通事故で死傷した場合、被保険者の過失割合にかかわらず、当該損害額が保険金額を限度として補償の対象となる。

A 48 ×　頻出

契約者を変更した場合でも、変更した時点では課税関係は生じない。将来、保険金の支払いや解約返戻金の受取りがあった際に、実際に保険料を負担した割合に応じて課税関係が決められる。

A 49 ×

給付事由が発生している個人年金の受給権の評価は、次のうちの多い金額となる。

①解約返戻金相当額　②定期金に代えて一時金の給付を受けることができる場合は一時金相当額　③予定利率等を元に算出した金額

A 50 ○

最高解約返戻率50％以下（解約返戻金がない契約を含む）の場合は全額損金算入。2019年7月8日以降の契約について、保険期間３年未満の場合や最高解約返戻率70％以下、年間の支払保険料が30万円以下の場合も全額損金算入。それ以外は最高解約返戻率により損金算入できる期間、割合は異なる。

A 51 ×　頻出

従業員全員を被保険者とする場合に、福利厚生費として保険料の2分の１を損金算入することができる。

A 52 ×　頻出

水災や盗難、外部からの落下物などについては住宅火災保険では対象外であるが、住宅総合保険では対象となる。

ひっかけ

A ○

過失の有無に関係なく、治療費や休業補償、慰謝料など実際にかかった損害額に対して保険金が支払われる。

重要

Q53 対人賠償責任保険では、自動車事故によって他人を死傷させ、法律上の損害賠償責任が生じた場合に、自賠責保険から支払われる金額に関係なく、賠償に対して保険金が支払われる。

Q54 対物賠償責任保険では、運転免許の失効中の事故によって、第三者の財物に与えた損害に対しては保険金が支払われることはない。

Q55 人身傷害補償保険では、本人が自動車事故によって死亡したり、傷害などの被害を被った場合、本人に過失がなければ、示談が完了する前でも損害額が支払われる。

Q56 国内旅行中に友人から借りたカメラが破損した場合、普通傷害保険に個人賠償責任特約を付帯していれば必ず補償される。

Q57 海外旅行へ出発する際に、国内で空港に向かうまでの間に事故で傷害を被った場合、海外旅行傷害保険では補償されない。

Q58 2017年以降に契約した地震保険の損害認定は、損害の程度に応じて、全損、半損、一部損の３区分で認定される。

Q59 損害保険契約者保護機構の補償では、契約者が法人である自動車保険契約は、補償の対象外である。

過去問チェック! [2022-1]

Q 日用雑貨店を営む事業者が、地震リスクに備えるため、店舗併用住宅の建物内に保管している商品を保険の対象として、火災保険に付帯して地震保険に加入することを検討している。

A 53 ×

対人賠償責任保険は、自賠責保険から支払われる金額を超える賠償に対して支払われる。補償額の少ない自賠責保険を補うために、任意の自動車保険に別途加入することが必要である。

A 54 ×

被害者の救済が主目的となるため、運転免許の失効中の自動車事故でも保険金は支払われる。

A 55 ×

本人の過失の有無にかかわらず、示談の結果をまたずに損害額が支払われる。

A 56 ×
頻出

個人賠償責任保険（特約）は、借り物や預り物に対する損害賠償は補償されない。個人賠償責任保険（特約）を付帯した普通傷害保険も同じように補償はされない（一部の商品を除く）。

A 57 ×
頻出

海外旅行傷害保険では、住居を出発してから帰宅するまで、海外旅行行程中に被った傷害を補償する。

ひっかけ

A 58 ×

2017年1月以降の契約は、全損、大半損、小半損、一部損の4区分で認定する。なお、2016年12月までの契約は、問題文のとおりである。

A 59 ×

保護機構の規定において、自動車保険については法人と個人の区別はないので、契約者が法人である自動車保険契約も補償の対象である。

A ×

地震保険の対象は居住用の建物および生活用動産である。店舗・事務所のみに使用されている建物や営業用什器・備品や商品は地震保険の対象とならない。

重要

Q 60 企業費用・利益総合保険は、さまざまなリスクにより企業の施設に、物的損害が生じた場合の休業損害を補償する。

⑦ 損害保険と税金

/5

Q 61 従業員全員を被保険者とし、従業員の遺族を死亡保険金受取人とする１年契約の普通傷害保険(契約内容はすべて同じ)については、支払った保険料2分の1を必要経費に算入する。

Q 62 全従業員を被保険者とする積立普通傷害保険に加入した場合、支払保険料のうち積立保険料に相当する部分の金額は満期あるいは解約などのときまでは資産に計上し、その他の部分の金額は期間の経過に応じて損金に算入する。

Q 63 病気で就労不能となったことにより所得補償保険金を契約者が受け取った場合、その保険金は非課税である。

Q 64 建物が火災等で破損し、法人が火災保険の保険金を受け取り、代替の建物などを取得する場合、その保険金が建物の帳簿価額を上回る場合は差額が益金となるが、圧縮記帳が可能である。

Q 65 法人が事業に関連して支払う損害保険料の掛け捨て部分については、原則として保険期間の経過に応じて損金算入される。

過去問チェック! ［2021-5(加工)］

Q 積立火災保険の満期返戻金と契約者配当金を法人が受け取った場合、受け取った全額を益金に算入し、それまで資産計上していた積立保険料の累計額を損金に算入する。

A 60 ○ 例えば、レストランが火災により全焼し、休業した場合の利益損失を補償する。

A 61 × 支払った保険料全額を必要経費に算入できる。当該年度にかかる保険料は福利厚生費となる。

ひっかけ

A 62 ○ 解約返戻金がある長期契約の損害保険料は、積立部分は保険期間満了まで資産に計上し、その他の部分は保険期間の経過に応じて損金に算入する。

A 63 ○ 所得補償保険契約に基づく保険金も、被保険者本人またはその配偶者や直系血族あるいは生計を一にするその他の親族が受け取った場合には、非課税である。

頻出

A 64 ○ 建物などの資産が損害にあった場合、支払われた保険金は益金に、損害額は損金に算入する。保険金が帳簿価額を上回る場合、これに一時に課税されないよう、圧縮記帳をすることで課税を繰り延べることができる。

A 65 ○ 満期返戻金がある長期契約の損害保険料は、積立保険料部分については保険期間満了まで資産に計上する。

A ○ 火災保険の積立型の場合、保険料支払時は積立部分を資産計上する。満期返戻金と契約者配当金の受取時はその全額を益金算入して、資産計上した積立保険料は損金に算入する。

第3章

金融資産運用

要点整理

❶ 金融・経済の基礎知識

❷ 貯蓄型金融商品の基礎知識

❸ 投資型金融商品の基礎知識

❹ ポートフォリオ理論

❺ 金融商品に関する法律

一問一答Q＆A(基本)

一問一答Q＆A(重要)

FP技能検定2級　出題傾向と対策

出題範囲全体からまんべんなく出題されています。「投資信託」「債券投資」「株式投資」「外貨建て商品」については出題が多いため、まずは基本事項を習得し、実践的な問題にも対応できるように知識を深めておきましょう。また、ポートフォリオやNISAについての出題もみられます。

実技試験では、より実践的な問題や計算問題が中心です。計算式を丸覚えするだけではなく、具体的に数字の意味が理解できているかも問われますので、投資指標の内容もしっかり理解しておきましょう。

●これまでの出題傾向

	2024年1月			2023年9月			2023年5月			2023年1月			2022年9月		
	学科	実技		学科	実技		学科	実技		学科	実技		学科	実技	
		金	協会		金	協会		金	協会		金	協会		金	協会
1 マーケット環境の理解	1		1	1			1						1		1
2 預貯金・金融類似商品等	1								1	1		1			
3 投資信託	1		2	1	1	1				1			1		1
4 債券投資	1	1	2	1		2	1		1	1	2	1	2		1
5 株式投資	2	1		2	2		4	3	1	2		2	2	2	
6 外貨建商品				1					1	1	1				
7 保険商品															
8 金融派生商品	1			1									1		
9 ポートフォリオ運用	1			1			2			1			1		
10 金融商品と税金	1	1	2	1		1	1		1	1		1	1	1	2
11 セーフティネット	1			1						1			1		
12 関連法規			1				1		1	1		1			1
13 金融資産運用の最新の動向															

（金：金財（個人資産相談業務）／協会：FP協会の出題数を表す）

第3章 金融資産運用

学習日 ／

① 金融・経済の基礎知識 重要度A

1 金融の基礎

①単利と複利と利回り

(1)単　利

単利とは、最初に預け入れた元本に対してのみ利息が付く計算方法です。

〈単利の利息の付き方〉

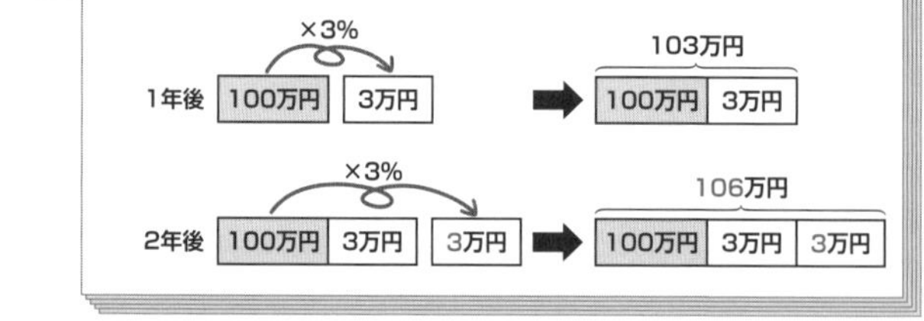

◆ 単利の計算式

$$元利合計＝元本×\left(1+\frac{年利}{100}×預入期間\right)$$

(2)複　利

複利とは、一定期間ごとに支払われる利息をその都度元本に加え(＝再投資して)、これを新しい元本とみなして次の利息が付く計算方法です。

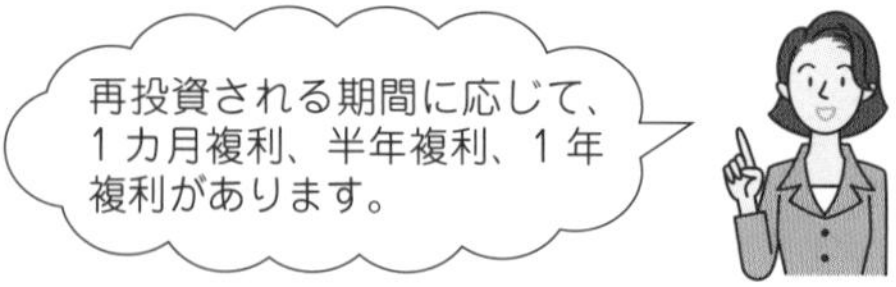

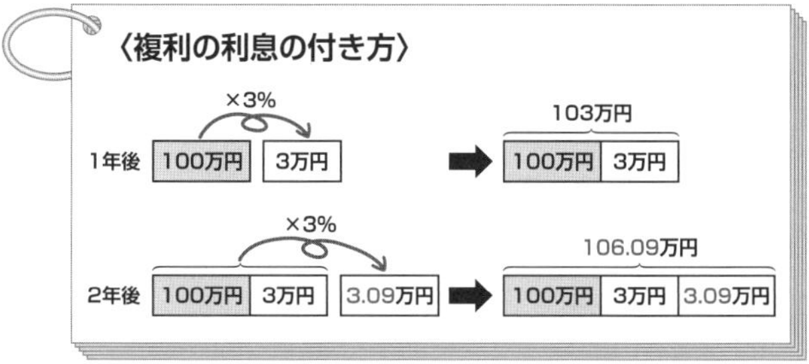

◆ 複利の計算式（税込の元利合計）

・$1カ月複利＝元本×\left(1+\frac{月利^{※}}{100}\right)^{月数^{※}}$

※月利＝年利率÷12、月数＝年数×12

・$半年複利＝元本×\left(1+\frac{半年利^{※}}{100}\right)^{年数×2}$

※半年利＝年利率÷2

・$1年複利＝元本×\left(1+\frac{年利}{100}\right)^{年数}$

条件が同じであれば、１年複利より半年複利、半年複利より１カ月複利のほうが、満期時の元利合計額が**多く**なります。複利の計算では、運用期間が長くなるほど利息の増え方が多くなり、これを**複利効果**とよんでいます。

⑶利回り（年平均利回り） 頻出

利回り（年平均利回り）とは、ある一定期間に受け取る利息などの収益の合計額を運用期間で割り、最初の元本に対して1年あたり何%になるのかを計算したものです。

◆ 年平均利回りの計算式

$$年平均利回り(\%)＝\frac{収益合計}{元本}÷預入期間×100$$

〈例〉100万円を5%の1年複利で3年間運用した場合の年平均利回り

$$\frac{100万円\times\left(1+\frac{5}{100}\right)^{3年}-100万円}{100万円}\div 3年\times 100 \fallingdotseq \mathbf{5.25\%}$$

②固定金利と変動金利

固定金利	預入時に約束された金利が**満期**まで変わらないもの。金利低下局面で有利
変動金利	世の中の金利水準の変化に応じて、預入期間中に適用される金利が**見直される**もの。金利上昇局面で有利

2 経済の基礎

①GDP(国内総生産) 頻出 実 技

GDP(Gross Domestic Product)とは、一定期間に国内で生み出された財･サービスなどの**付加価値**の合計のことです。GDPによってその国の**経済規模**を知ることができます。

1つの国の経済を生産面・分配面・支出面からみると、どの数値も等しくなります。これを三面等価の原則といいます。支出面からみると、民間最終消費支出がもっとも高い構成比を占めています。

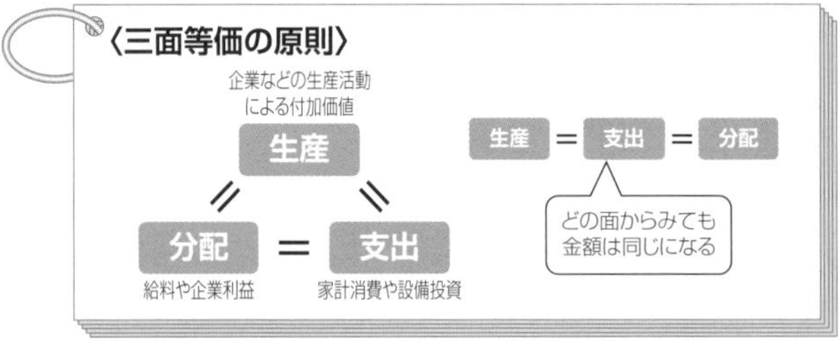

②景気動向指数 頻出

景気動向指数とは、生産、雇用などさまざまな経済活動の結果を示す指標のうち、重要かつ景気に敏感な指標を統合して、景気の現状把握や将来予測をするために作成される総合的な景気指標です。30系列あります。**内閣府**が**毎月**発表しています。

先行系列	鉱工業用生産財在庫率指数(逆)※、実質機械受注(製造業)、新設住宅着工床面積、東証株価指数、マネーストック(M2)　など
一致系列	生産指数(鉱工業)、鉱工業用生産財出荷指数、商業販売額、有効求人倍率(除学卒)　など
遅行系列	家計消費支出、法人税収入、完全失業率(逆)※　など

※ 逆サイクルのこと。指数の上昇、下降が景気の動きと反対になる

③日銀短観(全国企業短期経済観測調査) 頻出

日本銀行が企業経営者に対して行うアンケート調査をまとめたものです。調査は**3・6・9・12月**の年**4**回実施されており、全国の企業動向を的確に把握し、金融政策の適切な運営に資することを目的としています。中でも業況判断DIは、主要な企業の景気の実感を表しているものとして注目されています。

業況判断DI
＝「**良い**」と答えた企業の割合－「**悪い**」と答えた企業の割合

④物価指数

企業物価指数	・企業間で取り引きされている商品の価格変動を表す指数。**日本銀行**が**毎月**公表している
消費者物価指数	・消費者が購入する商品やサービスの価格変動を表す指数。**総務省**が**毎月**公表している

⑤インフレとデフレ

インフレ	物価が持続的に**上昇**する状態。物価が**上昇**した分、相対的に貨幣価値が**下がる**
デフレ	物価が持続的に**下落**する状態。物価が**下落**した分、相対的に貨幣価値が**上がる**

⑥金融政策

金融政策とは、各国の中央銀行(日本の場合は日本銀行)が行う、**金利**や**通貨供給量**を調節する政策のことです。物価を安定させ経済成長の持続を図ることを目的としています。金融政策の基本方針や運営方針は、政策委員会による**金融政策決定会合**で決定されます。

⑴預金準備率（支払準備率）操作

預金準備率操作とは、民間銀行が、預金の残高に応じて日本銀行に無利子で預け入れることを義務付けられている割合を上げ下げすることです。

準備率を引き上げる ⇒ 日銀に預けるお金が多くなり、市中のお金が減る ⇒ 市中金利上昇

準備率を引き下げる ⇒ 日銀に預けるお金が少なくなり、市中のお金が増える ⇒ 市中金利下落

⑵公開市場操作 頻出

日本銀行が、金融機関に対して、市場で国債などを売買することにより金融市場のお金の量を調節することです。日銀が資金を供給する側になることを買いオペレーション（買いオペ）、資金を吸収する側になることを売りオペレーション（売りオペ）といいます。

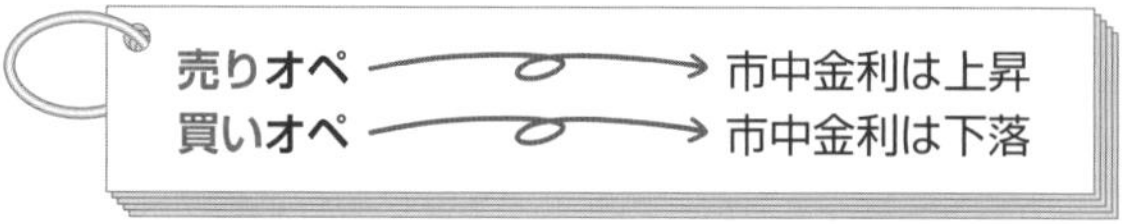

⑦金利の変動要因

お金のレンタル料である金利は、さまざまな要因で変動します。基本的に、短期金利はその時々の資金需要や金融政策によって変動し、長期金利は景気、物価、為替、海外金利などの将来の見通しの影響を受けて変動します。

〈変動要因に対する金利の動き〉

変動要因	国内景気		国内物価		為替相場		海外金利	
	好況	不況	上昇	下落	円安	円高	上昇	低下
長期金利	↗	↘	↗	↘	↗	↘	↗	↘

② 貯蓄型金融商品の基礎知識 重要度C

1 金融商品の特徴

金融商品には、安全性、流動性、収益性の大きな3つの要素があるので、目的に応じた商品の選択が必要です。

①銀行で扱う貯蓄型商品

普通預金	・預入期間の制限がなく、いつでも出し入れ自由 ・金利は変動金利
総合口座	・普通預金に定期預金等がセットされたもの ・セットした定期預金等を担保に自動的に融資が受けられる
スーパー定期	・預入金額は1円以上1円単位 ・預入は1カ月以上10年以内で固定金利 ・預入3年未満のものは単利型のみ、3年以上は単利型と半年複利型(個人のみ)が選択できる

②ゆうちょ銀行で扱う貯蓄型商品

ゆうちょ銀行は、2019年4月から利用者1人あたりの貯蓄限度額が、通常貯金と定期性貯金でそれぞれ1,300万円(合計2,600万円)となりました。

破綻したときの保護について、民営化後に預け入れられた貯金に関しては、他の銀行と同様、預金保険制度によって元本1,000万円までとその利息が保護対象となっています。

通常貯金	・預入期間の制限がなく、いつでも出し入れ自由 ・金利は変動金利
定額貯金	・預入金額は1,000円以上1,000円単位 ・預入期間は6カ月以上で最長10年 ・金利は固定金利で、半年複利商品。引き出しまでの期間に応じて適用金利が変わる段階金利
定期貯金	・預入金額は1,000円以上1,000円単位 ・預入期間は1カ月以上で最長5年 ・金利は固定金利。3年未満は単利型のみで、3年以上は半年複利型のみ

③ 投資型金融商品の基礎知識 重要度A

1 債　券

債券とは、国や企業など、資金を調達しようとする発行体が投資者を募集し、お金を借りた証として**利息(クーポン)**の支払いや**元本**の返済を約束して発行する証書のことで、借用証書のようなものです。

満期(償還期限)がくれば額面金額で返済されるほか、満期前でも市場で自由に売買することができます。

①債券の種類

⑴公共債・民間債

債券は発行体によって以下のように分類されます。

	公共債			民間債	
	国　債	地方債	政府関係機関債	社債・事業債	金融債
発行体	政府	都道府県、市町村	政府関係機関	事業会社	金融機関

また、発行体、発行場所、発行通貨の**いずれか**が海外である債券を外国債(外債)と呼びます。

⑵利付債と割引債

債券の額面金額に対して、**定期的**に利息が支払われる**債券**を利付債といい、利息の**支払いがない**債券を割引債といいます。割引債は、額面から一定の金額が割り引かれて発行され、満期のときに額面が償還されますので、その差額が投資者の収益となります。

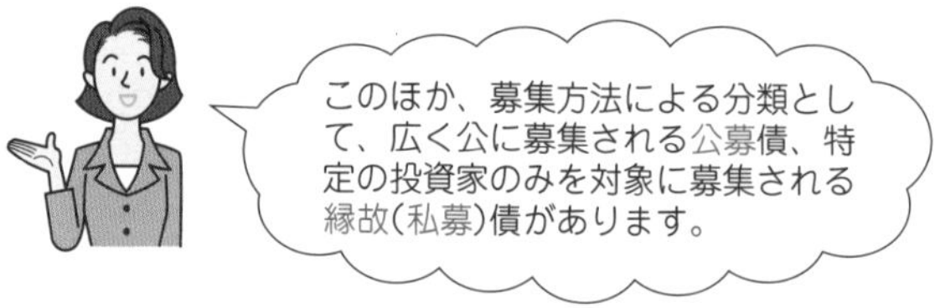

②主な債券

⑴個人向け国債 頻出

商　品	個人向け国債 変動10	個人向け国債 固定5	個人向け国債 固定3
満　期	10年	5年	3年
金利方式	6カ月ごとの 変動金利	固定金利(利払いは半年に1回)	
金利水準	基準金利×0.66 (0.05%最低保証)	基準金利－0.05% (0.05%最低保証)	基準金利－0.03% (0.05%最低保証)
発行時期	毎月		
換金または売却	1年経過後は額面金額にて途中換金可能。ただし直前2回分の利子相当額(税引前)×0.79685の手数料が必要		
税　金	20.315%の源泉分離課税(マル優・特別マル優が利用できる)		

③債券の利回り計算

債券の利回りには、応募者利回り、最終利回り、所有期間利回り、直接利回りの４種類があります。

⑴応募者利回り

新規発行時に債券を購入し、そのまま償還期限まで保有した場合の利回りのことをいいます。

$$\text{応募者利回り(\%)} = \frac{\text{表面利率} + \dfrac{\text{額面(100円)} - \text{発行価格}}{\text{償還年限}}}{\text{発行価格}} \times 100$$

⑵最終利回り 頻出

既に発行され、市場で売買されている債券を時価で購入し、そのまま償還期限まで保有した場合の利回りのことをいいます。

$$\text{最終利回り(\%)} = \frac{\text{表面利率} + \dfrac{\text{額面(100円)} - \text{購入価格}}{\text{残存期間}}}{\text{購入価格}} \times 100$$

⑶所有期間利回り

債券を償還期限まで**保有しないで**、途中で**売却**した場合の利回りのことをいいます。

$$\text{所有期間利回り(\%)}=\frac{\text{表面利率}+\dfrac{\text{売却価格}-\text{購入価格}}{\text{所有期間}}}{\text{購入価格}}\times 100$$

⑷直接利回り

償還時の**差損益**を考慮しないで、**購入金額**に対して毎年いくらの利息収入があるかをみる場合の利回りのことをいいます。

$$\text{直接利回り(\%)}=\frac{\text{表面利率}}{\text{購入価格}}\times 100$$

④債券投資のポイント

⑴金利変動リスク〈債券の価格と金利変動の関係〉

債券価格が上昇すると利回りは**下がり**、債券価格が下がれば利回りは**上昇**します。債券価格と利回りは常に**逆**の動きをします。

⑵信用リスク〈格付け〉

債券は、発行体が破綻すると元本が返済されない可能性があるので、発行体の信用力が極めて重要となります。発行体の債務不履行が発生するリスクを**信用**リスク(デフォルトリスク)といい、それを測る材料として格付けがあります。

格付けは、第三者である格付機関が独自に判定して公表しており、アルファベットなどの記号により表され、**投資適格債**と**投機的債券**に分けられます。

〈格付けと利回りの関係〉

格付けの高い債券 ⇒ 価格が高くなる ⇒ 利回り**低下**

格付けの低い債券 ⇒ 価格が下がる ⇒ 利回り**上昇**

2 株　式

①株式の売買

株式の売買とは、一般的に証券取引所に上場している会社の株式を売買することを指します。株式投資による資産運用の主な目的は、株式を保有していることにより配当金を受け取ったり（**インカムゲイン**）、保有している株式の株価が上昇したときに市場で売却し、その値上がり益（譲渡益・**キャピタルゲイン**）を得たりすることをいいます。株価は、**企業業績**や金利動向、為替動向、需給関係、政局などによって変動します。

株の取引単位は通常1単元**100**株ですが、1単元に満たない株もあり、これを**単元未満株**といいます。また、株式の受渡しは、約定日（売買の成立日）を含めて**3**営業日に行われます。

②代表的な株価指数

日経平均株価	東京証券取引所プライム市場[※1]に上場している銘柄のうち主要な**225**銘柄を選び、その価格の平均を算出したもので、**日経225**とも呼ばれる
東証株価指数（TOPIX）	東証株価指数採用銘柄を対象に、株価を浮動株数で加重平均した**時価総額**指数
JPX日経インデックス400	東京証券取引所に上場している銘柄のうち、一定基準を満たした400銘柄で構成される指数

※ 東京証券取引所には、プライム市場のほか、スタンダード市場、グロース市場がある

③株式評価の尺度 頻出

企業業績などの基礎的な情報から株価の適正水準を導き出すことがファンダメンタルズ分析です。主な指標は次のとおりです。

⑴配当利回り

配当利回りとは、投資金額に対する配当金の割合のことです。

$$\text{配当利回り(\%)} = \frac{\text{1株あたり配当金}}{\text{株　価}} \times 100$$

⑵PER＝Price Earnings Ratio（株価収益率）

PERとは、１株あたり利益と株価の関係を示し、株価が1株あたりの利益の何倍になっているかをみる投資指標です。一般的に数値が高いほど株価が割高で、低いほど株価が割安と判断されます。

$$\text{PER(倍)} = \frac{\text{株　価}}{\text{1株あたり純利益}}$$

⑶PBR＝Price Book-value Ratio（株価純資産倍率）

PBRとは、１株あたり純資産と株価の関係を示し、株価が1株あたりの純資産の何倍になっているかをみる投資指標です。一般的に数値が高いほど株価が割高で、低いほど株価が割安と判断されます。

$$\text{PBR(倍)} = \frac{\text{株　価}}{\text{1株あたり純資産}}$$

⑷ROE＝Return On Equity（自己資本利益率）

ROEとは、会社の自己資本と利益の関係を示し、会社が自己資本を元としてどれだけの利益をあげたかをみる投資指標です。株主にとっては、自分の資産の利回りに相当する指標で、ROEが高いほど、それだけ投資価値が高いということになります。

$$\text{ROE(\%)} = \frac{\text{当期純利益}}{\text{自己資本}} \times 100$$

④株式にかかる税金

⑴配当金に対する課税

株式の配当金は配当所得となり、上場株式等の場合、原則として源泉徴収されて納税が完了します（申告不要）。源泉徴収税率は20.315％（所得税15.315％・住民税5％）です。

⑵売却益に対する課税

上場株式等の譲渡益は譲渡所得として、申告分離課税となります。税率は、20.315％（所得税15.315％・住民税5％）です。

譲渡損失が出た場合は課税されません。また、損失が他の株式の譲渡益や申告分離課税を選択した配当所得との損益通算によっても控除しきれなかった場合は、翌年以降３年間の株式等の譲渡所得の金額から控除することができます（譲渡損失の繰越控除）。

⑶少額投資非課税制度（NISA）

毎年一定金額の範囲内で株式や**投資信託**などの金融商品を購入した場合、売却して得た利益や受け取った配当等が**非課税**になる制度です。

〈2024年以降　NISA（つみたて投資枠と成長投資枠）〉

	つみたて投資枠（併用可）	成長投資枠
年間投資枠	120万円（積立投資）	240万円
非課税保有期間	無期限	
非課税保有限度額	1,800万円※1 （うち成長投資枠1,200万円）	
口座開設期間	恒久化	
投資対象商品	要件を満たした投資信託等	上場株式・投資信託※2等
対象年齢	18歳以上	

※1 翌年以降に枠の再利用が可能
※2 信託期間20年未満、高レバレッジ型・毎月分配型など除く

〈2023年まで　つみたてNISAと一般NISA〉

	つみたてNISA（選択制）	一般NISA
年間投資枠	40万円（積立投資）	120万円
非課税保有期間	最長20年間※1	最長5年間※1

※1 途中売却可。ただし、売却した枠の再利用不可
＊ 0歳～17歳を対象とするジュニアNISA（年間投資枠：80万円）は2023年で廃止されたが、18歳になるまで非課税で保有できる

2023年までのNISAで投資した商品は、2024年からのNISAの外枠で非課税措置が適用されます。ただし、2024年以降にロールオーバー（移換）はできません。

NISA口座で保有する株式の配当金を非課税扱いにするには、配当金の受取方法として、**株式数比例配分**方式を選択する必要があります。また、NISA口座で発生した損失は、他の口座（特定口座・一般口座）で発生した利益と**損益通算**はできず、損失の**繰越控除**もできません。

3 投資信託

投資信託とは、不特定多数の投資家から集めた資金を1つにまとめて**専門家**がさまざまな投資対象を利用して運用し、そこで得た利益を投資家に分配する金融商品のことをいいます。

①投資信託の種類

投資信託には、株式投資信託と公社債投資信託があります。

状況に応じて株式を組み入れる可能性があるものは、現時点で株式に一切投資していなくても**株式投資信託**となります。公社債投資信託は、投資対象に株式を一切組み入れることができない投資信託です。主な商品にMRF・MMFなどがあります。

②運用スタイルによる分類

⑴パッシブ運用

パッシブ運用とは、あらかじめ定められた投資指標(ベンチマーク)の動きにできる限り**連動**することをめざす運用手法のことをいいます。代表的な商品は、インデックスファンドです。アクティブファンドに比べると運用コスト(手数料)が低く抑えられます。

⑵アクティブ運用

アクティブ運用とは、投資対象の目安となる指標(ベンチマーク)を**上回る収益の獲得**をめざす運用手法のことです。アクティブ運用を行う投資信託のことをアクティブファンドといいます。

〈パッシブ運用の仕組み〉

〈アクティブ運用の仕組み〉

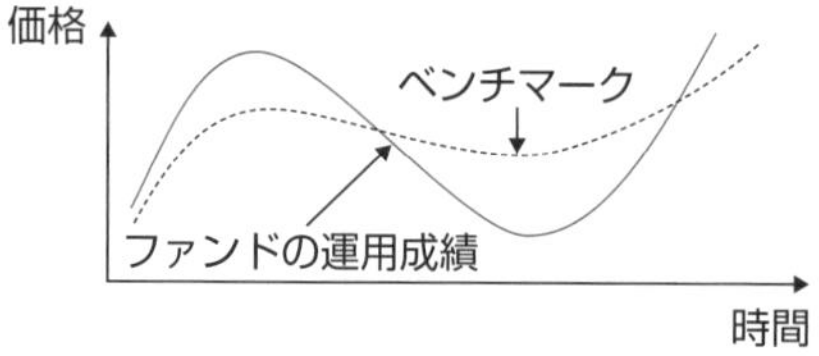

③投資信託のディスクロージャー

投資家に投資信託の基礎的な情報を開示する代表的な資料には、以下のようなものがあります。

目論見書	委託会社（運用会社）が作成する投資信託の説明資料。当該投信の運用対象や運用手法、手数料などの詳細が記載されている。ファンドを購入すると同時に必要な**交付目論見書**と、投資家から請求があったときに必要な**請求目論見書**がある
運用報告書	投資信託の運用実績や現在の状況、今後の運用方針などを投資家に報告するための資料。決算期ごとに投資信託委託会社が作成し、投資家に交付することが義務付けられている

④投資信託の取引にかかる基本用語 頻出

購入時手数料（販売手数料）	投資家が投信を購入するときに支払う費用で、購入時に1回だけの負担となり、販売会社の収入となる。同じ投資信託でも販売会社によって手数料が違うこともある。買付時に手数料を取らない**ノーロードファンド**もある
運用管理費用（信託報酬）	運用や管理の報酬として投資信託の残高から差し引かれる費用で、販売会社が受け取る**代行手数料**、運用会社が受け取る**委託者報酬**、受託銀行が受け取る**受託者報酬**の３つに分類される。日割り計算で、毎日、残高から差し引かれる
信託財産留保額	投資家が投資信託を**売却**／**購入**する際に負担する。投資信託によってかかるものとかからないものがある
基準価額	投資信託を売買する際の時価のこと。評価時点における純資産総額を受益権総口数で割ることで求められ、信託報酬差し引き後の金額となっている

⑤投資信託の税金

⑴公社債投資信託の課税関係

公社債投資信託の分配金は20.315％の源泉徴収後、申告不要または**申告分離課税**が選択でき、売却益は譲渡所得として**申告分離課税**となります。

⑵株式投資信託の課税関係

株式投資信託の収益分配金は、普通分配金と元本払戻金(特別分配金)に分かれます。

普通分配金	普通分配金は、個別元本を上回る部分からの分配金のため、**配当所得**として課税対象。株式の配当と同じ20.315%(所得税15.315%・住民税5%)
元本払戻金(特別分配金)	個別元本の払戻しという位置付けなので**非課税**

⑶不動産投資信託の課税関係

不動産投資信託の課税関係は、すべて上場株式と同じ扱いになりますが、配当控除の適用を受けることはできません。

4 外貨建て商品

①為替リスクと為替レート

外貨建て金融商品を利用する際は、まず「円→外貨」にお金を交換し、運用した後には「外貨→円」に交換することが必要となります。このときに適用される各国通貨の交換レートのことを外国為替レートといいます。

TTS(対顧客電信売相場)
→**円を外貨**に換えるときのレート

TTB(対顧客電信買相場)
→**外貨を円**に換えるときのレート

「円→外貨」に交換したときのレートより、「外貨→円」に交換するときのレートのほうが円高になっていると**為替差損**を被り、円安になっていると**為替差益**を得られることになります。

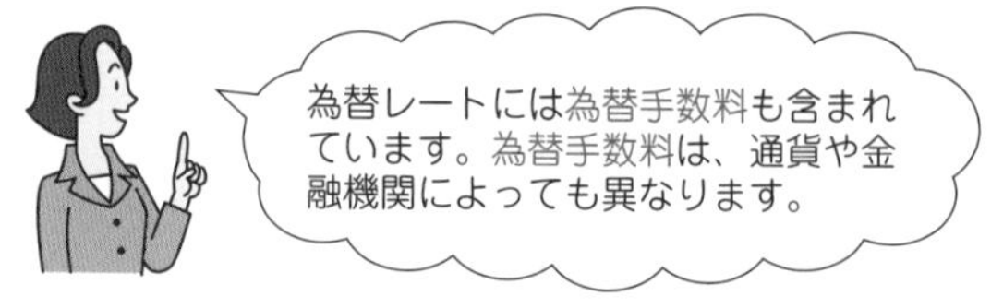

5 デリバティブ（金融派生商品）

①オプション取引

オプション取引とは、ある商品を将来の特定の日に、現時点で決めた価格（権利行使価格）で売買する**権利を売買**する取引のことです。買う権利のことを**コール・オプション**といい、売る権利のことを**プット・オプション**と呼びます。

権利行使の時期により、下記のように分けられます。

アメリカンタイプ	満期日までであれば、**いつでも**権利行使できる
ヨーロピアンタイプ	満期日**だけ**にしか権利行使できない

②先物取引

先物取引とは、ある商品を将来の特定の日に、現時点で決めた価格で売買することを**約束**する取引のことです。

たとえば、将来の価格が上昇しそうであれば買う約束を、将来の価格が下落しそうであれば売る約束をしたとします。予想どおりに価格が動くと**利益を得る**ことができますが、予想と反対の値動きになった場合は**損失を被る**ことになります。

4 ポートフォリオ理論　重要度B

1 ポートフォリオの基礎知識

①リスクとリターン

投資におけるリターンとは、資産運用によって得られる結果のことをいい、一般的には投資による収益を表します。

一方、投資におけるリスクとは、将来に得られるリターンの不確実性のことで、損をすることを表すものではありません。

〈ハイリスク・ハイリターン、
ローリスク・ローリターン〉

リターン(大) → リスク(大)
リターン(小) → リスク(小)

②分散投資と相関係数

⑴ドル・コスト平均法 

時間の分散の代表的な手法で、同一商品に一度にお金を投じるのではなく、定期的に**一定金額**ずつ継続して購入する方法をいいます。価格が高いときには購入数量が少なく、低いときには購入数量が多くなり、平均取得価格を引き下げることができます。

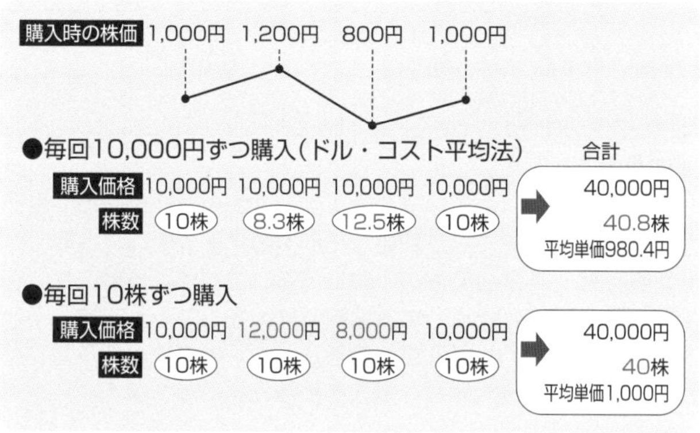

⑵アセットアロケーション

アセットアロケーションとは、資産全体を、株式や債券など複数の資産にどの程度振り分けるのかという**資産配分**のことをいいます。

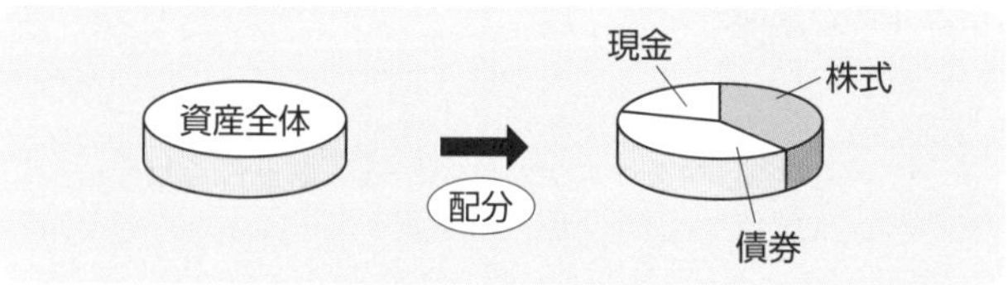

一般的に、個別の銘柄や商品をどうするのかということより、全体として資産の配分を考えるアセットアロケーションのほうが、運用の成果に影響を与える要因が大きいといわれています。

(3)相関係数

相関係数とは、投資対象を分散する際に考えるもので、－１～１の間の値で表されます。それぞれの資産（商品）間の値動きにどのような関係があるのかを知ることができます。

相関係数＝－1	負の完全相関。まったく**逆方向**へ値動きをする
相関係数＝0	無相関。値動きにまったく**連動性**がない
相関係数＝1	正の完全相関。まったく**同じ方向**へ値動きをする

⑤ 金融商品に関する法律 重要度A

1 金融機関破綻時の消費者保護

①預金保険制度

(1)預金保険制度の概要 頻出

金融機関が破綻した場合に預金者を保護する制度です。国内に本店のある、銀行・信託銀行・信用金庫などが対象となります。

・1つの金融機関ごと
・預金者1人につき**元本1,000万円まで**と
その**利息**が保護対象

保護対象となる金融商品	普通預金・定期預金など ＊ 決済用預金は預入金額にかかわらず全額保護対象
保護対象とならない金融商品	外貨預金・譲渡性預金など

ゆうちょ銀行も、預金保険制度の保護の対象となりますが、民営化前に預けられた定期性の貯金（郵便貯金）は、郵便貯金法により全額が保護されていたため、**政府**による全額保証が継続されています。

(2)破綻時の処理

資金援助方式	破綻した金融機関の事業の全部または一部を**他の金融機関**に移し、預金保険機構がその**金融機関**に対して資金援助を行う方法
ペイオフ方式	保護される金融商品の範囲を上限に、預金保険機構が**預金者**に対して保険金を支払う方法

2 金融商品取引法

投資性のある金融商品を取引する際の利用者保護や、取引等を公正にし、有価証券の流通を円滑にするなどの目的で制定されています。

適合性の原則	業者は顧客の**知識**、**経験**、**財産の状況**および**契約の締結目的**に照らして、投資者保護の観点から**不適切**な勧誘を行ってはならない
広告の規制	業者は取引内容の広告を行う場合、**リスク**や手数料を明示し、顧客にとって**不利益**な事項の開示などに留意して、わかりやすい大きな文字で明記しなければならない
契約締結前書面の事前交付義務	業者は契約を締結しようとするときは、**事前に**商号・氏名・住所・登録番号などを明示した**書面**を、顧客に交付しなければならない
特定投資家制度	投資家を**特定**投資家(機関投資家、国、日本銀行など)と**一般**投資家(アマチュア、個人)に分類し、**特定**投資家には規制の一部除外が認められている

3 金融サービスの提供に関する法律(金融サービス提供法)

金融サービス提供法は、多様化している金融商品の取引におけるトラブルから**消費者**を保護するための法律です。

業者は顧客に対して、取引を行おうとする商品についての価格変動リスクや信用リスク、解約期間の**制限**、価格変動等以外の要因による元本欠損が生じるおそれなどの重要事項について、説明を行う義務があります。

これらの説明義務を果たさないことで顧客が損害を被った場合、業者は損害賠償責任を負うことになります(無過失責任)。なお、この際は、**元本欠損額**が損害額と推定されます。

適用対象	・金融商品にかかる契約(国内の商品先物取引は対象外) ・**個人および事業者**(**プロを除く**)が保護される
適用される場合	以下の重要事項の**説明義務に違反**した場合 ・元本欠損を生ずるおそれの有無とその要因 ・権利行使期間の制限等

法律の効果	元本欠損額を損害として**損害賠償請求**することができる

4 消費者契約法

消費者契約法は、消費者と事業者の間の契約全般に適用され、**消費者**の保護を目的とした法律です。対象となる消費者は**個人のみ**となります。

この法律により、事業者の行為によって、消費者が誤認・困惑した上で契約を締結した場合には、**契約を取り消す**ことができます。

金融サービス提供法
消費者契約法
同時の適用もOK!

適用対象	・消費者と事業者の間で交わされる契約全般 ・**個人**のみが保護される
適用される場合	・重要事項に関して誤認・困惑させた上で契約を締結した場合 ・不退去、監禁など消費者を困惑させる行為をした場合 ・消費者に一方的に不利益な契約条項がある場合
法律の効果	・契約を**取り消す**ことができる ・一方的に不利益な契約条項は**無効**となる

5 犯罪収益移転防止法（犯罪による収益の移転防止に関する法律）

マネー・ロンダリング（犯罪や脱税などで違法に得た資金を、金融機関の口座を転々とさせることで資金の出所をわからなくすること）やテロ資金供与などに利用されることを防ぐことを目的とした法律です。**金融機関**等の**取引時確認**、取引記録等の保存、疑わしい取引の届出の義務などが定められています。

① 金融・経済の基礎知識 ／10

Q 01
100万円を年2%、半年複利で10年間運用した場合の課税前の元利合計は110万円である。

Q 02
GDP成長率には物価変動を考慮した名目GDPと、物価変動を考慮しない実質GDPがある。

Q 03
国内総生産(GDP)を支出側からみた場合、構成するもっとも大きな項目は民間企業設備であり、GDPの50～60%を占めている。

Q 04
新設住宅着工戸数は国土交通省から発表されており、消費者動向を判断する指標の1つである。

Q 05
完全失業率は、全国の公共職業安定所に登録されている求人数を求職者数で割って算出される。

Q 06
景気動向指数において、CIでは景気の方向感を知ることができ、DIでは景気の量感を知ることができる。

過去問チェック! [2020-9]

Q
消費者態度指数は、現在の景気動向に対する消費者の意識を調査して数値化した指標であり、景気動向指数の一致系列に採用されている。

勉強のコツ❶

金融、経済、金融商品の特徴など覚えることが多い分野です。はじめに用語の意味や計算式を理解しましょう。

A 01 ×
半年複利の場合の元利合計は
「$元本 \times (1+\frac{半年利}{100})^{年数 \times 2}$」で、求められる。
このケースでは
「$100万円 \times (1+0.01)^{20} \fallingdotseq 122万円$」となる。

A 02 ×
物価変動を考慮したGDPを実質GDPという。経済の成長率を見る際は、通常、実質GDPで判断される。

A 03 × 頻出
国内総生産(GDP)を支出側からみた場合50～60%を占めるもっとも大きな項目は、民間最終消費支出(個人の家計)である。 ひっかけ

A 04 ○
個人の消費動向などを示す指標としては、そのほかに耐久消費財出荷指数、家計消費支出、商業販売額などがある。

A 05 ×
完全失業率は、労働人口に占める完全失業者の割合で、景気の遅行指数である。求人数を求職者数で割って算出されるのは有効求人倍率である。 ひっかけ

A 06 ×
2008年4月分より、CI中心の公表体制に変更されている。DIが景気の方向感を表すのに対し、CIは景気の量感を知ることができ、具体的に景気変動のイメージがつかみやすい。景気転換点の判定には、ヒストリカルDIが使われる。 ひっかけ

A ×
消費者態度指数とは、消費者の景気動向に対する意識を調査して数値化した指標で、景気動向指数の先行系列に採用されている。

基本

Q 07 日銀短観は、日本銀行が企業経営者に対して行うアンケート調査をまとめたもので、3・6・9・12月の年4回実施している。

Q 08 インフレ懸念が生じた場合、金利を高めに誘導するために、金融政策として、日本銀行は買いオペによる公開市場操作を行う。

Q 09 景気が低迷すると、企業の業績悪化などから、一般に、雇用や所得に対する不安が高まり消費需要が減退し、物価下落につながる。

Q 10 日本の景気が回復し、日本に進出する外国企業が増加することで、資金が日本に流入すると、円安が進む要因となる。

② 貯蓄型金融商品の基礎知識

/3

Q 11 銀行の総合口座とは、普通預金に定期預金等がセットされた口座で、セットした定期預金等を担保に自動融資が受けられる。

Q 12 ゆうちょ銀行では、貯金者1人あたりの預け入れに限度額(振替貯金や財形定額貯金等を除く)があり、貯金の合計で2,000万円まで預け入れることができる。

Q 13 貯蓄預金は変動金利で、一定の基準残高以上の残高があれば普通預金を上回る金利が適用となり、公共料金等の引き落としなどにも利用できる。

過去問チェック！ ［2022-9］

Q 米国が政策金利を引き上げることにより、日本と米国との金利差が拡大することは、一般に、円安要因となる。

A 07 ○
3・6・9・12月に調査し、翌月に公表している。日銀短観の中でも業況判断DIは、主要企業の景気の実感を表しているとされ注目される。

A 08 × 頻出
インフレ懸念が生じた際には、景気の過熱を抑える必要があるため、売りオペなどの金融引き締め政策をとる。買いオペは、日本銀行が市場の債券などを購入し、資金を供給することになるため、金利を低めに誘導することになってしまう。（ひっかけ）（ひっかけ）

A 09 ○ 頻出
逆に景気が好転すると、一般的に収入が増え消費需要が増えるため、物価上昇につながる。

A 10 ×
日本に進出する外国企業が増えることは、資金が日本に流入すること＝円が買われることを意味するので、円高要因となる。

A 11 ○
自動融資は、一般的に預金残高の90％以内、200万円までなどとする銀行が多い。

A 12 ×
2019年4月から、預入限度額は2,600万円（通常貯金と定期性貯金でそれぞれ1,300万円）となった。財形貯蓄は合計で550万円まで預け入れ可能。振替貯金口座には預入限度額はない。

A 13 × 頻出
公共料金等の引き落としや給与の振込み口座としては利用できない。満期はなく、出し入れ自由な商品である。

A ○
米国が政策金利を引き上げることにより、日本と米国の金利差が拡大することは、円が売られ、金利が高いドルが買われるため、円安要因となる。

③ 投資型金融商品の基礎知識

/34

Q 14

オーバーパー発行の債券の応募者利回りは、表面利率より低くなる。

Q 15

金利の上昇は債券価格の上昇の要因となり、金利の低下は債券価格低下の要因となる。

Q 16

高クーポン債券は、収益に占める利息の割合が高いため、残存期間など他の条件が同じであれば、金利変動に対する価格変動幅は大きくなる。

Q 17

３年満期の個人向け国債は、固定金利型で半年ごとに利払いがあり、発行から１年経過以後であれば中途換金できる。

Q 18

10年満期の個人向け国債は、変動金利型で半年ごとに利払いがあり、５万円から購入できる。

Q 19

個人向け国債は、基準金利がどれほど低下しても、0.05%（年率）の金利が下限とされている。

Q 20

新発債を発行時に購入し、そのまま償還期限まで保有した場合の利回りを、最終利回りという。

過去問チェック! ［2023-5］

Q

プライム市場における上場維持基準は、株主数や流通株式数等において、スタンダード市場およびグロース市場よりも高い数値が設定されている。

A 14 頻出 ○

応募者利回りとは、新しく発行された債券を満期まで保有した場合の利回りのこと。オーバーパーの場合「額面金額より高く購入し、額面金額で償還する」ことを意味し、償還差損を被るため、その損失は表面利率からマイナスとなる。

A 15 ×

金利の上昇は債券価格の低下要因、金利の低下は債券価格の上昇要因となる。

A 16 頻出 ×

残存期間などの他の条件が同じであれば、高クーポン債は低クーポン債よりも金利変動に対する価格変動幅は小さくなる。

A 17 ○

ただし、中途換金の場合は、直前2回分の利子相当額×0.79685の手数料が必要である。

A 18 頻出 ×

10年満期に限らず、個人向け国債はすべて額面1万円から購入できる。

A 19 ○

個人向け国債の適用利率は基準金利をもとに設定されるが、基準金利が低下しても、0.05%（年率）が下限とされている。

A 20 実技 ×

新発債を発行時に購入し、償還期限まで保有した場合の利回りは、応募者利回りである。最終利回りとは既発債を市場で購入し、償還期限まで保有した場合の利回りのことである。

A ○

各市場区分のコンセプトに応じて、流動性・ガバナンスなどの基準を設けており、上場維持基準は、プライム市場、スタンダード市場、グロース市場の順に高い基準に設定されている。

基本

Q 21 ☐☐☐

株式を売買する際の注文方法において、成行注文とは、希望する売買価格を明示せず、希望する銘柄、売り買いの別および数量を指定して注文する形態である。

Q 22 ☐☐☐

株式を注文する際、同一銘柄に異なる値段の指値注文がなされた場合、売るときは値段の高いほうが、買うときは値段の安いほうが優先される。

Q 23 ☐☐☐

ドル・コスト平均法は、価格が変動する金融商品を購入するにあたり、購入しようとする金融商品を毎月一定額ずつ購入する投資手法である。

Q 24 ☐☐☐

信用取引は、投資家が証券会社から資金や株式を借り入れて株式の売買を行う取引である。

Q 25 ☐☐☐

信用取引の決済方法である「現引き」とは、信用取引で売った株について、現物株を渡すことで決済することをいう。

Q 26 ☐☐☐

東京証券取引所と大阪証券取引所は、合併して日本取引所グループとなったが、引き続きそれぞれの市場で現物株式の取引が行われている。

Q 27 ☐☐☐

配当性向は、株価に対して、年間でどれだけ配当を振り向けたかをみる指標である。

過去問チェック! [2021-9]

Q 転換社債型新株予約権付社債は、発行時に決められた転換価額で株式に転換することができる権利が付いた債券である。

A 21 ○ 頻出

指値注文とは、希望する売買価格で注文する形態である。

A 22 ×

売るときは値段の安いほうが、買うときは値段の高いほうが優先される。これを「価格優先の原則」という。なお同じ値段での注文の場合、時間的に早いものが優先される（時間優先の原則）。

A 23 ○ 頻出 実技

一時期にまとめて購入するのではなく、時間を分散する考え方である。

A 24 ○

一般的には、担保となる委託保証金の3倍程度の金額に相当する資金や株式を借り入れることができる。

A 25 ×

現引きとは、信用取引で買った株を証券会社に現金を支払って現物株として引き取ることをいう。現渡しとは、信用取引で売った株について、現物株を渡すことで決済することをいう。

A 26 ×

合併して日本取引所グループになり、現物市場は東京証券取引所に、派生商品市場は大阪証券取引所（現大阪取引所）に機能集約された。それに伴い、大阪証券取引所に上場されていた株式は東京証券取引所に上場された。

A 27 ×

配当性向は、当期純利益に対する配当金支払額の割合である。（ひっかけ）

A ○

設問のとおり。転換社債型新株予約権付社債（転換社債）は、発行時に定められた一定条件のもとで発行会社の株式に転換できる債券である。

基本

Q 28 ☐☐☐

配当利回りは、株価に対する年間配当金の割合を示す指標である。

Q 29 ☐☐☐

PER（株価収益率）は、株価が１株あたり純資産の何倍であるかを示す指標である。

Q 30 ☐☐☐

ROEの計算において、自己資本の額が一定の場合、当期純利益が増えればROEの値が高くなる。

Q 31 ☐☐☐

PBRの計算において、１株あたり純資産の額が一定の場合、株価が上昇すればPBRの値が低くなる。

Q 32 ☐☐☐

株価5,000円、1株あたり配当金が75円の銘柄の配当利回りは1.5%である。

Q 33 ☐☐☐

NISAにおいて、つみたて投資枠と成長投資枠は、同一年中に併用して利用することはできない。

Q 34 ☐☐☐

2024年以降のNISAの非課税保有限度額では、NISA口座内の商品を売却した場合には、その分の非課税枠を再利用できる。

過去問チェック！ [2022-5]

Q 同規模・同一業種の銘柄間においては、PERの高い銘柄が割安と考えられる。

A 28 ○ 株式投資をする際の利回りに相当する。配当利回りが高いほど、投資価値は高くなる。

A 29 × 頻出

PER（株価収益率）は、株価が１株あたり純利益の何倍であるかを示す指標である。

A 30 ○ 頻出

ROE(自己資本利益率)は、「当期純利益÷自己資本」で計算される。よって、自己資本の額が一定の場合、当期純利益が増える(＝分子の数値が大きくなる)とROEの値は高くなる。

A 31 ×

PBR（株価純資産倍率)は、「株価÷1株あたり純資産」で計算されるので、１株あたり純資産の額が一定の場合、株価が上昇する(＝分子の数値が大きくなる)とPBRの値は高くなる。

A 32 ○ 頻出

配当利回りの計算は、「１株あたり配当金÷株価×100」である。

A 33 ×

つみたて投資枠と成長投資枠は同一年中において、併用することができる。

A 34 ○

2024年以降のNISAでは、非課税保有限度額の1,800万円については、売却した分の再利用ができる(翌年以降に枠の再利用が可能)。なお、非課税保有限度額については、簿価残高(買付け残高)で管理される。

A ×

PER（株価収益率）は、株価÷1株あたりの純利益で計算される。一般に、数値が高いほど株価が割高で、低いほど割安と判断される。

基本

Q 35 契約型投資信託の受託者（信託銀行）は、信託財産の運用指図などを行う。

Q 36 アクティブ運用は、ベンチマークの値動きに連動することをめざし、個別企業の訪問リサーチや企業別IRなどで、銘柄を選定していく運用スタイルである。

Q 37 信託財産留保額がかからない投資信託は、一般に、「ノーロードファンド」と呼ばれる。

Q 38 ETF（株価指数連動型上場投資信託）は、日経平均株価や東証株価指数などの株価指数に連動するように設定された投資信託で、証券取引所に上場されている。

Q 39 J-REIT（不動産投資信託）は、主に賃貸ビル等の不動産で運用し、その賃貸料等を分配金として投資家に還元するファンドである。

Q 40 株式投資信託の解約価額が取得価額を下回る場合、その損失は、他の株式等の譲渡益から控除することができる。

Q 41 外貨定期預金の満期時の為替レートが預入時の為替レートに比べて円高になれば、当該外貨定期預金にかかる円換算の投資利回りは向上する。

Q 42 外貨預金の為替手数料は、一般に、通貨や利用する金融機関、取扱金額等によって異なる。

過去問チェック！ ［2021-9］

Q 国内銀行に預け入れられている外貨預金は、元本1,000万円までとその利息が預金保険制度による保護の対象となる。

A 35 ×
受託者（信託銀行）は、信託財産の保管や委託会社の指示に基づいて運用の執行をする。運用指図を行うのは、委託者（投資信託委託会社）である。

A 36 × 頻出
ひっかけ
アクティブ運用はベンチマークを上回ることをめざす運用方法である。なおパッシブ運用とはベンチマークに連動する運用方法である。

A 37 × 実技
ノーロードファンドとは、販売手数料がかからない投資信託を指す。

A 38 ○ 頻出
通常の投資信託と異なり、市場開場中であればいつでも時価で売買できる。

A 39 ○
不動産は有価証券と比べて、流動性の低い資産である。そのため、クローズド・エンド型の会社型投資信託で運用され、取引所に上場されることによって、投資家に購入と換金の場が提供されている。

A 40 ○
株式投資信託の売却損は、上場株式等の譲渡益と損益通算が可能である。

A 41 × 頻出
満期時の為替レートが預入時の為替レートに比べて円高になっている場合、当該外貨定期預金にかかる円換算の投資利回りは悪化する。ひっかけ

A 42 ○
預け入れ時（円から外貨）、引出し時（外貨から円）ともに発生し、片道1円・往復2円などと表示される。

A ×
外貨預金は、預金保険制度の保護の対象外商品である。

基本

Q 43 外貨建てMMFは、投資家が購入時に申込手数料を負担する必要がある。

Q 44 外貨建てMMFを換金したことにより生じた為替差益は、非課税扱いとなる。

Q 45 国内の証券会社に預託した外貨建てMMFは、預金保険制度の補償対象となる。

Q 46 純金積立は毎月定額で金を積み立てる仕組みとなっており、ドル・コスト平均法で投資される。

Q 47 個人が金地金を譲渡した場合の譲渡益は、非課税である。

④ ポートフォリオ理論

／3

Q 48 相関係数とは２つの資産の間の値動きの相関関係の大きさを表しており、相関係数が１という場合、２つの資産はまったく逆の方向へ値動きする。

Q 49 特定期間における運用実績を評価した場合、シャープレシオの値が大きいポートフォリオほど、リスク量１単位あたりのリターンが大きかったと判断される。

Q 50 リスクとは、期待収益率のばらつきの度合いのことをいい、このばらつきの度合いを図る尺度として分散や標準偏差が使われる。

過去問チェック！ ［2020-1］

Q 異なる2資産からなるポートフォリオにおいて、2資産間の相関係数が1である場合、ポートフォリオを組成することによる分散投資の効果（リスクの低減効果）は最大となる。

A 43 ×

外貨建てMMFは、申込手数料がかからない。

A 44 ×

2016年以降に売却した外貨建てMMFの換金で生じた為替差益は、上場株式等と同様に課税扱いとなる。

ひっかけ

A 45 ×

頻出

投資者保護基金の補償対象となっており、預金保険制度の保護対象外商品である。

A 46 ○

ドル・コスト平均法とは一定額ずつ積み立てていく方法である。

A 47 ×

個人が金地金を譲渡した場合の譲渡益は、譲渡所得として総合課税の対象となる。

A 48 ×

相関係数が1の場合は2つの資産はまったく同じ方向へ値動きする。－1の場合にはまったく逆の方向へ値動きする。

A 49 ○

頻出

シャープレシオとは、リスクのない場合の運用と比較し、リスクを負うことでどれだけ効率的に収益を上げられたのかを測るもの。数値が大きいほど、リスクに見合ったリターンを得ていることを示す。

A 50 ○

標準偏差の数値が大きいほどリスクが高く、数値が小さいほどリスクが低いとされる。

A ×

2資産間の相関係数が1である場合、2資産は同じ値動きをするため、リスク軽減効果はない。

⑤ 金融商品に関する法律

／6

Q 51 取引銀行が破綻した場合、一般預金等(決済用預金を除く)については、預金保険制度により、預金者1人あたり、元本1,000万円までとその利息等が保護される。

Q 52 JAバンク(農業協同組合)に預け入れている貯金等は、預金保険制度により、元本1,000万円までとその利息等が保護される。

Q 53 銀行の窓口で契約(加入)した終身保険や医療保険等の生命保険契約は、生命保険契約者保護制度による補償の対象とならない。

Q 54 金融商品取引法では、業者等は顧客に対して金融商品市場における相場等の変動によって損失が生じるおそれのある旨およびその理由を説明する必要があるが、書面などで交付する必要はない。

Q 55 定期預金、国債、生命保険、外国為替証拠金取引は、いずれも金融サービス提供法の適用対象となるが、商品先物取引(国内)は適用対象外である。

Q 56 消費者契約法では、事業者の一定の行為により消費者が誤認または困惑し、それによって消費者が契約の申込みまたは承諾の意思表示をしたときは、消費者はこれを取り消すことができるとしている。

過去問チェック! [2023-9]

Q 外国銀行の在日支店に預け入れた当座預金は預金保険制度による保護の対象とならないが、日本国内に本店のある銀行の海外支店に預け入れた当座預金は預金保険制度による保護の対象となる。

A 51 頻出

○ なお、決済用預金とは無利息、要求払い、決済サービスを提供できる預金のことで、全額が保護対象となる。

ひっかけ

A 52

× JAバンクの貯金等は、農水産業協同組合貯金保険制度で保護される。補償内容は、預金保険制度と同じである。

A 53

× 銀行は単なる保険の代理店（窓口）であり、契約（加入）した生命保険は生命保険会社の商品であるため、生命保険契約者保護制度による補償の対象となる。

A 54 頻出

× 相場等の変動により損失が生じるおそれがある旨およびその理由を契約締結前交付書面を交付して説明しなければならない。

ひっかけ

A 55 頻出

○ 金融サービス提供法では、その他に社債、投資信託、金銭信託、デリバティブ取引、オプション取引、海外商品先物取引なども適用対象とされている。なお、金融商品取引法の対象範囲より広くなっている。

A 56 頻出

○ 設問のとおり。なお、金融サービス提供法と消費者契約法は、要件にあてはまれば同時に適用を受けることができる。

A × 外国銀行の在日支店に預け入れた預金や、日本国内に本店があっても海外支店に預け入れた預金は、預金保険制度による保護の対象とならない。

Q&A 重要

第3章

金融資産運用

学習日 ／

① 金融・経済の基礎知識

／10

Q 01 有効求人倍率（除く学卒）は、内閣府から発表される景気動向指数の「先行系列」「一致系列」「遅行系列」のうち、「先行系列」の1つとして採用されている。

Q 02 原油や輸入小麦の価格変動は、消費者物価指数より先に企業物価指数に影響を与える傾向がある。

Q 03 一般消費者が購入している財・サービスの価格の動きを示す消費者物価指数は、消費税を除いた価格で集計されている。

Q 04 日銀短観で公表される「業況判断DI」は、景気動向指数の算出に使用される経済統計指標を、３カ月前の数値と比較して改善した割合を表す。

Q 05 企業物価指数は、国内企業物価指数、輸出物価指数、輸入物価指数から構成される。

Q 06 マネーストック統計は、一般法人、金融機関、個人、中央政府、地方公共団体などの経済主体が保有する通貨量の残高を集計したものである。

過去問チェック! ［2020-9］

Q 消費者物価指数は、全国の世帯が購入する家計に係る財およびサービスの価格等を総合した物価の変動を時系列的に測定した指標であり、そのうち生鮮食品を除く総合指数は、景気動向指数の遅行系列に採用されている。

勉強のコツ❷

個人向け国債の「変動10」「固定５」「固定３」は、いずれも毎月の発行です。

A 01 ✕ 頻出

有効求人倍率（除く学卒）は、「一致系列」である。なお、雇用関係のうち完全失業率は「遅行系列」となっている。（ひっかけ）

A 02 ○

消費者物価指数と比べると、企業物価指数は変動の幅が大きい。

A 03 ✕

消費者物価指数は、消費税を含んだ価格で集計されており、毎月総務省が公表している。

A 04 ✕ 頻出

設問は、景気動向指数の説明である。日銀短観の業況判断DIは、調査対象となる企業へのアンケート結果を集計し、景気の現状や先行きの見通しに対して、「良い」「さほど良くない」「悪い」の３つの中から回答を選んでもらい、「良い」と答えた企業の割合から「悪い」と答えた企業の割合を差し引いたものである。

A 05 ○

企業物価指数は、為替や原油価格などの変動が直接的に影響するため、短期的な変動が大きくなる。

A 06 ✕

マネーストック統計は、日本銀行が調査・公表している。金融機関や中央政府が保有する預金などは対象外である。

A ○

設問のとおり。消費者物価指数は、景気に遅れて動く遅行指数に分類され、総務省が毎月、調査して公表している。

重要

Q 07 購買力平価説によれば、長期的に見るとインフレ率の高い国の通貨は、インフレ率が低い国の通貨に対して価値が下がる傾向がある。

Q 08 インターバンク市場とは参加者が金融機関に限定されている市場で、CD市場やCP市場などがある。

Q 09 景気刺激策として、減税や公共事業拡大などの財政政策を実施するための財源として多額の国債を増発すると金利上昇につながる可能性がある。

Q 10 米国の政策金利は、FFレート(フェデラルファンドレート)と呼ばれ、FRBの誘導目標金利となっている。

② 貯蓄型金融商品の基礎知識

/2

Q 11 ゆうちょ銀行の定期貯金は、預入期間が３年未満は単利型のみであるが、３年以上は単利型と半年複利型がある。

Q 12 決済用預金は、金融機関破綻時に全額が保護対象となる預金で、法人向けのみとなっており、個人で利用できる決済用預金はない。

過去問チェック! [2021-9]

Q 国内総生産(GDP)には名目値と実質値があり、経済環境が、物価が持続的に低下する状態(デフレーション)にある場合、一般に、名目値が実質値を下回る。

A 07 ○

通貨の価値が下がるとは、通貨安のことである。たとえば、米国でハンバーガー 1個＝1ドルの時、日本で1個＝100円なら、1ドル＝100円の価値があるが、日本で1個＝200円になると、1ドル＝200円（円安／ドル高）となり、日本の物価上昇（インフレ）で円の価値がドルに対して下がったことになる。

A 08 ×

CD市場やCP市場は、金融機関以外も参加できるオープン市場である。インターバンク市場にはコール市場や手形市場がある。

A 09 ○

国債を増発した場合、市中の資金が不足して、金利の上昇を招くおそれがある。

A 10 ○

日本の政策金利は、無担保コール翌日物レートで、日本銀行の誘導目標金利となっている。

A 11 ×

預入期間が3年未満のものは単利型のみ、3年以上は半年複利型のみとなる。なお、ゆうちょ銀行以外の民間金融機関が扱うスーパー定期は、3年以上の場合、半年複利型と単利型が選択できる（ただし、半年複利型は個人のみ）。

ひっかけ

A 12 ×

頻出

決済用預金は個人向けもある。決済用預金とは、「無利息」「要求払い」「決済サービスを提供」という3つの条件を満たした預金である。

A ○

実質値は名目値から物価変動の影響を差し引いた値のため、物価が持続的に低下する状態（デフレーション）にある場合、一般に、物価変動がマイナスになり、名目値が実質値を下回る。

重要

③ 投資型金融商品の基礎知識

/37

Q13 債券の店頭市場とは証券取引所に上場された債券を売買する市場で、債券の売買はこの店頭市場での取引が中心となる。

Q14 国内景気が好況で国内物価が継続的に上昇傾向にある局面では、債券価格は上昇する傾向がある。

Q15 債券の発行体の経営不安などによって、債務不履行となる可能性が高まった場合、その債券の利回りは低下する。

Q16 債券の信用格付けが引き上げられると、その債券の価格は値上がりし、利回りは低下する。

Q17 債券の利回りを縦軸に、債券の残存期間を横軸として、利回りと投資期間の関係を表した曲線をイールドカーブといい、通常、右上がりの順イールドになっている。

Q18 ５年満期の個人向け国債は、固定金利型で半年ごとに利払いがあり、最低金利が保証されている。

Q19 表面利率1.3%、発行価格99円30銭の10年ものの長期国債を、発行から4年後に103円で購入し、償還日まで保有した。この場合の最終利回り(単利・年率)は、0.849%である。

Q20 格付機関が行う信用格付けで、「BBB（トリプルB)」格相当以上の債券は、一般に投資適格債とされる。

過去問チェック! [2022-1]

Q 信用取引では、現物株式を所有していなくても、その株式の「売り」から取引を開始することができる。

A13 ×
店頭市場とは、金融機関と投資家が直接に相対で取引を行う市場である。

A14 ×
国内景気が好況で国内物価が継続的に上昇傾向にある局面は、一般に金利上昇局面であり、債券価格は下落する傾向がある。

A15 ×
債務不履行となる可能性が高まった場合、その債券の価格は下落し、利回りは上昇する。

ひっかけ

A16 ○
反対に信用格付けが引き下げられると、その債券の価格は値下がりし、利回りは上昇する。

A17 ○
通常は右上がりの順イールドである。なお、急激な金融引締め時に右下がりの逆イールドとなる傾向がある。短期金利と長期金利の金利差が小さくなるとカーブの傾きが緩やかになり（フラット化）、金利差が大きくなると傾きが急になる（スティープ化）。

A18 ○
５年満期の個人向け国債は、固定金利型で半年ごとに利払いがあり、0.05%の最低金利が保証されている。

A19 ×
頻出

{1.3＋(100－103)÷6}÷103×100≒0.777%。（小数点以下第4位を四捨五入）

A20 ○
「AAA」「AA」「A」「BBB」までは投資適格債、「BB」以下は投機的債券（または投資不適格債）とされる。

A ○
信用取引では、「買い」からだけでなく、「売り」から取引することができる。

重要

Q 21 NISAのつみたて投資枠で購入することができる金融商品は、所定の要件を満たす公募株式投資信託や不動産投資信託(REIT)等である。

Q 22 特定口座で保有する上場株式をNISA口座に移管することで、配当金や譲渡益を非課税扱いにできる。

Q 23 ドル・コスト平均法により、1回あたり2万円の投資金額でA社株式を以下のとおり買い付けたときの平均取得単価(株価)は、3,500円である。

	第1回	第2回	第3回	第4回	第5回
株価(円)	2,500	4,000	5,000	2,000	4,000

Q 24 株式の信用取引をする際、委託保証金は金銭で差し入れる必要があり、有価証券を差し入れる方法は認められていない。

Q 25 信用取引には、一般信用取引と制度信用取引があり、一般信用取引と制度信用取引との間で建株を変更することはできない。

Q 26 金融商品取引法では、株式の信用取引を行う際の委託保証金の額は20万円以上で、かつ、当該取引に係る株式の時価に100 分の20を乗じた金額以上でなければならないとされている。

Q 27 日経平均株価(日経225)は、対象銘柄の株価を単純平均したものであり、算出にあたり、配当や株式分割などの権利落ちの影響は修正されない。

過去問チェック! [2020-9]

Q NISA口座で保有する上場株式を譲渡して損失が生じた場合、確定申告を行うことにより、同一年中の特定口座や一般口座における上場株式の譲渡益と損益を通算することができる。

A 21 ×
つみたて投資枠では、REITに投資することはできない。所定の要件を満たす、長期の積立・分散投資に適した商品に限られている。

A 22 × 頻出
特定口座や一般口座で保有する上場株式や株式投資信託等をNISA口座に移管することはできない。

A 23 × 頻出
3,125円。
合計購入株数：32株(8株+5株+4株+10株+5株)
投資金額の合計：10万円
平均買付単価：10万円÷32株=3,125円
ひっかけ

A 24 ×
金銭のほか、有価証券などによる差し入れも認められている。

A 25 ○
設問のとおり。一般信用取引は取引をする際の金利や品貸料、返済期限などを投資家と証券会社の間で自由に決めることができるもの。制度信用取引は証券取引所が一律のルールを定めている信用取引をいう。

A 26 ×
金融商品取引法では、株式の信用取引を行う際の委託保証金の額は30万円以上で、かつ、当該取引に係る株式の時価に100分の30を乗じた金額以上でなければならない。

A 27 × 頻出
日経平均株価(日経225)は、算出にあたり、配当や株式分割などの権利落ちの影響を修正した修正平均株価である。
ひっかけ

A ×
NISA口座で発生した損失は、他の口座(特定口座・一般口座)で発生した利益と損益通算はできず、損失の繰越控除もできない。

重要

Q 28

税引後当期純利益160億円、発行済み株式総数8億株、株価1,000円の会社の株価収益率は30倍である。

Q 29

ROE（自己資本利益率）は、企業の自己資本に対する当期純利益の割合を示す指標である。

Q 30

配当性向の計算において、配当金支払額が一定の場合、当期純利益が増えれば配当性向の値が高くなる。

Q 31

PER（株価収益率）の計算において、1株あたり当期純利益の額が一定の場合、株価が上昇すればPERの値が高くなる。

Q 32

パッシブ運用は、ベンチマークの動きにできる限り連動することをめざすため、銘柄の売買回数が多くなるなど、アクティブ運用に比べて運用のコストが高めとなる特徴がある。

Q 33

国内株式を投資対象とするアクティブ運用の商品では、ベンチマークとして東証株価指数（TOPIX）と日経平均株価（日経225）のいずれかを用いることとされている。

Q 34

トップダウン・アプローチとは、個別銘柄の投資指標の分析、リサーチの積上げにより銘柄を選定し、ポートフォリオ構築を図る運用手法である。

過去問チェック! ［2018-1］

Q 外貨建て個人年金保険では、円換算特約を付加することで、為替変動があっても円貨で受け取る場合の年金受取総額が既払込保険料相当額を下回ることはない。

A 28 ×
PER（株価収益率）は「株価÷1株あたり当期純利益」で求められる。設問の場合の1株あたり純利益は、160億円÷8億株＝20円　となり、PERは、1,000円÷20円＝50倍　となる。

A 29 ○
ROE＝当期純利益÷自己資本×100。

A 30 ×
頻出
配当性向は、「配当金支払額÷当期純利益」なので、配当金支払額が一定の場合、当期純利益が増える（＝分母の数値が大きくなる）と配当性向の値は低くなる。

A 31 ○
PER（株価収益率）は、「株価÷1株あたり当期純利益」で計算する。1株あたり当期純利益の額が一定の場合、株価が上昇する（＝分子の数値が大きくなる）とPERの値が高くなる。

A 32 ×
頻出
パッシブ運用は、ベンチマークの動きにできる限り連動することをめざすものである。銘柄選択などに手間をかける必要がないなど、アクティブ運用に比べて運用のコストが低いことが特徴である。
ひっかけ

A 33 ×
アクティブ運用は、ベンチマークを上回る運用成績を目標とするものである。国内株式を投資対象とする場合には東証株価指数（TOPIX）や日経平均株価（日経225）に限らず、業種別指数など、さまざまな指標をベンチマークとして用いる。

A 34 ×
トップダウン・アプローチとは、マクロ経済動向を中心に、地域別組入れ比率や業種別組入れ比率等を決めることで銘柄を選定し、ポートフォリオ構築を図るアプローチである。設問は、ボトムアップ・アプローチの説明である。

A ×
円換算特約は、外貨建て保険の保険金・年金などを円貨で受け取るために付加する特約のため、為替変動による損失を回避することはできない。

重要

Q 35 バリュー投資とは、現在の利益水準や資産価値等に対して、株価が割安であると考えられる銘柄に投資する手法である。

Q 36 信託報酬とは、投資家間の公平性を保つために、投資家による投資信託の買付けや換金にかかる諸費用について、買付代金に加算もしくは換金代金から差し引く金額のことである。

Q 37 株式投資信託（追加型）の売却による差益は、一時所得として総合課税の対象となる。

Q 38 上場株式等の譲渡所得の金額の計算上生じた損失の金額は、申告分離課税を選択した上場株式等の配当所得の金額から控除することができる。

Q 39 国内利付債券の償還差益は、雑所得として総合課税の対象となり、譲渡益は非課税となる。

Q 40 公募株式投資信託を解約し解約価額が取得価額を上回る場合、その差額は申告分離課税の対象となる。

Q 41 国内に本店を有する銀行に預け入れた為替予約のない外貨定期預金を、満期時に円貨に換えた結果生じた為替差益は、非課税となる。

Q 42 海外市場に上場する外国株式を国内店頭取引の形態で売買する場合には、外国証券取引口座を開設する必要がある。

過去問チェック！ ［2022-1］

Q NISA口座で保有する上場株式の配当金を非課税扱いにするためには、配当金の受取方法として、株式数比例配分方式を選択しなければならない。

A 35 頻出 ○ 反対に、割高であっても成長企業に投資する手法は、グロース投資という。

A 36 頻出 実技 × 信託報酬とは、運用や管理の報酬として信託財産の中から日々差し引かれるもので、それによる信託財産の減少分は基準価額に反映されている。設問は、信託財産留保額についての説明である。

A 37 頻出 × 株式投資信託（追加型）の売却による差益は、上場株式等の譲渡所得等となっている。

ひっかけ

A 38 ○ 申告不要とした場合や、総合課税を選択した配当所得からは控除できない。

ひっかけ

A 39 × 2016年以降、国内利付債券の償還差益や譲渡益は、申告分離課税の対象となっている。

A 40 実技 ○ 株式等の譲渡所得として、課税の対象となる。

A 41 × 雑所得として総合課税となる。なお、為替予約付の外貨預金の為替差益は、利子と合算して源泉分離課税となる。

A 42 ○ 外国株式の取引にはこのほか、外国取引と国内委託取引などがある。

A ○ NISA口座内で株式の配当金を非課税で受け取るには、証券会社で配当金を受け取る株式数比例配分方式を選択する必要がある。

重要

Q 43 インバース型のETFは、日経平均株価や東証株価指数(TOPIX)などの指標の日々の変動率に一定の正の倍数を乗じて算出される指数に連動した運用成果を目指して運用される。

Q 44 株式投資信託の普通分配金、元本払戻金(特別分配金)は、配当所得として20.315%の税率により源泉徴収される。

Q 45 純金積立には、時価で換金する方法のほか、金地金等の現物で引き取る方法もある。

Q 46 円高米ドル安の進行は、金の国際価格が米ドルを基準に表示されるため、米ドル建ての価格が一定であっても円建てにおける金の価格を下落させる要因となる。

Q 47 制度信用取引とは、証券会社と顧客の間で取引の条件を決めて行うもので、証券会社が信用取引に必要な資金等を証券金融会社から借りる貸借取引を利用できる。

Q 48 オプション取引において、「コール」「プット」にかかわらず、買い手の損失は限定される。

Q 49 ヨーロピアンタイプのオプション取引では、取引開始日から取引最終日までいつでも権利行使が可能である。

過去問チェック! [2021-5]

Q ETFは、売買の際に上場株式と同様に売買委託手数料が発生するが、非上場の投資信託と異なり、運用管理費用(信託報酬)は発生しない。

A 43 ×

ETFには一定の正の倍数を乗じて算出される指数に連動するレバレッジ型や、一定の負の倍数を乗じて算出される指数に連動するインバース型がある。

A 44 ×

頻出 実技

元本払戻金（特別分配金）は、元本を取り崩している部分であるため非課税となる。課税は普通分配金のみである。（ひっかけ）

A 45 ○

なお、純金積立は毎月一定金額を口座から引き落として積立てていく仕組みである。

A 46 ○

頻出 実技

円高ドル安が進行すると、たとえば「1ドル＝120円」が「1ドル＝110円」などとなるため、1ドルの商品の価値を円建てでみた場合、120円から110円に下落したことになる。

A 47 ×

制度信用取引とは、基本となる取引のルールを証券取引所が決めて行うものである。

A 48 ○

頻出

コール、プットともに、オプションの買い手の損失は、支払ったオプション料に限定されている。

A 49 ×

いつでも権利行使可能なほうがアメリカンタイプであり、ヨーロピアンタイプは、権利行使が満期日に限定されているものをいう。（ひっかけ）

A ×

ETFも非上場の投資信託と同様に運営管理費用（信託報酬）がある。なお、ETFの取引方法は株式と同様で、成行注文や指値注文、信用取引もできる。

重要

④ ポートフォリオ理論

／3

Q 50 ☐☐☐

ポートフォリオのリスクは、各組入れ資産のリスクを組入れ比率で加重平均したものよりも大きくなる。

Q 51 ☐☐☐

リスクの大きさ（期待収益率のばらつきの大きさ）を図るものとして、「標準偏差」があるが、±１の標準偏差の範囲に収益率が収まる確率は約68％である。

Q 52 ☐☐☐

ポートフォリオの期待収益率は、各組入れ資産の期待収益率を組入比率で加重平均して得た値である。

⑤ 金融商品に関する法律

／8

Q 53 ☐☐☐

投資信託委託会社が破綻した場合、銀行で購入した投資信託は、投資者保護基金により時価1,000万円までが補償される。

Q 54 ☐☐☐

金融サービス提供法では、一般の顧客から当該金融商品についての重要事項の説明は不要であると申し出があった場合でも、金融商品販売業者は重要事項の説明を行わなくてはならない。

過去問チェック！ ［2021-1］

Q 国内株式のポートフォリオにおいて、組入れ銘柄数を増やすことにより、システマティック・リスクを低減することができる。

A 50 ×

ポートフォリオを組むことの最大のメリットは、資産を組み合わせることで、リスクを小さくすることができることである。つまりポートフォリオのリスクは、各組入れ資産のリスクを組入れ比率で加重平均したものよりも小さくなる。（ひっかけ）

A 51 ○

標準偏差は「分散」の平方根で求められる。±2の標準偏差の範囲には約95%が収まるとされる。

A 52 ○

リスクとは違い、ポートフォリオの期待収益率は、各組入れ資産の期待収益率を組入比率で加重平均して得た値となる。

A 53 ×

投資信託の残高（＝信託財産）は、受託銀行で管理されており、受託銀行自身の財産とは分別管理をされている。そのため、投資信託委託会社の破綻はもとより、窓口である証券会社や銀行、財産の管理をしている受託銀行のいずれかが破綻した場合でも、信託財産には影響しない。（ひっかけ）

A 54 ×

金融サービス提供法では、特定顧客以外の一般の顧客から重要事項の説明を要しない旨の申し出があれば説明義務は免除される。なお、金融商品取引法上の説明義務は免除されない。ただし、どちらの法律も、特定顧客（いわゆるプロ投資家）に対しては重要事項の説明義務を免除している。

A ×

システマティック・リスク（市場リスク）は、市場全体に影響を及ぼすような変動要因のため、銘柄分散してもリスクは低減できない。

重要

Q 55 □□□

投資者保護基金は、金融商品取引業者が破綻などで顧客の預かり資産をすべて返還できない場合、個人顧客に限り、1,000万円を上限に顧客の資産を補償する制度である。

Q 56 □□□

金融商品取引法は、投資信託の販売にあたり、当該投資信託について顧客に損失が生じた場合にその損失を補てんする旨を、業者等が顧客に対して約束してはならないとしている。

Q 57 □□□

消費者契約法では、金融商品の販売にあたり、損失を生じる可能性およびその理由など重要事項について業者等が事実と異なることを告げた場合には、顧客はその金融商品を購入することにより損害があった場合、業者等に対して損害賠償を請求することができるとしている。

Q 58 □□□

消費者契約法では、投資信託の販売にあたり、業者等が顧客に対し、重要事項について不利益となる事実を故意に告げなかったことにより、顧客が誤認をしたまま、契約の申込みをしたときは、これを取り消すことができるとしている。

Q 59 □□□

銀行のキャッシュカードが盗難にあい被害を受けた場合、預金者に重大な過失があった場合でも預金者保護法によって全額補償される。

Q 60 □□□

消費者契約法による契約の取消には時効があるので、注意が必要である。

過去問チェック! [2020-9]

Q 犯罪収益移転防止法では、銀行、信用金庫、保険会社などの特定事業者が顧客等との間で特定取引を行うに際して、顧客等の本人特定事項などを確認する義務を課している。

A 55 ×
頻出

投資者保護基金では、個人からの預かり資産に限らず、法人からの預かり資産も保護される。ただし、適格機関投資家（銀行等の金融機関など）・国・地方公共団体等は除かれる。

A 56 ○

金融商品取引法の規制には、適合性の原則、広告の規制、契約締結前書面の事前交付義務などがある。

A 57 ×
頻出

消費者契約法は、消費者が誤認、困惑することで契約を締結した場合に、その契約の申込みまたは承諾の意思表示を取り消すことができるという規定であり、損害賠償を請求できることは定められていない。

A 58 ○

保護の対象となるのは、消費者契約法では個人のみ、金融サービス提供法では個人およびプロを除く事業者であり、この2つの法律は同時に適用を受けることができる。

A 59 ×

預金者に重大な過失があった場合、または故意の場合は補償されない。

ひっかけ

A 60 ○

消費者契約法による取消権は、追認することができる時から1年間行使しないとき、または契約締結から5年経過したとき消滅する。

A ○

本人特定事項（氏名、住居、生年月日等）・取引を行う目的・職業の確認が義務付けられている。代理人が取引する場合は、代理人の本人特定事項の確認も必要。

第4章

タックスプランニング

要点整理

❶ 我が国の税制

❷ 所得税の仕組み

❸ 10種類の所得

❹ 損益通算

❺ 所得控除

❻ 税額控除

❼ 所得税の申告と納付

❽ 個人住民税と個人事業税

❾ 法人税

❿ 消費税

一問一答Q＆A(基本)

一問一答Q＆A(重要)

FP技能検定2級　出題傾向と対策

収入の性質などによって分けられる「各種所得の内容」について覚えておきましょう。「損益通算」については、毎回必ず出題されています。仕組みを理解できていれば解答できるため、その流れをつかみながら勉強することが大切です。

実技試験については、設例の条件を元に、総所得金額や課税総所得金額を計算する問題も出題されます。各所得控除の金額や適用される条件、損益通算も正確に覚えておく必要があります。

●これまでの出題傾向

	2024年1月			2023年9月			2023年5月			2023年1月			2022年9月		
	学科	実技		学科	実技		学科	実技		学科	実技		学科	実技	
		金	協会		金	協会		金	協会		金	協会		金	協会
1 わが国の税制							1								
2 所得税の仕組み	1			1	1			1	1	1				1	
3 各種所得の内容	1	2	3	1	1	1	1		1	1	1	1	1		1
4 損益通算	1			1		1	1		1	1		1	1		1
5 所得控除	1	1	2	1	1	1	1	1	2	1	2		1		1
6 税額控除							1		1	1			1	2	1
7 所得税の申告と納付	1			1		1		1		1		2	1		
8 個人住民税															
9 個人事業税															
10 法人税	2			2			2			1			2		
11 法人住民税															
12 法人事業税															
13 消費税	1			1			1			1			1		
14 会社、役員間及び会社間の税務	1			1			1		1	1			1		
15 決算書と法人税申告書	1			1			1			1			1		
16 諸外国の税制度															
17 タックスプランニングの最新の動向															

（金：金財（個人資産相談業務）／協会：FP協会の出題数を表す）

第4章 タックスプランニング

学習日 ／

① 我が国の税制

重要度C

1 主な税金の種類

国税	直接税	所得税、法人税、相続税、贈与税
国税	間接税	消費税、たばこ税、印紙税、酒税
地方税	直接税	道府県民税、市町村民税 固定資産税、不動産取得税、事業税
地方税	間接税	地方消費税、道府県たばこ税、市町村たばこ税

② 所得税の仕組み

重要度A

1 所得税の原則 頻出

個人単位課税	一人ひとり個人の所得に対して課税
暦年単位課税	1月1日から12月31日までの1暦年に得た所得に対して課税
応能負担	負担できる能力に応じて課税

2 所得税の納税義務者

納税義務者	内　容	課税所得の範囲
居住者	非永住者以外の居住者	すべての所得 （国内および国外源泉所得）
非永住者	居住者のうち日本国籍を有しておらず、かつ過去10年間のうち国内に住所または居所を有する期間が5年以下の個人	・国内源泉所得 ・国外源泉所得のうち国内で支払われたものまたは国外から送金されたもの
非居住者	居住者以外の個人	国内源泉所得

3 非課税となる所得

- 通勤手当(月額15万円まで)
- 出張および転勤の旅費で通常必要なもの
- 障害者などが預け入れた預貯金等で一定の金額までの利息
- 公的年金のうち障害給付、遺族給付
- 雇用保険の失業給付　・生活保護の給付
- 宝くじの当せん金　・慰謝料　・損害賠償金
- 生活用動産を譲渡して得た所得

4 所得税の計算の流れ

その年に得た収入をその性質などによって10種類(216 ～ 221ページ)に分類し、必要経費などを差し引いて所得を計算する

↓

一定の所得で赤字があれば損益通算を行う

↓

所得控除を差し引いて課税所得を計算する

↓

税率を適用して税額を計算する

↓

税額控除を差し引き、既に源泉徴収された金額や予定納税額を控除した金額が申告納税額となる

総合課税となる所得 → 「超過累進税率」を適用
分離課税となる所得 → それぞれの税率を適用

この他、2013年から2037年までにおいて、所得税を納める個人は、所得税額に税率(2.1%)を乗じた額を、復興特別所得税として納めます。

③ 10種類の所得　重要度A

1 利子所得

預貯金の利子、**公社債**の利子、**公社債投資信託**の収益分配金などは利子所得となります。

所得の計算方法	利子所得の金額＝収入金額
課税方法	利子などの支払いを受ける際に源泉徴収される 源泉徴収税率：**20.315%**（所得税**15.315%**・住民税**5%**） 一定の公社債、公社債投資信託などから支払われる利子等については、**申告分離課税**または**申告不要**の選択

2 配当所得

株式の配当金、**公社債投資信託**以外の証券投資信託の収益分配などは配当所得です。

所得の計算方法	配当所得の金額＝収入金額－株式等取得のための負債利子
課税方法	配当などが支払われる際に源泉徴収される 上場株式等の配当等の源泉徴収税率：**20.315%**（所得税**15.315%**・住民税**5%**）

上場株式等で、大口株主以外の場合は、源泉徴収のあと、「申告不要」「総合課税」「申告分離課税」の３つより選択できます。

〈配当所得の課税方法の選択肢〉

選択肢	内　容
申告不要	源泉徴収で課税完了
総合課税	確定申告でその他の所得と合算して課税 一定のものを除き**配当控除**の適用が受けられる
申告分離課税	確定申告の際、分離して課税 税率**20.315%**（所得税**15.315%**・住民税**5%**）

申告分離課税を選択 → 上場株式等の譲渡損失との損益通算が可能

＊ 非課税口座内の少額上場株式等に係る配当所得および譲渡所得等の非課税措置については、169ページ参照

3 事業所得

継続的に対価を得て行う製造業、卸売業、小売業、サービス業などの事業から得た所得は、事業所得となります。

所得の計算方法	事業所得の金額＝総収入金額－**必要経費**
課税方法	その他の所得と合算して**総合**課税

〈必要経費の例〉
売上原価、製造原価、従業員に支払う給与、地代・家賃、業務や事業用資産に対して払う税金など

〈減価償却費の計算方法〉 実技

定額法	2007年3月31日以前に取得した資産 取得価額×0.9×旧定額法の償却率 2007年4月1日以降に取得した資産 取得価額×定額法の償却率
定率法	2007年3月31日以前に取得した資産 **未償却残高**×旧定率法の償却率 2007年4月1日以降に取得した資産 **未償却残高**×定率法の償却率

＊ 以下の場合は定額法となる
・税務署へ届出がない場合
・1998年4月1日以降に取得した建物
・2016年4月1日以降に取得した建物附属設備および構築物

〈少額な資産の場合の減価償却〉 頻出 改正

少額減価償却資産	取得価額**10**万円未満または使用可能期間**1**年未満の資産は、取得した年に一括で必要経費に算入可能
一括償却資産	取得価額10万円以上**20**万円未満の資産は**3**年間にわたり**3**分の**1**ずつ必要経費に算入可能
中小企業者等に対する特例	一定の要件を満たす青色申告者が、2026年3月31日までに取得価額30万円未満の減価償却資産を取得した場合、一定の要件のもとで取得価額の合計額をその業務の用に供した年分の必要経費に**算入可能**

＊ 主要な事業として行われる場合を除き、貸付けの用に供した資産は除外される

重要用語

減価償却費

時の経過や使用にともなって徐々に減少する価値の金額を、複数年にわたって経費にしていくという処理をして発生する費用です。

4 不動産所得

不動産、不動産の上に存する権利、船舶または航空機の貸付けによって得られる所得は不動産所得です。

所得の計算方法	不動産所得の金額=**総収入**金額－必要経費
課税方法	他の所得と合算して**総合**課税

〈必要経費の例〉

賃貸している土地建物の**固定資産**税、修繕費、火災保険料、土地建物を取得するための**借入金の利子**、減価償却費、地代・家賃、立退料

不動産所得の必要経費とならないものには、所得税や住民税、相続税等があります。

5 給与所得

給与、賃金、賞与などは給与所得となります。

所得の計算方法	給与所得の金額＝収入金額－**給与所得控除額**
課税方法	他の所得と合算して総合課税

＊ 一定の支出（特定支出）の金額が、給与所得控除の２分の１の金額を超えた場合は、その超えた額を給与所得控除後の所得金額から差し引くことができる

〈給与所得控除額の速算表〉

総収入	給与所得控除
180万円以下	収入金額×40%－10万円 (55万円に満たない場合55万円)
180万円超　360万円以下	収入金額×30%＋8万円
360万円超　660万円以下	収入金額×20%＋44万円
660万円超　850万円以下	収入金額×10%＋110万円
850万円超	195万円(上限)

＊ 一定の条件を満たす者については所得金額調整控除が行われる

6 譲渡所得 頻出

資産を譲渡した場合の所得は譲渡所得となります。

所得の計算方法	〈土地・建物・株式等以外の譲渡〉 総収入金額－(取得費＋譲渡費用)－特別控除(50万円) 〈株式等の譲渡〉 総収入金額－(取得費＋譲渡費用＋負債利子) 〈土地・建物等の譲渡〉 総収入金額－(取得費＋譲渡費用)－特別控除
課税方法	・土地・建物・株式等以外の譲渡は**総合課税**(長期譲渡は所得金額の2分の1をその他の所得と合算) ・株式等の譲渡と土地・建物等の譲渡は**分離課税**

土地・建物等の譲渡は取得の日から**譲渡した日の属する年の1月1日**まで、土地・建物・株式等以外の譲渡は**譲渡した日**までの期間が5年以下か5年超かで短期と長期を区分します。

〈税　率〉

土地・建物・株式等以外の譲渡	**超過累進税率**(総合課税)
株式等の譲渡	所得税**15.315%**・住民税**5%**
土地・建物等の譲渡	長期譲渡 所得税**15.315%**・住民税**5%** 短期譲渡 所得税**30.63%**・住民税**9%**

＊ 非課税口座内の少額上場株式等に係る配当所得および譲渡所得等の非課税措置については、169ページ参照

7 一時所得 頻出

営利を目的としない一時的な所得で、その他の所得に該当しない所得は一時所得となります。

所得の計算方法	一時所得の金額 ＝総収入金額－収入を得るために支出した金額－特別控除額(50万円)
課税方法	一時所得の金額の2分の１の金額をその他の所得と合算して総合課税

8 雑所得

その他の所得のいずれにも該当しない所得は雑所得となります。

所得の計算方法	A＋B＝雑所得 A　公的年金等の所得＝ 公的年金等の収入金額－**公的年金等控除額** B　公的年金等以外の所得＝ 公的年金等以外の収入金額－**必要経費**
課税方法	他の所得と合算して**総合課税**

〈公的年金等控除額〉(公的年金等に係る雑所得以外の所得に係る合計所得金額が1,000万円以下の場合)

<table>
<tr><th rowspan="2">公的年金等の収入金額</th><th colspan="2">公的年金等控除額</th></tr>
<tr><th>65歳未満</th><th>65歳以上</th></tr>
<tr><td>130万円未満</td><td>60万円</td><td rowspan="2">110万円</td></tr>
<tr><td>130万円以上　330万円未満</td><td rowspan="2">収入金額×25%＋27.5万円</td></tr>
<tr><td>330万円以上　410万円未満</td></tr>
<tr><td>410万円以上　770万円未満</td><td colspan="2">収入金額×15%＋68.5万円</td></tr>
<tr><td>770万円以上　1,000万円未満</td><td colspan="2">収入金額×5%＋145.5万円</td></tr>
<tr><td>1,000万円以上</td><td colspan="2">195.5万円</td></tr>
</table>

＊ 公的年金等に係る雑所得以外の合計所得金額が1,000万円を超える場合は一律10万円引き下げ、2,000万円超は一律20万円引き下げ

9 退職所得 頻出

退職時に一時に受け取る退職手当、一時恩給などは退職所得となります。

所得の計算方法	退職所得金額＝(収入金額－退職所得控除額)×$\frac{1}{2}$※
課税方法	他の所得と切り離して分離課税とされ、総合課税と同じ超過累進税率を適用

※ 在任期間が5年以下の役員等がその役員在任期間に対応する退職手当等を受け取る場合は、2分の1としない

※ 勤続年数が5年以下である短期退職手当等の収入金額から、退職所得控除額を控除した残額のうち300万円を超える部分については2分の1としない

〈退職所得控除額の計算式〉

勤続年数	退職所得控除額
20年以下	40万円×勤続年数(最低80万円)
20年超	800万円＋70万円×(勤続年数－20年)

＊ 1年未満の端数は1年として計算する

10 山林所得

山林を伐採または譲渡した時の所得は山林所得となります。

所得の計算方法	山林所得の金額＝総収入金額－必要経費－特別控除(最高50万円)
課税方法	他の所得とは切り離して分離課税。 山林所得の金額を5分の1にした金額を税率表にあてはめて税額を計算したのちに、その税額を5倍とする5分5乗方式で計算する

4 損益通算

重要度 A

一定の所得から生じた赤字はその他の所得の黒字と損益通算することができます。

1 損益通算できる損失 

不動産所得の損失
事業所得の損失
山林所得の損失
譲渡所得の損失

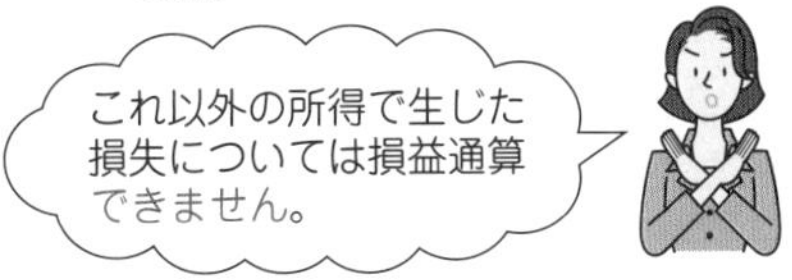

上記の４つの所得で生じた損失でも、次ページのものは損益通算できません。

- 土地建物等の譲渡損失
（一定の居住用財産を除く）
- 生活に通常必要でない資産の譲渡損失
- 株式等の譲渡損失（申告分離課税した配当所得などとは通算可）
- 非課税とされる生活用動産を譲渡した場合の損失
- 不動産所得の損失のうち、土地等の取得に要した負債利子

2 損益通算の手順

〈第1次通算〉
経常所得グループ、譲渡・一時所得グループの中でそれぞれ通算

〈第2次通算〉
経常所得グループと譲渡・一時所得グループの間で通算

〈第3次通算〉
第2次通算で引ききれなかった赤字と退職・山林所得を通算

3 損失の繰越控除

損益通算しても引ききれない損失を、翌年以降に繰り越して控除することができます。

純損失の繰越控除	損益通算しても引ききれない損失を純損失という。青色申告者は純損失を翌年以降3年間繰り越すことができる
雑損失の繰越控除	所得金額から雑損控除を引いても引ききれない損失を雑損失という。青色申告、白色申告を問わず、翌年以後3年間繰り越すことができる

⑤ 所得控除 重要度A

家族の状況やその年の支出の状況などによって、以下のような所得控除が適用できます。

1 基礎控除

こんな場合に	合計所得金額	控除額
合計所得金額2,500万円以下の場合	2,400万円以下	48万円
	2,400万円超　2,450万円以下	32万円
	2,450万円超　2,500万円以下	16万円
	2,500万円超	0円

2 配偶者控除 頻出

こんな場合に	控除額
合計所得金額が1,000万円以下の納税者に、生計を一にする、合計所得金額が48万円以下の配偶者がいる場合	納税者本人の合計所得金額900万円以下は38万円(48万円)、900万円超950万円以下は26万円(32万円)、950万円超1,000万円以下は13万円(16万円)。 (　)内は老人控除対象配偶者の場合

3 配偶者特別控除

こんな場合に	控除額
合計所得金額が1,000万円以下の納税者に、生計を一にする合計所得金額が48万円超133万円以下の配偶者がいる場合	納税者の合計所得金額と対象となる配偶者の合計所得金額に応じて1万円～38万円

4 扶養控除 頻出

こんな場合に	控除額
納税者と生計を一にし、合計所得金額が48万円以下の親族がいる場合	扶養親族 ・16歳～18歳　38万円 ・23歳～70歳未満　38万円 特定扶養親族 ・19歳～23歳未満　63万円 老人扶養親族(70歳以上) ・同居老親等以外　48万円 ・同居老親等　58万円

5 障害者控除

こんな場合に	控除額
納税者本人や控除対象配偶者および扶養親族が障害者の場合	障害者1人につき27万円 （特別障害者の場合40万円） （同居特別障害者の場合75万円）

6 ひとり親控除・寡婦控除

こんな場合に	控除額
納税者本人が寡婦またはひとり親に該当する場合	ひとり親控除35万円 寡婦控除27万円

7 勤労学生控除

こんな場合に	控除額
納税者本人が一定の要件を満たす学生である場合	27万円

8 雑損控除

こんな場合に	控除額
納税者本人または生計を一にする一定の親族が保有する資産が災害、盗難、横領等で損害を受けた場合	次の①、②のうち多い金額まで ①差引損失額－総所得金額等の合計額×10% ②差引損失額のうち災害関連支出の金額－5万円

9 医療費控除 頻出

こんな場合に	控除額
納税者本人または生計を一にする親族のために1年間に一定の医療費を支払った場合	**（医療費－給付金等で補てんされた金額）－10万円**※ ※ 総所得金額が200万円未満の場合には総所得金額×5％

〈対象となる医療費の例〉

- 医師による診療費用、入院費用
- 出産費用
- 治療や療養のための薬代
- 歯の治療
- 重大な疾病が発見され、引き続き治療を受けた場合の**健康診断**(人間ドック等)の費用

〈対象とならない医療費の例〉

健康増進や疾病予防のための費用、美容整形などの費用

●特定一般用医薬品等購入費を支払った場合の医療費控除の特例※

こんな場合に	控除額
本人または生計を一にする配偶者や親族のための特定一般用医薬品等購入費を支払い、その年中に一定の健康診査や予防接種などを行っているとき	特定一般用医薬品等購入費の合計額(保険金等で補てんされた金額を除く)のうち、年間12,000円を超える部分の金額(88,000円が限度)

※ この特例をセルフメディケーション税制といい、従来の医療費控除との併用はできない

10 社会保険料控除

こんな場合に	控除額
納税者本人または生計を一にする親族の社会保険料を支払った場合	支払った**保険料全額**

11 小規模企業共済等掛金控除

こんな場合に	控除額
小規模企業共済の掛金、個人型および企業型の確定拠出年金の加入者掛金を支払った場合	支払った**掛金全額**

12 生命保険料控除

こんな場合に	控除額
生命保険契約等の保険料を支払った場合、支払った保険料の額に応じて控除できる	2012年以降の契約 一般の生命保険、個人年金、介護医療保険に区分し、それぞれ最高**4**万円 2011年以前の契約 一般の生命保険、個人年金に区分してそれぞれ最高**5**万円

＊ 地震保険料控除についてはp.117参照

13 寄附金控除

こんな場合に	控除額
2,000円を超える特定寄附金を支払った場合	(〔特定寄附金の合計額〕か〔総所得金額等×40%〕のいずれか低い金額)−2,000円

6 税額控除 重要度A

算出された税額から一定の金額を差し引くことができます。

1 住宅借入金等特別控除 頻出 改正

住宅を新築、取得、増改築した場合に一定の要件を満たすと、住宅借入金等特別控除を受けることができます。

住宅の要件	・床面積50㎡以上(2024年までに建築確認を受けた新築住宅で合計所得金額1,000万円以下の場合は40㎡以上)で床面積の**2分の1以上**が自己の居住用であること ・中古住宅の場合は、新耐震基準に適合している住宅であること ・増改築の場合は、自己の所有家屋に対するもので、工事費用100万円超、総額の**2分の1以上**が居住用の増改築等の費用であること(ただし、補助金等の交付を受ける場合は増改築に要した費用の額から補助金等の額を差し引く)
住宅ローンの要件	金融機関からの借入れで償還期間**10年以上** (親族からの借入れ、勤務先からの基準金利未満の借入金は対象外)
その他の要件	・取得日から**6カ月以内**に入居し、控除を受ける年の**12月31日**まで引き続き居住していること ・居住した年をはさむ前後5年間と新築住宅に居住した年から3年目に従前の住宅を譲渡した場合に、居住用財産の譲渡の特例、居住用財産の買替え・交換の特例、等の特例を適用されていないこと ・その年の合計所得金額**2,000万円以下**

〈認定住宅〉

	居住年	借入限度額	控除率	控除期間
認定住宅	2024年 2025年	4,500万円(2024年は子育て特例対象個人の場合5,000万円)	0.7%	13年
ZEH※水準省エネ住宅	2024年 2025年	3,500万円(2024年は子育て特例対象個人の場合4,500万円)		
省エネ基準適用住宅	2024年 2025年	3,000万円(2024年は子育て特例対象個人の場合4,000万円)		

※ ZEH(ゼッチ)は、「Net Zero Energy House」の略
* 中古住宅の場合は、年末ローン残高の限度額は3,000万円、控除期間は10年
* 子育て特例対象個人とは、夫婦いずれかが40歳未満の者、または19歳未満の扶養親族を有する者のことをいう

〈一般住宅〉

中古住宅と2023年までに建築確認を受けた新築住宅※に限る

居住年	年末ローン残高の限度額	控除率	控除期間
2024年・2025年	2,000万円	0.7%	10年

※ 2024年以後に建築確認を受けた場合、登記簿上の建築日付が2024年6月30日以前であれば適用対象

2 配当控除

総合課税により確定申告をしている配当所得については、配当控除の適用を受けることができます。

〈控除額〉

配当所得の金額×**10%**

ただし、配当所得を含めた課税総所得金額が1,000万円超の場合、1,000万円超の部分については配当所得の金額の**5%**

7 所得税の申告と納付 重要度A

1 確定申告と納付

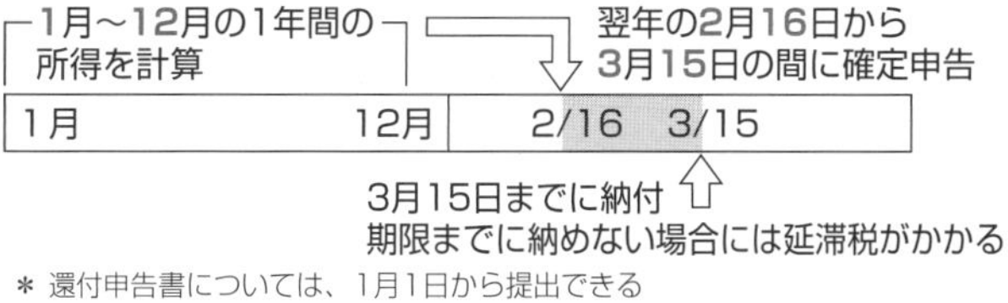

* 還付申告書については、1月1日から提出できる

2 給与所得者の確定申告

会社員の給与・賞与からは一定の税額が**源泉徴収**されます。年末調整によって所得税額の精算が行われるため、通常は確定申告は**必要ありません**が以下の場合は確定申告が**必要**です。

〈会社員で確定申告が必要な場合〉 頻出

・2つ以上の会社から給与を受けている
・給与収入の金額が**2,000万円**を超える
・給与所得、退職所得以外の所得の合計金額が**20万円**を超える
・**医療費控除**、雑損控除、寄付金控除の適用を受ける場合
・住宅借入金等特別控除を受ける場合の1年目

3 青色申告 頻出

①青色申告の要件

不動産所得、**事業**所得、**山林**所得がある人で、日々の取引を記帳しその帳簿を保存している場合に、青色申告ができます。ただし、**所轄税務署長の承認**が必要です。

〈承認の期限〉

既に業務を行っている		その年の3月15日
新たに業務を開始する	業務開始がその年の1月1日から1月15日まで	その年の3月15日
	業務開始がその年の1月16日以降	業務開始から2カ月以内

②青色申告の特典

青色申告特別控除	事業所得者または事業的規模の不動産所得者が正規の簿記により記帳し、貸借対照表、損益計算書を添付して申告した場合は**55万円**※1。それ以外の場合は**10万円**
青色事業専従者給与※2	所轄税務署長に届け出て承認された場合、生計を一にする親族へ支払う給与を必要経費とすることができる
純損失の繰越控除	損益通算しても引ききれない純損失を翌年以後3年間繰り越すことができる

※1 e-Taxを利用するなど一定の条件を満たす場合は、65万円となる
※2 青色事業専従者給与の適用を受ける場合は、配偶者控除・配偶者特別控除・扶養控除の適用は受けられない

4 復興特別所得税を含む源泉徴収税率

復興特別所得税の創設にともない源泉徴収される配当・利子などに係る税率は、以下のとおりです。

所得の種類	内　容	所得税(復興特別所得税含む)	住民税	合　計
利子所得	国内預金の利子	15.315%	5%	20.315%
配当所得	上場株式の配当	15.315%	5%	20.315%
株式等の譲渡所得	特定口座（源泉徴収あり）	15.315%	5%	20.315%

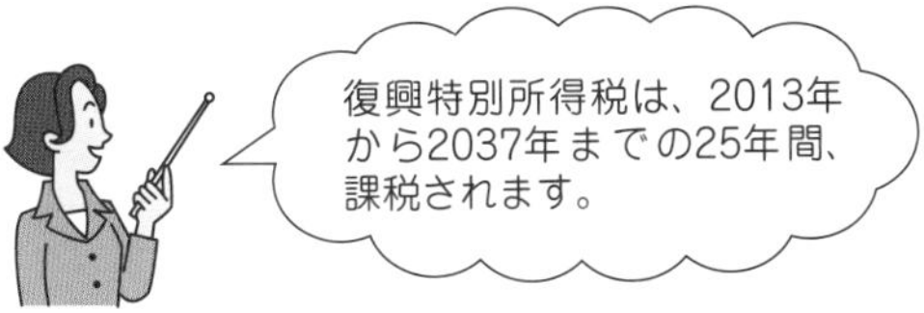

8 個人住民税と個人事業税

重要度B

1 個人住民税の課税方法

住民税はその年の1月1日現在で日本国内に住所がある者に対して課税されます。**賦課課税**方式で課税され、以下のような方法で納付します。

①納付方法

普通徴収（給与所得者以外）	納税通知書に従って6月、8月、10月、翌年1月に分割して納付(一括納付も可)
特別徴収（給与所得者）	6月から翌年5月までの給与から源泉徴収される

②税　率 改正

所得割	一律	10%
均等割	道府県民税(都民税含む) 市町村民税(特別区民税含む)	年額1,000円 年額3,000円

＊ 2023年度まではそれぞれ500円(合計1,000円)が加算される

＊ 2024年度から個人住民税均等割と合わせて、１人年額1,000円が森林環境税および森林環境譲与税として徴収される

③所得の計算

所得税とほぼ同じ仕組みで所得金額を計算しますが、所得控除の金額が一部異なります。

〈主な所得控除〉

所得税の控除と金額が異なるもの	所得税の控除と金額が同じもの
・基礎控除…**43万円**※ ・扶養控除…一般扶養親族…33万円 特定扶養親族…45万円 ・配偶者控除…納税者本人の合計所得金額によって11万円・22万円・33万円 ・配偶者特別控除…1万円～33万円	・**社会保険料**控除 ・**医療費**控除 ・小規模企業共済等掛金控除 ・雑損控除

※ 前年の合計所得金額が2,400万円を超える場合はその合計所得金額に応じて控除額が逓減し、2,500万円を超える場合は基礎控除の適用はなしとなる

2 個人事業税の課税方法

個人が一定の事業を行う場合に個人事業税が課税されます。

1年間の所得より事業主控除額として**290**万円を差し引き、事業区分に応じた税率(3～5%)を乗じて算出します。

9 法人税

重要度A

会社等の法人が事業を行ったことで、1事業年度の間に得た所得に対して法人税が課税されます。

1 法人税の基礎

事業年度	所得計算をする期間の単位…定款等に定めた会計期間(定めがない場合、税務署長に届け出た会計期間)
申告書の提出	事業年度終了の日の翌日から**2カ月**以内
納税地	内国法人の場合、法人の本店または主たる事務所の所在地
課税所得の計算	益金から損金を差し引いて求める

〈法人税の税率〉

法人の内容		2018年度以降に開始される事業年度	2025年度以降に開始される事業年度
中小法人以外の普通法人		23.2%	23.2%
資本金1億円以下の中小法人	所得金額のうち、800万円以下の部分	15%	19%
	所得金額のうち、800万円超の部分	23.2%	23.2%

〈法人税の課税所得〉

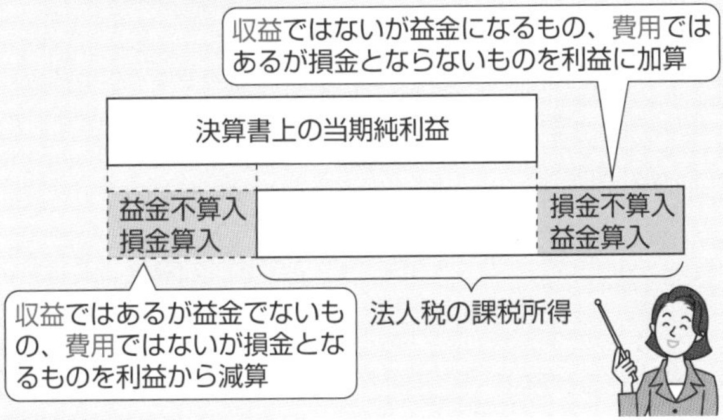

2 益　金

益金とは**法人**が活動するうえで得た収益のことです。受取配当金は、持ち株比率により一定割合を益金に算入しません。

〈持ち株比率の基準と益金不算入割合〉

持ち株比率	益金不算入割合
5％以下	20%
5％超1/3以下	50%
1/3超	100%

3 損　金

損金とは**法人**が活動するうえで支払った費用で、**売上原価**、販売費、一般管理費などですが、次のものは損金不算入となります。

〈損金不算入となる主な費用〉 改正

交際費等	中小法人以外は原則損金不算入。ただし、2027年3月31日までに開始する事業年度については飲食費の50%は損金算入することができる（資本金の額等が100億円を超える法人は除外） 中小法人（資本金1億円以下の法人）→2027年3月31日までに開始する事業年度においては、年800万円までは全額損金算入、年800万円超の部分は全額損金不算入となる。もしくは支出した飲食費の50%を損金算入するか、どちらかを選択適用できる
役員の給与	定期同額給与、事前確定届出給与、一定要件を満たす業績連動給与として適正な部分は損金に算入できるが、これらのうち**不相当に高額な部分**は損金不算入
役員退職給付	**不相当に高額な部分**は損金不算入 不相当に高額かどうかの判断は、従事した期間や退職の状況、その法人と同業種同規模他社の支給状況などと比較し判断される
寄付金	指定寄付金等は全額損金算入とされるが、特定公益増進法人等に対する寄付金や一般の寄付金は一定額を超えた部分は損金不算入
租税公課	法人税、法人住民税、延滞税、加算税、罰科金などは損金不算入

4 減価償却の方法 頻出

資産区分に応じて、届出をすることにより償却方法が選択できます。所得税では償却資産について償却が強制されますが、法人税では**任意**となります。

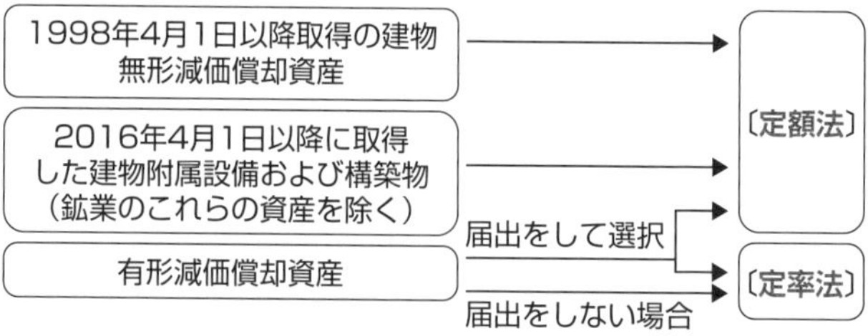

5 会社と役員の間の取引 頻出

法人と役員間の取引については、次のような制限があります。

⑴金銭の貸借

会社が役員・従業員に金銭を貸し付ける場合、一定の適正利率を下回る金利で貸し付けた場合、**通常の利子**との差額が役員・従業員の**給与**の扱いとなります。

⑵建物の賃貸

役員・従業員に貸し付けた会社所有の建物が適正賃料に満たない場合は、その差額が役員・従業員の**給与**の扱いとなります。

⑶土地建物等の譲渡

会社と役員の間で資産の譲渡があった場合、次のように取り扱われます。

		会社	役員
会社⇒役員	低額で譲渡	**時価**と実際の対価の差額は**役員給与**	**時価**と実際の対価との差額は**給与所得**
	高額で譲渡	時価との差額部分も**売却益**	時価との差額は**課税されない**
役員⇒会社	低額で譲渡	時価との差額は**受贈益**	譲渡対価が時価の2分の1以上 ⇒対価の額が譲渡収入 譲渡対価が時価の2分の1未満 ⇒**時価**が譲渡収入
	高額で譲渡	時価との差額が**役員給与**	時価との差額は**給与所得**

6 法人の青色申告

法人の青色申告承認申請書の提出期限は、原則として適用を受けようとする事業年度開始の日の**前日**となります。

〈承認の期限〉

原則 → その事業年度開始の日の**前日**

新設法人 → 次のいずれか早い日

・設立した日から**3カ月**経過した日の前日

・設立年度終了の日の前日

〈青色申告の特典〉

欠損金の繰越控除	当該事業年度の欠損金を、翌期以降10年間※にわたって、各事業年度の所得金額の計算上損金の額に算入できる。ただし、中小法人等以外の法人は各事業年度の所得の一定の割合に相当する金額が限度 ※ 2018年4月1日以後に開始する事業年度において生じた欠損金額について
欠損金の繰戻還付	当該事業年度の所得が赤字となった場合、前年度分の黒字の所得と通算して、納めすぎとなった前年度分の法人税の還付を受けることができる 2026年3月31日までに終了する事業年度は、中小法人等一定の場合を除き、適用が停止されている

⑩ 消費税

重要度 A

国内において、事業者が事業として対価を得て、資産の譲渡や貸付け、役務(サービス)の提供を行った場合に課税対象となります。これらにあてはまらない株式の配当金、個人が生活の用に供している資産の譲渡は、不課税取引です。なお、以下の取引については、非課税です。

〈主な非課税取引〉 頻出

- 土地の譲渡および貸付け(一時的な貸付けを除く)
- 住宅の貸付け
- 預貯金の利子、保険料、保証料
- 郵便切手・商品券・プリペイドカード等の販売
- 有価証券の譲渡
- 社会保険等の法律に基づいて行われる役務の提供等
- 行政手数料

1 納税義務者

基準期間の課税売上高が1,000万円以下の事業者※1には、消費税の納税義務がありません。消費税の納税義務がある事業者を課税事業者、納税義務がない事業者を免税事業者といいます。

新規開業の場合、事業開始1年目、2年目は基準期間がないため免税事業者となりますが、資本金1,000万円以上の新設法人の場合は、当初2年間も免税事業者とはなりません。

2013年1月1日以後に開始する**個人事業者**のその年、または**法人**のその事業年度においては、前年の1月1日から6月30日までの課税売上高※2または前事業年度開始の日から6カ月間の課税売上高※2が**1,000万**円を超える事業者については、免税事業者となりません。

※1 インボイス発行事業者は、基準期間の課税売上高が1,000万円以下となった場合でも免税事業者とはならない

※2 給与等の支払額の合計額により判定可能

基準期間※		
前々年（前々年度）	前年（前年度）	本年（本年度）

この年の売上が　　　　　　　　　　　　この年に

1,000万円以下 ──→ 消費税の納税義務なし

1,000万円超 ──→ 消費税の納税義務あり

※ 個人事業主の場合…その年の前々年、法人の場合…前々事業年度

2 消費税額の計算

①原則課税

売上時に受け取った消費税額－**仕入時**に支払った消費税額
＝納付する消費税額（マイナスの場合は**還付税額**）

②簡易課税

基準期間における課税売上高が**5,000万**円以下の事業者が、消費税の**簡易課税制度選択**届出書を提出した場合に、簡易な計算で納付税額を計算することが認められています。簡易課税制度を選択した場合は、**2年間**変更することができません。

納付すべき消費税額
＝課税売上高×（1－みなし仕入率）×税率

3 申告と納付

消費税の申告と納付の期限は原則として以下のとおりです。

法人　⇒　事業年度終了後**2**カ月以内

個人　⇒　翌年**3**月**31**日

タックスプランニング

学習日 /

① 我が国の税制

/ 1

Q 01 所得税と法人税は国税である。

② 所得税の仕組み

/ 3

Q 02 所得税では、所得を性質によって15種類に分類し、それぞれの所得ごとに定められた計算方法により所得の金額を計算する。

Q 03 居住者のうち、非永住者とは日本国籍がなく、かつ過去10年以内に国内に住所または居所があった期間が合計5年以下の者である。

Q 04 納税者本人の生活に供されていた動産の譲渡による所得は、所得税の非課税所得となる。

③ 10種類の所得

/ 16

Q 05 一時所得の金額は「総収入金額－収入を得るために支出した金額－特別控除額(50万円)」である。

Q 06 公募公社債投資信託の収益分配金は、申告不要か申告分離課税を選択することができる。

過去問チェック! [2022-5]

Q 合計所得金額は、損益通算後の各種所得の金額の合計額に、純損失や雑損失の繰越控除を適用した後の金額である。

勉強のコツ❶

所得の種類は10種類あります。所得がどの所得に該当するかをしっかりと押さえましょう。

A 01 ○ 相続税、贈与税なども国税である。

A 02 × 所得税の所得は10種類に分類される。
頻出

A 03 ○ なお、非永住者の課税については、国内で発生した所得と、国外で発生した所得のうち国内で支払われたものまたは国外から送金されたものに対して課税される。
頻出

A 04 ○ ただし、1個または1組の価額が30万円を超える宝飾品や骨董、美術工芸品等に該当する場合は課税所得となる。

A 05 ○ 一時所得の金額は他の所得と合算して総合課税とする際に、その2分の1の金額を算入する。
頻出

A 06 ○ 公社債投資信託の収益分配金は所得税・住民税(20.315%)が源泉徴収されるが、その後は申告不要か、申告分離課税として上場株式等・特定公社債等の売却損・償還損と損益通算することができる。

A × 合計所得金額は、純損失や雑損失の繰越控除を適用する前の金額である。

基本

Q 07 公社債の利子は配当所得である。

Q 08 配当所得の源泉徴収税率は20.315％（所得税15.315％・住民税5％）である。

Q 09 配当所得の計算をする際には、株式等の取得のために借入れをした場合、その借入金の利子を差し引くことができる。

Q 10 個人事業主が事業所得の計算の際に減価償却費を計算する場合、定額法と定率法のいずれかを選択できるが、税務署への届出がない場合は、原則定率法となる。

Q 11 白色申告者の場合、取得価額20万円未満または使用可能期間が1年未満の資産は、通常の減価償却を行わず、取得した年に一括で必要経費に算入することができる。

Q 12 ゴルフ会員権の譲渡にかかる譲渡所得は、分離課税となる。

Q 13 株式等の譲渡については分離課税とされるが、土地・建物等の譲渡は総合課税とされ、超過累進税率が適用される。

Q 14 退職所得および一時所得は、申告分離課税の対象となる。

過去問チェック! ［2023-9］

Q 会社員が勤務先から無利息で金銭を借り入れたことにより生じた経済的利益は、雑所得となる。

A 07 ×

公社債の利子は利子所得となる。

A 08 ○

2014年以降は、20.315%（所得税15.315%・住民税5%）となっている。

A 09 ○

配当所得の金額は「配当収入－株式等取得のための負債利子」で計算できる。

A 10 ×　頻出　ひっかけ

税務署への届出がない場合は、原則として定額法となる。また、1998年4月1日以降に取得した建物や、2016年4月1日以降に取得した建物附属設備および構築物も定額法で計算する。

A 11 ×

取得した年に一括で必要経費に算入できる少額減価償却資産は、取得価額10万円未満、もしくは使用可能期間1年未満である。

A 12 ×

譲渡所得のうち、土地・建物等の譲渡と株式等の譲渡は分離課税とされるが、それ以外は総合課税となる。

A 13 ×　頻出　ひっかけ

土地・建物等の譲渡は分離課税とされ、長期譲渡の場合と短期譲渡の場合で税率が異なる。

A 14 ×　頻出

退職所得は申告分離課税であるが、一時所得は総合課税となる。

A ×

会社から無利子で金銭を借り入れた等の経済的利益や、現物支給なども給与所得となる。

基本

Q 15 □□□

勤続年数20年超の退職所得控除額は「800万円＋40万円×（勤続年数－20年）」で計算される。

Q 16 □□□

給与所得の金額は、原則として「給与収入－給与所得控除額」で求められる。

Q 17 □□□

2024年分の所得税の計算において給与収入120万円の場合の給与所得は55万円である。

Q 18 □□□

一時所得の金額と土地・建物・株式等以外の譲渡所得の金額はそのすべての金額を2分の１にして他の所得と合算して総合課税とする。

Q 19 □□□

山林を伐採または譲渡した場合の所得は他の所得とは切り離して分離課税され、5分5乗方式で税額を計算する。

Q 20 □□□

確定給付企業年金、確定拠出企業年金から老齢給付として年金を受け取った場合は、公的年金等以外の雑所得となる。

4 損益通算

／6

Q 21 □□□

一時所得の計算上生じた損失は、他の所得の金額と損益通算することができる。

過去問チェック! [2022-9]

Q 個人による不動産の貸付けが事業的規模である場合、その賃貸収入による所得は、事業所得に該当する。

A 15 ×　頻出

勤続年数20年超の場合の退職所得控除額は「800万円＋70万円×（勤続年数－20年）」である。

A 16 ○

給与所得控除額はその給与等の収入金額によって定められている。

A 17 ×　頻出

給与収入180万円以下の給与所得控除は収入金額×40％－10万円で55万円に満たない場合は55万円となるため、120万円－55万円＝65万円となる。

A 18 ×

一時所得の金額は2分の１にして、他の所得と合算して総合課税となる。土地・建物・株式等以外の譲渡所得のうち長期譲渡は2分の１とするが、短期譲渡は所得金額そのものを他の所得と合算して総合課税となる。

A 19 ○

所得の金額を5分の１にして、税率をあてはめて税額を計算したあとにその税額を5倍にする方式を、5分5乗方式という。

A 20 ×　頻出

確定給付企業年金、確定拠出企業年金からの老齢給付として受け取る年金は、公的年金等の雑所得となる。

（ひっかけ）

A 21 ×　頻出

損益通算できる損失は、不動産所得、事業所得、山林所得、譲渡所得から生じた損失に限られる。

A ×

事業的規模であったとしても、不動産の貸付による所得は不動産所得に該当する。

基本

Q 22 上場株式等を譲渡した場合の損失は他の上場株式等の譲渡所得とは内部通算することができるが、他の所得(申告分離課税を選択した配当所得や特定公社債等の利子・収益分配金は除く)とは損益通算ができない。

Q 23 ゴルフ会員権を譲渡した場合の損失は、損益通算することができる。

Q 24 不動産所得の金額の計算上生じた損失については、すべての損失が損益通算の対象となる。

Q 25 別荘、書画、骨董、貴金属等を譲渡した場合の譲渡損失は損益通算の対象とならない。

Q 26 青色申告者は、損益通算をしても引ききれない純損失を翌年以降5年間にわたって繰り越すことができる。

⑤ 所得控除

/10

Q 27 2024年分の所得税において、納税者と生計を一にする合計所得金額が48万円以下の配偶者がいる場合、その納税者の所得から配偶者特別控除を控除できる。

Q 28 18歳の扶養親族がいる場合の扶養控除は63万円である。

過去問チェック! [2019-9(加工)]

Q 賃貸アパートの土地および建物を譲渡したことによる譲渡所得の計算上生じた損失の金額は、給与所得の金額と損益通算できる。

A 22 頻出 ○

上場株式等の譲渡損失は、他の上場株式等の譲渡所得の中では内部通算することができるが、非上場株式の譲渡所得や他の所得と損益通算することはできない。

A 23 ×

主として趣味、娯楽、保養または鑑賞の目的で所有する不動産以外の資産は、生活に通常必要でない資産となり、損益通算できない。

A 24 頻出 ×

不動産所得の損失のうち、土地等の取得に要した負債利子は損益通算できない。

A 25 ○

生活に通常必要でない資産の譲渡損失は、損益通算の対象とならない。

A 26 ×

純損失の繰越控除は、翌年以降3年間繰り越すことができる。（ひっかけ）

A 27 頻出 ×

配偶者の合計所得金額が48万円以下の場合は配偶者控除が適用される。なお、48万円超の場合は配偶者特別控除の対象となる。（ひっかけ）

A 28 頻出 ×

扶養親族が16歳～ 18歳の場合の扶養控除額は38万円。19歳～ 22歳までが63万円。

A ×

他の不動産を同年中に売却した場合、その譲渡益と損益通算することは可能だが、給与所得など他の所得との損益通算はできない。

基本

Q 29

納税者本人が障害者の場合は障害者控除の適用があるが、扶養親族が障害者の場合には障害者控除の適用はない。

Q 30

健康増進のために服用しているビタミン剤などの購入費用は、医療費控除の対象とならない。

Q 31

美容整形の費用は医療費控除の対象となる。

Q 32

2024年分の所得税において、納税者本人の合計所得金額が1,000万円を超える場合には、配偶者控除の適用を受けることができない。

Q 33

2024年5月に契約した個人年金保険の保険料控除は最高４万円である。

Q 34

納税者が地震保険料を支払った場合の地震保険料控除は、支払った保険料の２分の１の金額(最高5万円)である。

Q 35

年末調整では、医療費控除、寄付金控除、雑損控除の適用を受けることができない。

Q 36

企業型確定拠出年金の加入者掛金を個人が支払った場合、その掛金の金額は社会保険料控除となる。

過去問チェック! ［2021-5］

Q 婚姻の届出を提出していない場合であっても、納税者が加入している健康保険の被扶養者となっており、内縁関係にあると認められる者は、他の要件を満たせば、控除対象配偶者に該当する。

A 29 ×　障害者控除は納税者本人のほか、控除対象配偶者および扶養親族が障害者の場合も適用がある。控除額は障害者1人につき27万円（特別障害者の場合40万円、同居特別障害者の場合75万円）。

A 30 ○　治療のための費用が対象となるため、健康増進のためのビタミン剤などは対象とならない。

A 31 ×　医療費控除の対象となる医療費は治療目的のものに限られる。

ひっかけ

A 32 ○　2018年分以降の所得税においては、納税者本人の合計所得金額が1,000万円を超える場合は配偶者控除の適用を受けられない。また、控除額は納税者本人の合計所得金額が900万円以下の場合は38万円、900万円超950万円以下は26万円、950万円超1,000万円以下は13万円である。

頻出

A 33 ○　2012年以降に契約した生命保険については、一般の生命保険、個人年金、介護医療保険に区分し、それぞれ最高4万円までの控除額である。

A 34 ×　支払った保険料の全額で最高5万円までである。

A 35 ○　これらの所得控除の適用を受けるためには、確定申告が必要である。

頻出

A 36 ×　企業型確定拠出年金の加入者掛金は、小規模企業共済等掛金控除となる。

A ×　控除対象配偶者となる人は民法の規定による配偶者であり、内縁関係の人は該当しない。

⑥ 税額控除 ／4

Q 37 ☐☐☐
合計所得金額が1,000万円を超えると、住宅借入金等特別控除の適用を受けることはできない。

Q 38 ☐☐☐
2024年に認定住宅を新築した場合に一定の要件を満たすと、15年間にわたり住宅借入金等特別控除の適用を受けることができる。

Q 39 ☐☐☐
住宅を新築し、2024年4月に入居した場合の住宅借入金等特別控除は年末のローン残高の0.7%が控除できる。

Q 40 ☐☐☐
住宅借入金等特別控除の適用を受ける際には確定申告が必要であるが、給与所得者については1年目より年末調整で適用を受けることができる。

⑦ 所得税の申告と納付 ／5

Q 41 ☐☐☐
確定申告により納付するべき所得税は原則として所得の生じた年の翌年の3月15日までに納付する必要がある。

Q 42 ☐☐☐
給与収入の金額が1,000万円を超える場合は、給与所得者であっても確定申告が必要である。

Q 43 ☐☐☐
給与所得者のＡさんに雑所得が30万円ある場合は、確定申告が必要である。

過去問チェック! ［2022-9］

Q 納税者が、確定申告に係る所得税について延納の適用を受けようとする場合、納期限までに納付すべき所得税額の３分の１相当額以上を納付する必要がある。

A 37 頻出

× 合計所得金額が2,000万円を超えると、住宅借入金等特別控除（住宅ローン控除）の適用を受けることはできない。

A 38 頻出

× 2024年に認定住宅を新築し入居した場合の住宅借入金等特別控除の控除期間は13年間である。なお、中古住宅の場合は10年間である。

A 39

○ 2024年4月入居の場合の控除額は年末ローン残高の0.7%である。なお、控除限度額は認定住宅かどうか、認定住宅の場合は認定の種類などによっても異なる。

A 40 頻出

× 1年目から年末調整で適用を受けることはできない。1年目は確定申告が必要であるが、2年目以降は年末調整で受けることができる。

A 41 頻出

○ 納付するべき所得税の金額は、原則として申告期限である所得の生じた翌年の3月15日までに納付する必要がある。

A 42

× 給与収入の金額が2,000万円を超える場合は確定申告が必要である。（ひっかけ）

A 43 頻出

○ 給与所得者は通常、年末調整が行われるため確定申告は必要ないが、給与所得・退職所得以外の所得が20万円を超える場合は確定申告が必要である。

A × 延納の適用を受ける場合、納期限までに納付すべき所得税額の2分の1相当額以上を納付する必要がある。

基本

Q 44 青色申告の承認を受ける場合、原則として、その承認を受けようとする年の３月31日までに、納税地の所轄税務署長に対して青色申告承認申請書を提出しなければならない。

Q 45 所得税において、事業所得者のＡさんが正規の簿記により記帳し、貸借対照表、損益計算書等を添付して青色申告を行った場合、10万円の青色申告特別控除が受けられる。

⑧ 個人住民税と個人事業税

／4

Q 46 個人住民税は申告納税方式である。

Q 47 個人住民税の賦課期日は、その年の1月1日である。

Q 48 個人の住民税において、給与の支払者が特別徴収税額通知書に基づき、1月からその年の12月までの12回に分けて給与から差し引き、納付する方法を特別徴収という。

Q 49 住民税を計算する際の所得控除のうち基礎控除と社会保険料控除、医療費控除は所得税の所得控除と同じ金額であるが、扶養控除と配偶者控除、配偶者特別控除の金額は異なる。

過去問チェック！ ［2023-9］

Q 青色申告者は、仕訳帳、総勘定元帳その他一定の帳簿を原則として10年間保存しなければならない。

A〈44〉 ×

原則として、承認を受けようとする年の3月15日までに提出する必要がある。

A〈45〉 ×

頻出

所得税において、事業所得者または事業的規模の不動産所得者が正規の簿記により記帳し、貸借対照表、損益計算書等の書類を添付して申告した場合の青色申告特別控除は、原則として55万円である(e-Taxを利用するなど一定の条件を満たす場合は65万円)。

A〈46〉 ×

個人住民税は賦《ふ》課《か》課税方式である。

A〈47〉 ○

賦課期日とは課税される基準となる日で、個人住民税はその年の1月1日現在で日本国内に住所がある者に対して課税される。

A〈48〉 ×

頻出

個人の住民税の特別徴収では特別徴収税額通知書に基づいて、6月から翌年5月までの12回に分けて徴収して納付する。

A〈49〉 ×

基礎控除は所得税の所得控除の金額と異なる。合計所得金額が2,400万円以下の場合、住民税の基礎控除は43万円で、所得税の基礎控除は48万円である。

A ×

青色申告者は、日々の取引を記帳し、その帳簿を保存する必要があるが、帳簿の保存期間は7年(一定の書類は5年)である。

9 法人税

/10

Q 50 □□□
法人税の課税対象となる所得の金額は、その対象となる事業年度の益金の額から損金の額を差し引いて計算する。

Q 51 □□□
法人税法上の所得金額は、確定した決算に基づく会計上の利益をもとに、申告調整を行い計算される。

Q 52 □□□
法人税の確定申告書の提出期限は、各事業年度終了の日の翌日から1カ月以内である。

Q 53 □□□
2024年4月1日以後開始の事業年度について、資本金1億円以下の中小法人に適用される法人税の税率は一律である。

Q 54 □□□
法人が配当等を受けた場合、企業会計では収益に計上されるが、法人税法では一定の算式で計算された金額は益金には算入しない。

Q 55 □□□
2024年4月に開始する事業年度については、資本金1億円超の法人（資本金の額等が100億円超の場合を除く）が支出する交際費の額のうち、飲食のために支出する費用の額の50%を損金の額に算入することができる。

Q 56 □□□
交際費は原則として損金不算入となるが、1人あたり15,000円以下の一定の飲食費は、交際費から除外される。

過去問チェック! ［2022-1］

Q 役員退職給与を損金の額に算入するためには、所定の時期に確定額を支給する旨の定めの内容に関する届出書をあらかじめ税務署長に提出しなければならない。

A 50 ○ 法人税の課税所得を求める際は、益金から損金を差し引いて求める。益金と収益、損金と費用は必ずしも一致しない。

A 51 ○ 申告調整とは、決算上の当期純利益を基本に、企業会計と法人税の異なる部分を調整することをいう。

ひっかけ

A 52 × 頻出 各事業年度の終了の日の翌日から2カ月以内に、所轄税務署長に確定申告書を提出する必要がある。

A 53 × 資本金1億円以下の普通法人に適用される法人税の税率は、所得金額のうち800万円以下の部分と、800万円超の部分で異なる。

A 54 ○ 配当金は、法人税が課税されたあとの利益を分配しているため、その配当金を受け取った法人に法人税を課税すると、二重に課税することになる。そのため、受取配当金は益金に算入しないという調整をする。

A 55 ○ 頻出 なお、交際費とする飲食のために支出する金額には、専らその法人の役員、従業員等に対する接待等のために支出する費用は含まない。

A 56 × 頻出 2027年３月31日までに開始する事業年度までは10,000円以下の一定の飲食費が、損金不算入となる交際費から除外される（なお、2024年３月31日までに支出したものは1人あたり5,000円以下である）。

A × 役員の退職給与は、従事した期間や退職の状況、同業種同規模の他の法人の支給状況などから相当と認められる金額は損金算入となる。

基本

Q 57 □□□ 法人が納付した租税公課のうち、固定資産税、都市計画税は損金に算入される。

Q 58 □□□ 法人税では、減価償却資産の償却義務がなく、任意である。

Q 59 □□□ 法人税では、法人が減価償却の方法を選択しなかった場合、定額法となる。

⑩ 消費税

／6

Q 60 □□□ 国内において事業者が事業の用に供する建物の譲渡を行った場合、消費税の課税取引となる。

Q 61 □□□ 所有している株式について配当金を受け取った場合、消費税が課税される。

Q 62 □□□ 健康保険法、国民健康保険法などによる医療については消費税は非課税とされる。

Q 63 □□□ 基準期間における課税売上高が3,000万円以下の事業者は消費税の免税事業者となる。

Q 64 □□□ 基準期間における課税売上高が6,000万円以下の事業者は消費税の簡易課税制度を選択することができる。

Q 65 □□□ 消費税の簡易課税制度を選択した事業者は、1年を経過すれば変更することができる。

過去問チェック! [2020-9]

Q 消費税の課税事業者が行う金融商品取引法に規定する有価証券の譲渡は、非課税取引に該当する。

A 57 ○ 印紙税、自動車税なども損金算入となる。

A 58 ○ 個人の所得税では減価償却資産については、償却が強制となる。

A 59 頻出 × 個人の場合は償却方法を選択しない場合、定額法となるが、法人の場合は定率法となる。 ひっかけ

A 60 頻出 ○ 国内において事業者が事業として対価を得て、資産の譲渡、資産の貸付け、役務の提供を行う場合などは、消費税の課税対象となる。

A 61 × 株式の配当金については、消費税は課税されない。

A 62 ○ なお、美容整形や差額ベッドの料金などについては、非課税取引とはならない。

A 63 頻出 × 基準期間における課税売上高が1,000万円以下の事業者は一定の場合を除き免税事業者となる。

A 64 × 基準期間の課税売上高が5,000万円以下の事業は簡易課税制度を選択できる。 ひっかけ

A 65 × 簡易課税制度を選択した場合は、2年間は変更することができない。

A ○ 株式や債券、投資信託などの有価証券の譲渡は「消費」という概念ではなく、消費税は非課税とされる。

Q&A 重要

第4章

タックスプランニング

学習日 ／

① 所得税の仕組み

／4

Q 01 個人からの贈与によって得た所得は贈与税の対象となるため所得税は非課税である。

Q 02 所得金額を計算する際の収入金額は、その年に収入として実際に受け取った金額であり、原則、年末における未収入の売上代金などは含まれない。

Q 03 非永住者以外の居住者については、すべての所得に対して所得税が課税される。

Q 04 個人事業者が、棚卸資産に損害を受けた場合に支払いを受ける保険金は非課税である。

② 10種類の所得

／17

Q 05 不動産所得を計算する際、新たに取得した賃貸用アパートの建物にかかる減価償却費は定額法により計算され、その全額が必要経費に算入される。

Q 06 土地を貸し付ける際に受け取った権利金で、土地の時価の50%を超える場合は不動産所得となる。

Q 07 配当所得を確定申告する際、申告分離課税を選択した場合、配当控除の適用が受けられる。

過去問チェック！ [2019-1]

Q 所得税は、国や地方公共団体の会計年度と同様、毎年4月1日から翌年3月31日までの期間を単位として課される。

勉強のコツ❷

法人税や消費税の基本的な仕組みを理解したうえで、損金算入の可否、会社と役員間の取引などの頻出項目を重点的に押さえておきましょう。

A 01 ○ なお、法人からの贈与は一時所得として所得税の課税対象となる。

A 02 頻出 × 実際に受け取っていなくても、収入が確定した時点で計上する。そのため未収入の売上代金もその年における収入金額となる。

A 03 ○ 国内源泉所得だけでなく、国外源泉所得についても課税される。

A 04 × 棚卸資産を売って代金を受け取ることと同じと考えられ、課税される。

A 05 ○ 1998年4月1日以後に取得した建物については、定額法となる。

A 06 頻出 × 土地の時価の50%を超える場合は譲渡所得となる。

A 07 頻出 × 配当控除の適用が受けられるのは、総合課税を選択した場合のみである。

A × 所得税は1月1日から12月31日の1年間の所得に対して課される税金である。

重要

Q 08

事業所得で必要経費となる売上原価を計算する場合、小売業などの場合は「期首商品棚卸高－当期商品仕入高－期末商品棚卸高」で計算される。

Q 09

生計を一にする親族に対する給与は通常必要経費とはならないが、不動産所得があり青色申告をする場合には事業的規模であるかどうかにかかわらず、青色事業専従者控除の適用が受けられる。

Q 10

賃貸しているアパートに対しての火災保険（満期返礼金付）の積立保険料に相当する部分は必要経費とはならない。

Q 11

実際に支給をしているかどうかにかかわらず、届出をした青色事業専従者給与の額は、その全額が必要経費に算入される。

Q 12

上場株式等を売却して損失が生じた場合、同じ年に生じた上場株式等の売却益と相殺しても損失が残った場合、翌年以降に繰り越すことはできない。

Q 13

年収850万円を超える給与所得者に23歳未満の扶養親族がいる場合、総所得金額を計算する際に、給与所得から一定の所得金額調整控除額を控除できる。

Q 14

Aさんは定年退職で2,300万円の退職一時金を受け取った。Aさんの勤続期間は37年4カ月である。Aさんの退職所得は120万円である。

過去問チェック！ [2021-9]

Q 賃貸用土地および建物の取得者が、当該土地および建物を取得した際に支出した仲介手数料は、その支払った年分の不動産所得の金額の計算上、全額を必要経費に算入することができる。

A 08 ×
「期首商品棚卸高＋当期商品仕入高－期末商品棚卸高」で計算される。

A 09 ×
不動産所得者について青色事業専従者控除が認められるのは事業的規模で行っている場合のみである。

A 10 ○
賃貸アパートに対しての火災保険の保険料は、不動産所得の計算上、必要経費となるが、満期返戻金のある契約で積立保険料に相当する部分は資産として扱われ、必要経費とはならない。

A 11 ×
頻出
必要経費となるのは届出をした額のうち、実際に支払った額である。
ひっかけ

A 12 ×
頻出
相殺しても引ききれない損失がある場合は確定申告をすることで、翌年以降3年間にわたり株式等の売却益と相殺することができる。

A 13 ○
その年の給与等の収入が850万円を超える給与所得者が、①本人が特別障害者②23歳未満の扶養親族を有する者③特別障害者である同一生計配偶者または扶養親族を有する者、のいずれかに該当する場合、総所得金額を計算する際に以下の所得金額調整控除額を給与所得から控除できる。
{給与等の収入金額(1,000万円超の場合は1,000万円)－850万円}×10%

A 14 ○
頻出
退職所得は「(退職金収入－退職所得控除額)×1/2」で計算される。退職所得控除額は勤続20年超の場合、「800万円＋70万円×(勤続年数－20年)」で計算される。またこのときの勤続年数で1年未満の端数は切り上げて計算される。

A ×
土地・建物を取得する際に支払った仲介手数料は必要経費とはならず、取得費に含められる。

重要

Q 15 退職一時金が支給される際に「退職所得の受給に関する申告書」を提出していない場合は、所得税と住民税が源泉徴収されないため、自身で確定申告をする必要がある。

Q 16 個人事業主の所得を計算する際、商品の配達に使用する車両を売却した所得は、原則として譲渡所得となる。

Q 17 土地・建物・株式等以外の一般の資産を譲渡した場合に差し引くことができる特別控除額(50万円)は、同じ年に短期譲渡と長期譲渡がある場合、まず長期譲渡から差し引き、引ききれない額がある場合に短期譲渡から差し引く。

Q 18 譲渡所得の金額を計算する際に、総収入金額から差し引く取得費がいくらであるか不明な場合は、収入金額×5%を取得費として計算することができる。

Q 19 2019年5月に取得した土地を2024年6月に譲渡した場合は、土地・建物等の譲渡のうち長期譲渡となる。

Q 20 2024年に64歳のＡさんが1年間で老齢厚生年金を100万円受け取った場合(このほかの年金収入はないとする)の公的年金等の雑所得は、40万円である。

過去問チェック! [2021-9]

Q 収入のない専業主婦(夫)が金地金を売却したことによる所得は、譲渡所得となる。

A 15 × 頻出

「退職所得の受給に関する申告書」を提出していない場合は、一律20.42%が源泉徴収される。源泉徴収された税額は確定申告することで所得税額の精算をすることができる。

A 16 ○

個人事業主が事業用の資産を譲渡した場合は原則として、譲渡所得となる。

A 17 ×

まず短期譲渡所得から差し引き、引ききれない額を長期譲渡より差し引く。

ひっかけ

A 18 ○

取得費が不明な場合以外に、実際の取得費が収入金額×5%より少ない場合は収入金額×5%として計算しても良い。

A 19 × 頻出

土地・建物等を譲渡した場合は、譲渡した日の属する年の1月1日で所有期間が5年を超える場合に長期譲渡とされる。設問の場合、2019年5月に取得していることから、2024年1月1日の時点では5年を超えていないため短期譲渡となる。

A 20 ○

65歳未満の公的年金等控除額は公的年金等の収入金額が130万円未満の場合、60万円である。Aさんの公的年金等の雑所得は「100万円－60万円＝40万円」となる。

A ○

金地金を売却してもうけがあった場合は、原則として譲渡所得として課税されるため、一定の場合確定申告が必要となる。

重要

Q 21

Aさんは養老保険が満期となり300万円受け取った。Aさんがこの保険に支払った保険料総額は230万円である。この場合、この年のAさんの一時所得金額は10万円である。
（これ以外にこの年に一時所得に該当する所得はないとする）

③ 損益通算

/2

Q 22

Aさんに次の所得があった場合、損益通算後の総所得金額は50万円となる。
不動産所得　▲200万円
（うち土地の取得にかかる負債利子　30万円）
事業所得　　300万円
一時所得　　▲50万円

Q 23

不動産所得での損失を損益通算する際、借入金と手持ち資金で土地と建物を同時に取得していた場合は、借入金はまず建物の取得に充てたとし、残った金額を土地の取得に充てたとして土地等の取得に要した負債利子を計算する。

④ 所得控除

/11

Q 24

雑損控除の対象となる資産は自宅や家財等の生活に通常必要な資産であるため、店舗に受けた損失は対象とはならない。

Q 25

住宅や家財等が災害によって損害を受けた場合には、雑損控除と災害減免法の両方の適用が受けられる。

過去問チェック! ［2021-9(加工)］

Q 不動産の貸付けが事業的規模でない場合において、その貸付けによる不動産所得の金額の計算上生じた損失の金額は他の所得の額と損益通算できる。

A 21 ×
頻出
実技

一時所得の金額は「総収入金額－収入を得るために支出した金額－特別控除額（50万円）」で計算する。Aさんの場合は「300万円－230万円－50万円＝20万円」である。

A 22 ×
頻出
実技

一時所得の損失と、不動産所得の損失のうち土地の取得にかかる負債利子は、損益通算ができない。そのため損益通算できるのは不動産所得の損失のうち土地にかかる負債利子の30万円を除いた▲170万円となり、事業所得の300万円と通算するとAさんの総所得金額は130万円となる。

A 23 ○

借入金をまず建物の取得に充てたとし、残りを土地の取得に充てたとすることで、納税者が有利になるように計算することができる。

A 24 ○

30万円超の書画、骨董、貴金属や別荘など生活に通常必要でない資産についても、対象とならない。なお、被災事業用資産の損失は必要経費となり、その年で控除できない金額は、繰越控除することができる。

A 25 ×

ひっかけ

災害減免法と雑損控除はどちらか一方のみしか適用されない。災害減免法とは、住宅や家財等が災害によって損害を受けた場合の救済措置で、合計所得金額1,000万円以下の場合、損害額から保険金等を差し引いた金額が時価の2分の1以上となった場合に所得税の減免が受けられる。

A ○ 不動産の貸付が事業的規模でない場合でも、不動産所得から生じた損失は、他の所得の額と損益通算できる。

重要

Q26 健康診断を受けた結果、重大な疾病が発見され、引き続きその疾病の治療を行った場合の健康診断の費用は、医療費控除の対象となる。

Q27 医療費控除の対象となる医療費は、その年中に支払いが確定した金額であるため、年末の時点で未払いの医療費も支払いが確定していれば対象となる。

Q28 治療のための指圧師、マッサージ師、はり師などによる施術の費用は医療費控除の対象とはならない。

Q29 Aさんが1年間に支払った医療費が30万円で、これに対して生命保険から10万円の給付金を受け取った。Aさんの総所得金額が350万円であるとした場合、Aさんの医療費控除の金額は20万円である。

Q30 医療費控除を計算する際に医療費から差し引く「保険金等で補てんされる金額」には生命保険からの給付金のほか、健康保険の傷病手当金なども含まれる。

Q31 生計を一にする配偶者の国民年金保険料を支払った場合、その支払った金額は納税者の社会保険料控除の対象となる。

Q32 配偶者が、青色事業専従者として給与の支払いを受けている場合には、原則として、納税者は配偶者控除、配偶者特別控除の適用を受けることができない。

過去問チェック！［2022-9］

Q 納税者は、その年分の合計所得金額の多寡にかかわらず、基礎控除の適用を受けることができる。

A 26 頻出 ○ 重大な疾病が見つからず、治療をしなかった場合の健康診断の費用は医療費控除の対象とはならない。

A 27 × 医療費控除の対象となる医療費は、その年中に実際に支払った金額である。

A 28 × 治療のための施術で一般的に支出される水準を著しく超えない金額であれば対象となる。

ひっかけ

A 29 実技 × 医療費控除の額は「（医療費－保険金等で補てんされる金額）－10万円もしくは総所得金額×5％のいずれか低い金額」で計算される。Aさんの場合は30万円－10万円－10万円＝10万円となる。

A 30 × 健康保険の傷病手当金は含まれない。その他、出産手当金も含まれない。なお、出産育児一時金は含まれる。

A 31 頻出 ○ 社会保険料控除は納税者と生計を一にする親族の社会保険料を支払った場合も対象となる。

A 32 頻出 ○ なお、扶養親族が青色事業専従者として給与の支払いを受けている場合も、扶養控除の適用は受けることができない。

A × 納税者本人の合計所得金額が2,500万円を超える場合、基礎控除の適用を受けることはできない。

重要

Q 33 所得税において、生計を一にする合計所得金額が48万円以下の20歳と18歳と14歳の子どもがいる場合、適用できる扶養控除の金額の合計は139万円である。

Q 34 配偶者控除の対象となっている配偶者が年の途中で死亡した場合、納税者はその年の配偶者控除の適用を受けることはできない。

⑤ 税額控除

／7

Q 35 課税総所得金額が800万円で、配当所得の金額が50万円の場合、配当控除の金額は２万５千円である。

Q 36 店舗併用住宅の場合、床面積の２分の１以上に相当する部分が専ら居住の用に供されていなければ、住宅借入金等特別控除の対象とはならない。

Q 37 住宅借入金等特別控除の適用を受けて３年目の者が、転勤等やむを得ない事由により、この特別控除の適用を受けられなくなったあと、２年後にその家屋に再入居した場合は、一定の要件を満たせば、再入居後13年間にわたり、この特別控除の適用を受けることができる。

Q 38 2024年中に子育て特例の対象である個人が認定住宅（認定長期優良住宅・認定低炭素住宅）を新築し入居した場合、住宅借入金等特別控除の控除対象借入限度額は5,000万円である。

過去問チェック! ［2023-5］

Q 新たに取得した住宅を居住の用に供した年に、これまで居住していた居住用財産を譲渡して「居住用財産を譲渡した場合の3,000万円の特別控除」の適用を受けた場合、住宅ローン控除の適用を受けることはできない。

A33 ×　頻出

扶養親族の年齢が19～22歳の場合は63万円、16～18歳の場合は38万円の扶養控除が受けられる。15歳以下の扶養親族に対する扶養控除は0円となっているため、設問のケースでは、63万円＋38万円＝101万円が正解である。

A34 ×

配偶者が死亡した時点で、配偶者控除の適用要件を満たしている場合には、納税者は配偶者控除の適用を受けることができる。

A35 ×

課税総所得金額が1,000万円以下の場合、配当控除の金額は「配当所得金額×10%」で計算される。そのためこのケースの場合は、「50万円×10%」となり5万円となる。

A36 ○　頻出

店舗併用住宅の場合、床面積の2分の1以上が居住用であれば住宅借入金等特別控除の対象となる。

A37 ×

再入居後、控除期間が残っている場合、残期間について住宅借入金等特別控除の適用を受けられる。

A38 ○

設問のとおり。なお、13年間にわたって控除の適用を受けた場合の最大控除額は、5,000万円×0.7%×13年＝455万円となる。

A ○

その他、居住用財産の買換え・交換の特例の適用を受けた場合も住宅ローン控除の適用を受けることはできない。

重要

Q 39 住宅借入金等特別控除の適用を受けるには、その住宅を取得した日から2カ月以内に入居し、控除を受ける年の翌年3月31日まで引き続き居住している必要がある。

Q 40 住宅借入金等特別控除の適用を受けている住宅ローンの繰り上げ返済を行い、当初の借入日からの返済期間が10年未満となってしまった場合でも、他の要件を満たしていれば、そのまま継続して住宅借入金等特別控除の適用が受けられる。

Q 41 増改築等をして住宅借入金等特別控除を適用する場合は、工事費用が100万円超で総額の2分の1以上が居住用の増改築等の費用である必要がある。

⑥ 所得税の申告と納付

／5

Q 42 確定申告により確定した税額は3月15日までに納付することが原則であるが、一定の場合は5月31日まで納付期間を延長することができる。ただし、この場合は利子税を支払う必要がある。

Q 43 青色申告承認申請書の提出をした場合、原則として、その承認を受けようとする年の翌年の2月15日までにその申請につき承認または却下の通知がなかったときは、承認があったものとみなされる。

Q 44 青色申告の承認を受けている者が備え付けるべき帳簿書類の保存期間は、原則として、7年間である。

過去問チェック! ［2021-1(加工)］

Q 青色申告者のみが適用を受けることができる所得税の青色申告の特典として、雑損失の繰越控除がある。

A 39 ×

その住宅を取得した日から6カ月以内に入居し、控除を受ける年の12月31日まで引き続き居住している必要がある。

A 40 ×

頻出

繰り上げ返済で、当初の借入日より10年未満の返済期間となってしまった場合、その後は住宅借入金等特別控除の適用は受けられない。

A 41 ○

補助金などを充てた場合、その金額は除く。

A 42 ○

納付期限までに納付するべき税額の2分の1以上を納付し、納付期限までに所轄税務署長に延納の届出をしている場合に延納が認められる。

A 43 ×

その承認を受けようとする年の12月31日までにその申請につき承認または却下の通知がなかったときは、承認があったものとみなされる。

A 44 ○

青色申告者には正確な帳簿書類を作成し、一定期間保存する義務がある。貸借対照表等の帳簿書類の保存期間は個人・法人ともに7年間である。なお、法人の欠損金の繰越控除制度（10年間※）を適用する場合には、帳簿の保存期間も10年間※となる。

※2018年4月1日以後に開始する事業年度において生じた欠損金額について

A ×

雑損失の繰越控除の適用に青色申告書の提出は要件となっていない。

重要

Q 45 更正の請求ができる期間は、当初の申告期限から2年以内である。

Q 46 所得税の確定申告をしなければならない人が死亡した場合、その相続人は、相続の開始があったことを知った日の翌日から10カ月以内に確定申告を行う必要がある。

⑦ 個人住民税と個人事業税

/1

Q 47 生活保護法の適用を受けている者は、住民税が非課税となる。

⑧ 法人税

/13

Q 48 資本金1億円超の普通法人の法人税の税率は、所得金額のうち800万円超の部分と、800万円以下の部分で異なる。

Q 49 従業員のための慰安旅行の費用は交際費となる。

Q 50 役員に対する給与で、定期同額給与、事前確定届出給与、業績連動給与に該当する場合は、損金の額に算入される。

Q 51 資本金の額が1億円以下の法人が交際費を支出した場合、支出した交際費の金額にかかわらず全額を損金の額に算入することができる。

過去問チェック! [2019-9(加工)]

Q 法人が納付した法人税の本税は、法人税の各事業年度の所得の計算上、損金の額に算入されない。

A 45 ×
更正の請求の期限は、当初の申告期限から5年以内である。
ひっかけ

A 46 ×
相続の開始があったことを知った日の翌日から4カ月以内に行う必要がある。

A 47 ○
そのほか、障害者、未成年者、寡婦などは、前年の合計所得金額が135万円以下の場合、非課税となる。

A 48 ×
資本金1億円超の普通法人に適用される法人税の税率は一律である。

A 49 ×
頻出
従業員のための慰安旅行の費用は交際費ではなく、福利厚生費などとなる。カレンダー・手帳等の物品の贈与の費用も交際費ではなく、広告宣伝費となる。

A 50 ○
定期同額給与、事前確定届出給与、利益連動給与に該当しないものや、不相当に高額な部分は損金の額に算入されない。

A 51 ×
頻出
交際費等は原則として損金不算入である。ただし、資本金1億円以下の法人については、2027年3月31日までに開始する事業年度においては、800万円までを全額損金算入か、交際費のうち飲食費の50%相当額を損金算入するかを選択適用できる。

A ○
法人税の本税は、法人税の事業年度の計算上、損金の額に算入されない。なお、固定資産税や事業所税、印紙税などは損金算入される。

重要

Q 52 法人が役員に対して支給する退職給与のうち、業務に従事した期間や退職の事情、他の法人の退職金の状況などからみて相当であると認められる金額は、損金に算入することができる。

Q 53 法人が支出した寄付金の中で、特定公益増進法人に対するものは全額損金算入となる。

Q 54 法人が支払った税金のうち、税金を滞納した場合の延滞税、所得を少なく申告した場合の加算税、交通違反などの罰科金は損金に算入される。

Q 55 会社所有の不動産を適正な時価よりも低い価額で役員に譲渡した場合、役員は時価で取得したこととされ、その適正な時価と実際の対価との差額は役員の給与所得となる。

Q 56 役員所有の不動産を適正な時価より低額で会社へ譲渡した場合、譲渡対価が時価の3分の１以上の場合は、正常取引とされて、実際の対価の額が役員の譲渡収入となる。

Q 57 新設された普通法人が青色申告の申請を行う場合の期限は、設立した日から3カ月経過した日の前日か、設立年度終了日の前日のいずれか早い日までとなる。

Q 58 法人が青色申告書を提出する場合、その事業年度に生じた欠損金を翌期以降3年間繰り越して控除することができる。

過去問チェック! [2020-9]

Q 役員が会社に無利息で金銭の貸付けを行った場合、原則として、通常収受すべき利息に相当する金額が、その役員の雑所得の収入金額となる。

A 52 ○ 頻出

不相当に高額と認められる部分の金額は、損金の額に算入されない。

A 53 ×

特定公益増進法人（日本赤十字社、社会福祉法人、認定NPO法人等の定められた団体など）に対する寄付金は、全額ではなく一定額まで損金算入となる。

A 54 ×

延滞税や加算税、罰科金などのペナルティについては損金不算入となる。

A 55 ○ 頻出

法人は時価で譲渡したものとされ、時価と実際の対価との差額は役員給与となる。

A 56 × 頻出

譲渡対価が時価の2分の1以上の場合は、対価の額が役員の譲渡収入となり、時価の2分の1未満の場合は時価が役員の譲渡収入となる。

A 57 ○

新設法人ではない場合の青色申告の申請期限は、原則その事業年度開始日の前日までである。

A 58 ×

欠損金を繰り越して控除できる期間は、2018年4月1日以後に開始する事業年度において生じた欠損金額については10年である。

A ×

低利での貸し付けについては、実際に受け取る利息が雑所得の収入となるが、無利息の場合は原則として課税されない。

重要

Q 59

法人税申告書別表四は、貸借対照表の純資産の部の一会計期間における変動額のうち、株主資本の各項目の変動事由を示す財務諸表の1つである。

Q 60

売上債権回転期間は、短いほど経営の効率や投資資金の運用の効率が良いと判断される。

9 消費税

／5

Q 61

国内において事業者が土地の譲渡を行った場合、消費税の課税取引となる。

Q 62

消費税の納税義務があるかどうかを判定する基準期間とは法人事業者の場合、課税期間の前事業年度である。

Q 63

事業を新たに開始する場合、事業開始から2年目までは基準期間がないため、原則として免税事業者となるが、資本金が1,000万円以上の新設法人については事業開始から2年間についても免税事業者とはならない。

Q 64

事業用の資産が対象となる損害保険契約から、保険事故が生じたことにより支払を受けた損害保険金は消費税の課税対象となる。

Q 65

消費税の簡易課税制度では、課税仕入れにかかる消費税を計算する際に、業種ごとに決められたみなし仕入れ率を使って計算する。

過去問チェック! [2022-9]

Q

消費税の課税事業者である個人は、原則として、消費税の確定申告書をその年の翌年3月15日までに納税地の所轄税務署長に提出しなければならない。

A 59 ×
設問は、株主資本等変動計算書の説明である。法人税申告書別表四は、決算書の当期純利益に法人税法に規定する加算または減算を行い、申告調整を行う明細書である。

A 60 ○
売上債権回転期間は、販売したあとの売上債権が回収されるまでの期間を示したものなので、この期間が短くなるほど、経営効率や投下資金の運用効率が良くなっていると判断される。

A 61 × 頻出
土地の譲渡および貸付け（一時的な貸付けを除く）は非課税取引とされる。

A 62 ×
課税期間の前々事業年度である。

A 63 ○ 頻出
資本金が1,000万円以上の新設法人については、基準期間のない当初2年間も免税事業者とはならない。また、資本金が1,000万円未満の新設法人であっても、一定の場合は免税事業者とはならない。

A 64 ×
資産の譲渡等の対価とはならず、消費税の課税対象とはならない。

A 65 ○
みなし仕入れ率は、業種により第1種～第6種まで区分されている。

A ×
消費税の申告と納付は、個人の場合、翌年３月31日までである。

第5章

不動産

要/点/整/理/

❶ 不動産の価格

❷ 不動産の取引

❸ 不動産の登記

❹ 宅地建物取引業法

❺ 法令上の制限〈1〉都市計画法

❻ 法令上の制限〈2〉建築基準法

❼ 法令上の制限〈3〉借地借家法

❽ 法令上の制限〈4〉区分所有法

❾ 法令上の制限〈5〉農地法

❿ 不動産を取得したときの税金

⓫ 不動産を保有するときの税金

⓬ 不動産を譲渡したときの税金

⓭ 不動産の有効活用

⓮ 不動産投資分析と証券化

一問一答Q＆A(基本)

一問一答Q＆A(重要)

FP技能検定2級　出題傾向と対策

「不動産の取引」「不動産に関する法令上の規制」については、複数問出題される可能性があります。借地借家法、建築基準法、都市計画法はとくに出題されることが多い傾向にあります。「居住用財産の譲渡に関する特例」については、３つの特例を正確に理解しておくことが必要です。

実技試験では、建築基準法の建蔽《ぺい》率や容積率など、計算問題も出題されます。計算式を理解したうえで、使いこなせるようにしましょう。FP協会からは、不動産登記簿など、実際の資料を見本に使った問題も出題されます。

●これまでの出題傾向

	2024年1月			2023年9月			2023年5月			2023年1月			2022年9月		
	学科	実技		学科	実技		学科	実技		学科	実技		学科	実技	
		金	協会		金	協会		金	協会		金	協会		金	協会
1 不動産の見方	1		1	2		1	1		1	2		1	2		
2 不動産の取引	2			4			3			3			2		2
3 不動産に関する法令上の規制	3	1	1	1	1	1	2	1	1	2	2	1	3	1	1
4 不動産の取得・保有に係る税金	1			1		1	1		1	1		1	1		1
5 不動産の譲渡に係る税金	2		1	1	1	1	1		1	1			1	1	
6 不動産の賃貸			1				1	2	1						
7 不動産の有効活用	1	2			1		1			1	1	1	1	1	1
8 不動産の証券化				1											
9 不動産の最新の動向															

（金：金財（個人資産相談業務）／協会：FP協会の出題数を表す）

第5章 不動産

学習日 ／

① 不動産の価格

重要度 A

1 土地の公的価格 頻出

〈4つの公的価格〉

名　称	公示価格	基準地価格	相続税評価額（路線価）	固定資産税評価額
所轄官庁	国土交通省	都道府県	国税庁	市区町村
基準日	毎年1月1日	毎年7月1日	毎年1月1日	3年ごとの基準年度の前年1月1日
公表時期	3月下旬	9月下旬	7月上旬	3～4月
使用目的	取引の指標	公示価格の補完	相続税・贈与税の課税標準	各種税金の課税標準
公示価格に対する価格割合	100%	100%	80%	70%

2 不動産の鑑定評価

不動産価格の鑑定評価では、原則として次の**3つの方法を併用**します。なお、不動産鑑定士以外の者が鑑定評価を行うことはできません。

①原価方式（積算価格を求める）

再調達原価（今、対象不動産と同じものを作る価格）－減価修正

既に完成している既成市街地の土地の評価には不向きです。

②取引事例比較法（比準価格を求める）

近隣類似地域の取引事例価格×事情補正×時点修正
×地域要因補正×個別要因補正

③収益還元法（収益価格を求める）

対象不動産が将来生み出すであろう純収益の現在価値の総和

を、還元利回りで還元して求める方法で、2つの方法があります。賃貸用不動産だけでなく自家用不動産にも適用できます。

(1)直接還元法

年間純収益÷還元利回りで求めます。

〈例〉年間純収益500万円÷還元利回り5％＝1億円

(2)DCF法

不動産保有期間中の純収益の総和の現在価値
＋保有期間終了後の売却価格(復帰価格)の現在価値

DCF法には、正味現在価値を求める**NPV法**と、内部収益率を求める**IRR法**があります。

2 不動産の取引　重要度A

1 不動産の用語

①土　地 頻出

分類＝地目、面積＝地積。土地は1筆、2筆と数えます。
登記上の地目や地積　≠　実際の現地の種類や面積
登記上の地番　≠　**住居表示**

②建　物

分類＝種類。建物は1個、2個と数えます。

2 不動産の権利

①所有権

不動産を所有し、自由に使用・収益・処分できる権利です。

②借地権

建物を建てる目的で他人の土地を使用・収益する権利で、地上権と賃借権があります。借地権は建物を登記すれば第三者に対する**対抗力**が発生します。

③抵当権

債務者(借入金の借り手)が借入金を返済できなくなったとき、債権者(金融機関などの貸し手)がその不動産を**競売**にかけて売却し、その代金から優先的に回収する権利をいいます。

3 不動産売買の注意点

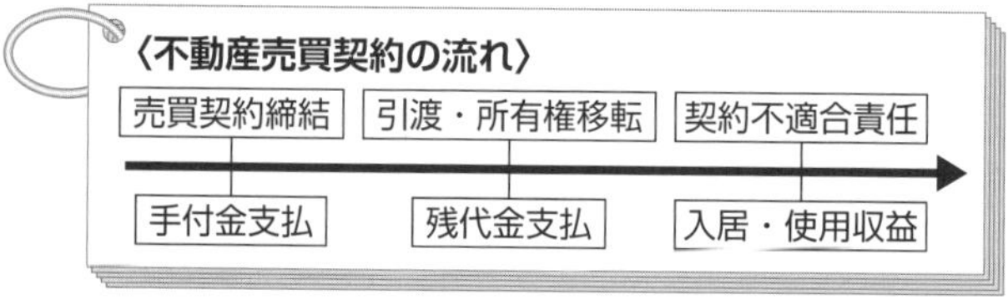

①手付金 頻出

売買契約と同時に買主が売主に支払う金銭を手付金といいます。民法では手付金は**解約手付**とみなされ、**相手方**が**契約の履行に着手する前**であれば、買主は手付金を放棄し、売主は手付金の倍額を現実に提供することで契約を解除することができます。

●手付金の額の制限

宅地建物取引業者が売主の場合、下記の上限を超える手付金を受け取るときは手付金の保全措置が必要になる。また**20%**を超える手付金を受け取ることはできない

対象不動産の状態	手付金の上限
未完成物件	売買代金の5%かつ1,000万円以下
完成物件	売買代金の10%かつ1,000万円以下

②危険負担

売買契約締結後、引き渡しまでの間に対象不動産が天災などで滅失した場合の措置です。

民法　⇒　危険負担は**売主**が負担する

③契約不適合責任

対象不動産の種類、品質、数量に契約の内容に適合しないものがあったときの措置です。

民法　⇒　買主は①修補請求②代替物請求③不足分請求のほか、**代金減額**請求や**損害賠償**請求、契約の目的が達成できなかった場合は、**契約解除**
ただし不適合が買主の責めに帰すべき事由によるものであるときは請求不可。「売主は契約不適合責任を一切負わない。」とする特約も可

〈契約不適合責任の期間〉

売主の立場	責任の対象	責任の期間
一般人	土地・建物	買主が種類または品質に関して契約不適合を知ったときから1年以内に通知 売主は契約不適合責任を負わないという特約も可能
住宅供給業者	新築住宅	引渡日から10年間
宅地建物取引業者	土地や既存住宅	引渡日から2年以上

④行為能力

未成年者が法定代理人の同意を得ないで締結した売買契約は、**法定代理人は取り消す**ことができます。成年被後見人が締結した売買契約は、**成年後見人が取り消す**ことができます。

4 不動産に関する民法

①相隣関係

土地の所有者は、境界付近における工作物の築造や修繕などを行う場合、隣地所有者等の承諾を得ることなく、必要な範囲内で隣地を使用することができます。ただし、目的や日時などを通知する必要があります。

②所在等不明共有者がいる場合の変更・管理

所在等不明共有者がいる場合には、裁判所の決定を得て、一定の保存行為を行うことができます。

④財産管理制度

所有者不明の土地や建物について、利害関係人の請求によって裁判所が管理人を選任することができます。

3 不動産の登記　重要度B

不動産は土地1筆、建物1個ごとに法務局(登記所)の不動産登記簿に記載されています。

1 不動産登記簿

〈登記簿の構成〉頻出

登記の種類	記載位置	登記の内容
表示に関する登記(義務)	表題部	不動産を特定する概要 (所在地・種類・面積・構造など)

権利に関する登記(任意)	権利部 甲　区	所有権に関する事項(差押え・買戻し特約など)
	権利部 乙　区	所有権以外の権利に関する事項(賃借権・抵当権・地上権など)

2 登記の効力

乙区の抵当権は、**仮登記**がなされている不動産についても設定することができます。権利に関する登記の抹消は、**利害関係**がある第三者がいる場合はその**承諾**が必要となります。

対抗力 → ○　登記すれば第三者に自分の権利を主張できる

公信力 → ×　登記内容は真実とは限らないので、登記を信じて、その相手方と取引しても保護されない

3 登記の申請方法

申請方法には、①法務局へ出頭、②郵送、③インターネットオンライン申請の3つがあります。

オンライン申請による登記が完了すると、12桁の英数字が記載された**登記識別情報**が交付されます。登記識別情報は再発行はできません。

なお、本登記の要件が完備していない場合は、登記の順位を確保するために**仮登記**を申請することができます。仮登記は要件が**完備**したとき本登記とすることができます。

4 法務局にあるその他の資料

公　図	土地の位置関係や地番がわかるが、精度は**低い**
14条地図	土地の**形状**や**位置関係**を比較的正確に表示
地積測量図	**測量結果**を表示した図面(全土地にはない)

5 区分所有建物の登記

専有部分の床面積は、分譲時の販売パンフレットにある**壁芯面積**ではなく、専有部分の**内法《うちのり》面積**で記載されます。

④ 宅地建物取引業法

重要度 C

1 宅地建物取引業者とは

以下のことを「業」として行うものが宅地建物取引業者です。

〈宅地建物取引業者〉
①宅地、建物を自ら**売買**、**交換**する者
②宅地、建物の売買、交換、貸借の**代理**をする者
③宅地、建物の売買、交換、貸借の**媒介**をする者

2 報酬額の制限

宅地建物取引業者が売買や交換の**媒介**をした場合、依頼者の一方から受け取ることができる報酬額の上限は、次のとおりです。

売買・交換の代金額	率
200万円以下	5.5%
200万円超400万円以下	4.4%
400万円超	3.3%

＊ 消費税および地方消費税を含む

3 媒介契約書

宅地建物取引業者に媒介を依頼する場合は**契約書**が必要です。

契約形態	複数業者への依頼	自己発見取引	指定流通機構への物件登録	業務処理状況の報告義務
一般媒介契約	○	○	義務なし	義務なし
専任媒介契約	×	○	7日以内	2週間に1回以上
専属専任媒介契約	×	×	5日以内	1週間に1回以上

＊ 媒介契約の有効期限は最長**3カ月**だが、一般媒介契約には期限はない

4 業務等

①宅地建物取引士の業務

宅地建物取引士は、宅地建物取引士証を**提示**して、**契約の締結の前まで**に重要事項説明書の記載内容を相手方に説明しなければなりません。ただし、相手方が宅地建物取引業者の場合、

説明を省略することができます。

②クーリング・オフ

宅地建物取引業者が自ら売主である場合、一定の場所で調印した売買契約は、買主がクーリング・オフの説明書面を**交付された日から8日**以内に解約の申入れをすれば解除することができます。一定の場所とは、買主の自宅や職場、売主の事務所など**以外**の場所をいいます。

③建物状況調査の説明義務

宅地建物取引業者は、既存の建物(中古住宅など)の媒介依頼者に交付する媒介契約書に、建物状況調査(建物診断)を実施する者(調査業者等)のあっせんに関する事項を記載し、説明しなければなりません。

⑤ 法令上の制限〈1〉都市計画法　重要度A

1 都市計画法　頻出

都市計画法では、以下のように区分されています。

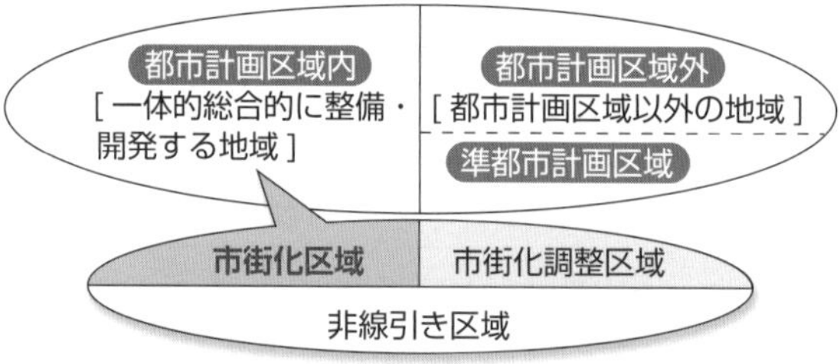

準都市計画区域とは、**都市計画区域外**で都市の整備・保全が必要と考えられる区域で、都道府県が指定します。

都市計画区域内は、**市街化区域**と市街化調整区域に線引きされています。線引きされていない地域は、非線引き区域です。

市街化区域
→既に市街地を形成している区域、およびおおむね**10年以内**に優先的かつ計画的に市街化を図るべき区域

市街化調整区域
→市街化を**抑制**すべき区域

2 開発行為

開発行為とは、建築物の建築などを目的とする一定規模以上の土地の区画形質の変更のことです。原則として**都道府県知事の許可**が必要となります。

区域区分	規制の対象規模	農林漁業用建築物等
市街化区域	原則として1,000㎡以上	1,000㎡以上
市街化調整区域	面積にかかわらず、すべて必要	不　要

6 法令上の制限〈2〉建築基準法　重要度A

1 建築基準法

①用途地域

市街化区域には、必ず用途地域を定めます。用途地域によって、建築可能な建物の用途が決められています。

	建築物の用途／用途地域	住宅・共同住宅	診療所・保育所	病院・大学	カラオケボックス	ホテル・旅館
住居系	第一種低層住居専用地域	○	○	×	×	×
	第二種低層住居専用地域	○	○	×	×	×
	第一種中高層住居専用地域	○	○	○	×	×
	第二種中高層住居専用地域	○	○	○	×	×
	第一種住居地域	○	○	○	×	△
	第二種住居地域	○	○	○	△	○
	準住居地域	○	○	○	△	○
	田園住居地域	○	○	×	×	×
商業系	近隣商業地域	○	○	○	○	○
	商業地域	○	○	○	○	○
工業系	準工業地域	○	○	○	○	○
	工業地域	○	○	×	△	×
	工業専用地域	×	○	×	△	×

敷地が異なる用途地域にまたがっている場合、**敷地の過半**を占める用途地域を敷地全体に適用します。 頻出

②防火地域 頻出

建物の防火のために、防火地域・準防火地域・指定のない地域が定められています。防火指定が異なる地域にまたがっている場合は、制限がより厳しいほうの地域の指定を敷地全体に適用します。

③敷地と道路との関係

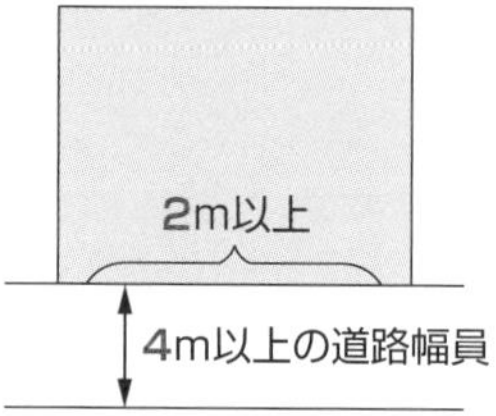

建物の敷地は原則として幅4m以上の道路に2m以上接していなければならない

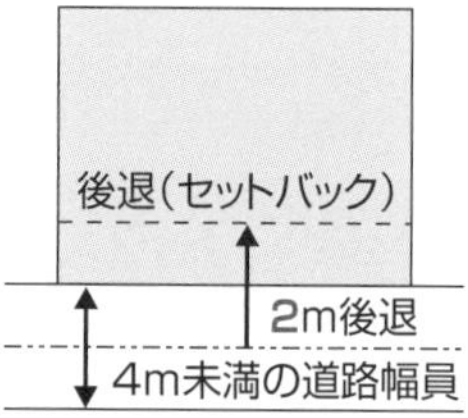

前面道路が4m未満の場合、道路中心線から2m後退したところを道路境界線とみなし、後退した部分は敷地と認められない(42条2項道路)。向かい側の敷地が河川敷などで後退できない場合は、敷地の反対側道路境界線からこちら側に4m後退する

④建蔽《べい》率 実 技

⑴建蔽率とは

建築物の敷地面積に対する建築面積の割合のことで、都市計画において指定建蔽率が定められています。

$$建蔽率(\%)=\frac{建築面積}{敷地面積}\times 100$$

⑵建蔽率の緩和措置

	敷地の条件	建築する建築物	緩　和
A	防火地域	耐火建築物	＋10%
B	特定行政庁が指定する角地	―	＋10%
C	指定建蔽率80%の防火地域	〔耐火建築物〕	〔制限なし〕
D	準防火地域	耐火建築物、準耐火建築物等	＋10%

＊ AとBの両方該当する場合は、＋20%となる

⑶建蔽率が異なる地域にまたがっている場合の措置 頻出

敷地が異なる建蔽率にまたがっている場合は、**面積按分**(加重平均)して計算します。

〈計算例〉

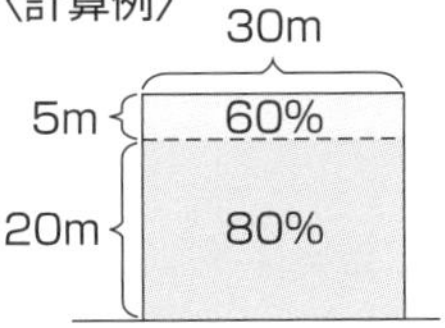

$$\frac{30\text{m}\times20\text{m}}{30\text{m}\times25\text{m}}\times80\% + \frac{30\text{m}\times5\text{m}}{30\text{m}\times25\text{m}}\times60\%$$

$=64.0\%+12.0\%$

$=$建蔽率**76.0%**

⑤容積率

⑴容積率とは

建築物の敷地面積に対する**延床面積**の割合のことで、都市計画において指定容積率が定められています。

$$容積率(\%)=\frac{延床面積}{敷地面積}\times100$$

⑵容積率の緩和措置

敷地の前面道路(2つ以上ある場合は、もっとも幅員が広い道路)が**12m未満**の場合は、以下の計算による容積率と指定容積率のいずれか少ない数値を採用します。

住居系の用途地域の場合　前面道路の幅員$\times\frac{4}{10}$

その他の用途地域の場合　前面道路の幅員$\times\frac{6}{10}$

⑶容積率が異なる地域にまたがっている場合の措置

敷地が異なる容積率にまたがっている場合は、面積按分(加重平均)して計算します(建蔽率と同様)。

7 法令上の制限〈3〉借地借家法　重要度A

1 借地借家法

借地借家法は事業用・居住用を問わず賃貸借の目的となる建物や建物所有を目的とした土地に適用されます。

①普通借地権 頻出

⑴存続期間

普通借地の契約	1回目の更新	それ以降の更新
30年間	20年間	10年間

＊ 30年間より短い契約は30年間の契約とみなす

⑵法定更新

期間が満了しても借地人が**更新**を請求し**建物**が存在すれば、従前と同条件で契約を更新したものとみなします。

借地権設定者（地主）が正当事由に基づいて遅滞なく**異議**を申し出た場合は、この法定更新は行われません。

⑶借地期間満了前の滅失

●当初借地期間内に建物が滅失した場合

借地人が建物を建築し、地主が承諾すれば承諾の日または建築の日のいずれか早い日から**20**年間存続

●更新後に建物が滅失した場合

借地人が地主の承諾なく残存期間を超えて存続する建物を新築すると、地主は解約できる

⑷建物買取請求権

借地権の期間が満了し更新をしないときは、借地人は地主に対して建物を時価で**買い取る**よう請求することができます。

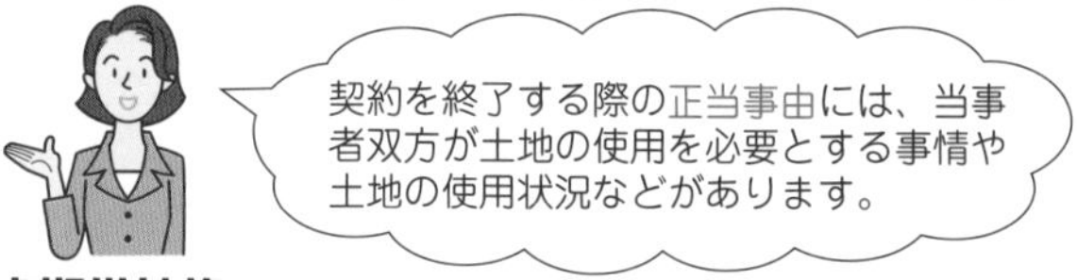

2 定期借地権

〈定期借地権の種類〉

種類／項目	一般定期借地権	建物譲渡特約付借地権	事業用定期借地権	
			更地返還型	任意型
存続期間	**50**年以上	30年以上	10年以上 30年未満	30年以上 50年未満
利用目的	用途制限 なし	用途制限 なし	事業用に限定 住宅事業は不可	
契約方法	〔書面による〕	制限なし	〔公正証書による〕	

3 普通借家権

他人の建物を使用収益できる権利を借家権といい、**建物の引渡し**を受けていれば第三者に対する対抗力が発生します。

①存続期間

普通借家権の存続期間は**１年以上**です。

１年より短い契約は期間の定めがない契約とみなされます。

②法定更新

期間が満了しても賃貸人から正当事由に基づく更新の拒否がなければ法定更新されます。

期限の定めがない契約の場合は、賃貸人は**６カ月以上前**に正当事由に基づいて解除を申し入れることができます。

③造作買取請求権

賃借人が賃貸人の同意を得て、建物に備え付けたエアコンなどの造作は、契約終了時に時価で賃貸人に買い取るよう請求できます。契約書によってこれを**排除**する定めも可能です。

4 定期借家権

借家する期間をあらかじめ定めておく借家契約で、存続期間は自由です(1年以内も可能)。

①契約の更新

更新はありません。契約終了時には、賃貸人から賃借人に**終了６カ月前まで**に通知しなければなりません。

②契約方法

・書面あるいは電磁的記録による契約
・賃貸人から賃借人に**別の書面**あるいは電磁的方法で「更新がなく期間満了で終了する旨」説明すること

③賃借人からの解除

原則解除はできませんが、以下の条件がそろえばできます。

・200㎡未満の居住用建物
・転勤・療養・親族の介護等で住み続けられないこと

④借賃増減請求権

定期借家では、期間中賃料を**増額しない**という特約は有効です。

⑧ 法令上の制限〈4〉区分所有法　重要度B

1 区分所有法

区分所有建物は次の3つの部分で構成されています。

専有部分		構造機能上独立した区分所有権の対象部分
共用部分	**法定共用部分**	専有部分以外(玄関･エレベーターなど)で区分所有者全員で所有している部分
	規約共用部分	管理人室・集会室など規約で共用部分とした部分
敷地利用権		区分所有建物の敷地に関する権利

＊ 共用部分の持ち分は、専有部分の床面積の割合で決まる
＊ 専有部分と敷地利用権は、原則として分離処分できない
＊ 敷地利用権の対象となる権利には地上権・賃借権も含まれる

①管理組合

区分所有者は全員管理組合に参加しなければなりません。管理組合は4分の3以上の決議で法人になることができます。

②規約と決議　頻出

区分所有建物では規約の設定や変更・廃止などを区分所有者の決議で決定したり、管理者(一般的には理事長)を選任・解任します。また管理者は少なくとも1年に1回以上集会を招集します。建物の建替えは、5分の4以上の区分所有者数および議決権数で決議します。

③規約の効力

専有部分の占有者(区分所有者の家族や賃借人など)については使用方法についてのみ効力が及び、管理費の支払いなどの義務はありません。

⑨ 法令上の制限〈5〉農地法　重要度C

1 農地とは

農地とは登記上の地目にかかわらず、現況で「耕作の目的に供される土地」のことをいい、「農地」と「採草放牧地」が含まれます。

2 手続き

農地について次に該当するときは、所定の手続きが必要になります。

条文	規制する内容	許可権者	市街化区域内の特例
3条許可	所有権の移転や権利の設定	〔農業委員会〕	―
4条許可	農地以外への転用	原則として知事	あらかじめ農業委員会に届出れば許可不要
5条許可	転用目的の所有権の移転や権利の設定	原則として知事	あらかじめ農業委員会に届出れば許可不要

10 不動産を取得したときの税金 重要度B

1 不動産取得税

①不動産取得税の概要 頻出

課税主体	都道府県が課税する都道府県税
納税義務者	不動産を取得した者(有償無償・登記の有無を問わない)。相続による取得は非課税
課税標準額	一般には、固定資産税評価額
税　率	4%

②4つの特例

(1)**住宅および住宅用地**　⇒　税率3%

(2)**宅地**　⇒　固定資産税評価額の2分の1

(3)**住宅**　⇒　一定の住宅は、課税標準額－1,200万円
認定長期優良住宅は、課税標準額－1,300万円

〈一定の住宅の要件〉

項　目	要　件
築年数等いずれかを満たす	・新築～築20年(耐火建築物は25年) ・新耐震基準を満たす建物は築年数を問わない ・既存住宅売買瑕疵保険に加入していること ・耐震基準を満たさない中古住宅を、所定の手続きをして耐震改修等をし、入居した場合
用　途	居住用の建物(新築なら貸家も該当)
床面積	50㎡(一戸建て以外の貸家40㎡)～240㎡まで

⑷住宅用地

45,000円または１㎡あたりの評価額×１／２×住宅の床面積の２倍（200㎡まで）×３％の多いほうを税額から控除

重要用語

新耐震基準

1981年６月１日以降の建築基準法の耐震基準をいい、不動産取得税・登録免許税・居住用財産の買換えの特例の要件になっています。

2 登録免許税

①登録免許税の概要

課税主体	国が課税する国税
納税義務者	登記を受ける者
課税標準額	所有権保存登記 ⇒ 固定資産税評価額 所有権移転登記 ⇒ 固定資産税評価額 抵当権設定登記 ⇒ 債権額（借入額） 表示に関する登記 ⇒ 非課税
税率（原則）	所有権保存登記 ⇒ 0.4％ 所有権移転登記 ⇒ 2.0％（建物）、0.4％（相続） 抵当権設定登記 ⇒ 0.4％

②一定の住宅の特例

	一般の住宅	認定長期優良住宅	認定低炭素住宅
所有権保存登記	0.15％	0.1％	
所有権移転登記	0.3％	0.1％	0.1％
抵当権設定登記	0.1％		

個人が、宅地建物取引業者により一定の増改築等が行われた住宅用家屋を取得する場合の所有権移転登記の登録免許税の税率は、0.1％となります。

〈一定の住宅の要件〉

項　目	要　件
築年数	一定の耐震基準に適合している住宅または1982年1月1日以降に新築された住宅
用　途	〔自己居住用の建物〕
床面積	50㎡以上
その他	取得後1年以内の登記に限る

3 印紙税

印紙税は代金額1万円以上の売買・請負契約書などに印紙を貼付し消印して納める**国税**です。貼付することを忘れた場合、過怠税の対象となりますが、契約書の内容は**有効**です。

4 消費税

土地の売買代金・住宅の賃料等は非課税です。

⑪ 不動産を保有するときの税金　重要度A

1 固定資産税

①固定資産税の概要

課税主体	市町村が課税する市町村税
納税義務者	**毎年1月1日時点**で固定資産課税台帳に記載された固定資産の所有者
課税標準額	固定資産税評価額
税　率	1.4%

＊ 土地や家屋、償却資産などの固定資産が課税対象となる

②新築住宅の特例

一定の住宅は、一定期間、固定資産税が**2分の1**になります。

築年数	新築に限る
用　途	居住用部分が床面積の2分の1以上
床面積	50㎡（一戸建て以外の貸家は40㎡）～280㎡以下
適用範囲	床面積のうち120㎡までの部分

〈減税の期間〉

一般の住宅　⇒　３年間
中高層耐火建築物　⇒　５年間
長期優良住宅はそれぞれ２年間延長される

③住宅用地の特例 頻出

次のように減額されます。ただし、勧告を受けた管理不全空家等や特定空家等の敷地については適用されません。

減額される土地の範囲	用地の名称	減額割合
住宅１戸につき200㎡まで	小規模住宅用地	〔１／６〕
小規模住宅用地を超える部分	一般住宅用地	１／３
住宅の床面積の10倍を超える部分	—	減額なし

2 都市計画税

都市計画事業や土地区画整理事業に充てるための**市町村税**です。原則として市街化区域内の土地建物の所有者に課税します。

課税標準額 → 固定資産税評価額
制限税率 → 最高0.3％

住宅用地の特例として、次のように減額されます。ただし、勧告を受けた管理不全空家等や特定空家等の敷地については適用されません。 改正

減額される土地の範囲	用地の名称	減額割合
住宅１戸につき200㎡まで	小規模住宅用地	１／３
小規模住宅用地を超える部分	一般住宅用地	２／３
住宅の床面積の10倍を超える部分	—	減額なし

⑫ 不動産を譲渡したときの税金　重要度A

1 譲渡所得の計算 実 技

課税譲渡所得＝収入金額－（取得費＋譲渡費用）－特別控除

●取得費

不動産を取得したときの費用(建物価格は減価償却後)。取得費が不明な場合は**収入金額の5%(概算取得費)**として計算

●譲渡費用

譲渡のとき必要となった費用(仲介手数料など)

2 税率 頻出

〈居住用財産を譲渡したときの税率〉

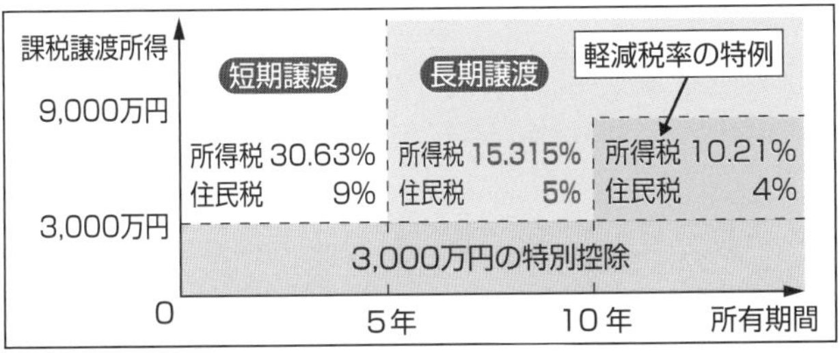

短期譲渡と長期譲渡の区分は、**譲渡した年の1月1日**時点で所有期間が**5年**を超えるかどうかで判断します。

3 居住用財産の3,000万円の特別控除 頻出

居住用財産を譲渡した場合は、課税譲渡所得金額から**3,000万円が控除**できます。所有期間にかかわらず利用できます。

①主な適用要件

- ・居住用財産であること
- ・譲渡の相手が**配偶者**や**直系**血族・同族会社など特別な関係でないこと
- ・前年、前々年に、この特例や「居住用財産の買換えの特例」「譲渡損失の繰越控除の特例」を受けていないこと
- ・住まなくなってから**3年**経過した日の属する年の12月31日までの譲渡
- ・住宅を取り壊した場合は、取り壊しの日から**1年**以内に譲渡契約していること

4 居住用財産の軽減税率の特例

1月1日現在で**所有期間10年超**の居住用財産を譲渡した場合

課税譲渡所得金額	税　率
6,000万円までの部分	所得税10.21%　住民税4%
6,000万円超の部分	所得税15.315%　住民税5%

この特例の利用には、「3,000万円の特別控除」と同様の要件が必要で、同控除との併用もできます。

5 居住用財産の買換えの特例

①特例の概要

〈居住用財産を譲渡して、一定の居住用財産に買い換えた場合〉

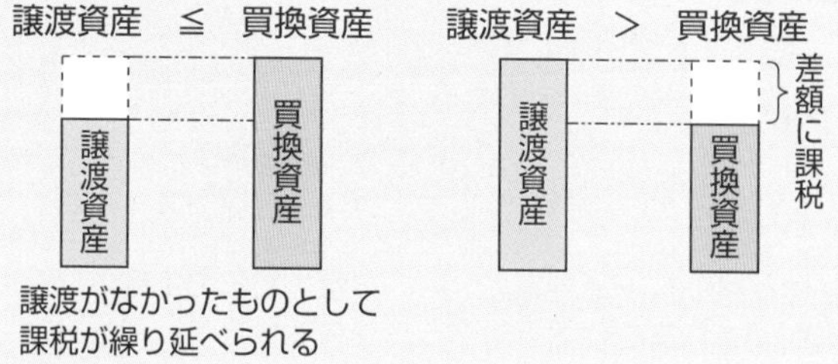

②主な適用要件

(1)譲渡資産の要件

・譲渡した年の１月１日時点で**所有期間10年超**
・通算**居住年数10年以上**　　・譲渡対価**1億円以下**
・譲渡した相手が配偶者や直系血族、同族会社など特別な関係でないこと
・前年、前々年に「3,000万円の特別控除」、「軽減税率の特例」を利用していないこと

(2)買換資産の要件

・譲渡の**前年**から譲渡の**翌年**12月31日までの**3**年間に取得すること
・取得日の翌年12月31日まで居住し継続して**居住**する見込みであること
・建物床面積50㎡以上、土地面積500㎡以内
・耐火建築物は築後25年以内または建築基準等に適合する住宅
・非耐火建築物は築後25年以内または取得期限までに建築基準等に適合する住宅
・2024年1月1日以後に建築確認を受ける住宅、または建築確認を受けない住宅で登記簿上の建築日付が2024年７月1

日以降のもので一定の省エネ基準を満たすもの

6 被相続人の居住用財産(空き家)に係る譲渡所得の特別控除

①仕組み 改正

被相続人の居住用財産を相続や遺贈によって取得した者が、その居住用財産を譲渡した場合、課税譲渡所得金額から3,000万円が控除されます。ただし、相続人が3人以上の場合は、控除額は１人当たり2,000万円となります。

②主な適用要件

・被相続人の居住用財産(1981年5月31日以前に建築された住宅に限る)で、それ以外に居住者がいなかったこと
・相続開始から譲渡までに貸付けの用または居住の用に供していたものは除く
・相続があった日から3年経過した日が属する年の12月31日までの譲渡
・譲渡の年の翌年の２月15日までに、家屋を解体するか耐震基準に適合するように改修工事すること
・譲渡対価１億円以下
・市区町村から交付された被相続人居住用家屋等確認書の提出が必要

7 居住用財産の譲渡損失の繰越控除

①繰越控除の仕組み

・譲渡した年の１月１日現在で所有期間５年を超える居住用財産の譲渡損失
・損失をその年と翌年以降３年間、他の所得から控除できる

②居住用財産の買換え等による譲渡損失の繰越控除

⑴譲渡資産の要件

・譲渡した相手が配偶者や直系血族、同族会社などではないこと
・土地等の面積のうち500㎡以内が対象

⑵買換資産の要件

・居住用部分の床面積が50㎡以上
・控除を受ける年の年末時点で住宅ローン残高(返済期間10年以上)があること
・譲渡した翌年の12月31日までに取得し、翌年末まで居住

⑶その他の要件

・控除を受ける年の合計所得が3,000万円以下など

③特定居住用財産の譲渡損失の繰越控除

⑴譲渡資産の要件

・譲渡契約の前日まで住宅ローン残高があること

⑵その他の要件

・控除を受ける年の合計所得が3,000万円以下など

⑶損失金額の計算

・実際の譲渡損失額と「住宅ローンの残高－譲渡価格」のいずれか少ないほうの金額

⑬ 不動産の有効活用　重要度C

1 土地活用の手法

方　式	仕組み	借入金
自己建設方式	土地建物とも自己所有し、計画から建築・管理運営まで自分で行う	多くの場合必要
事業受託方式	計画から運営まで開発業者のノウハウで行い、開発業者が一括で借り上げる	必　要
土地信託方式	信託銀行が土地の信託を受け、そのノウハウで建物を建築し運営	必要。信託銀行が調達
等価交換方式	「中高層耐火建築物等の買換えの特例」により、土地の一部または全部を開発業者に譲渡、開発業者が建築した建物の一部を取得する	〔不　要〕
定期借地権方式	一定期間土地を借地人に賃貸し、地代を得る。期間終了後返還	〔不　要〕

2 不動産賃貸に関する税金

①不動産所得とは

・不動産賃貸によって得られる収入 → **不動産所得**
・敷金・保証金で将来返還予定のもの → **預り金**
・借地権の設定時に授受する権利金で
　時価の2分の1超の場合 → **譲渡所得**

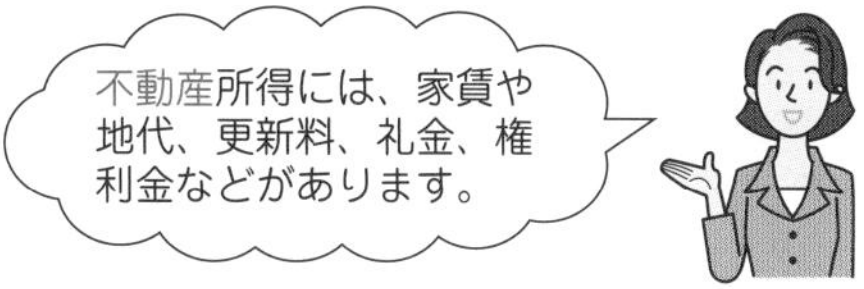

②不動産所得の計算

〈不動産所得と収支の違い〉（単位：万円）

	項目		金額	不動産所得	収支
収入	賃料・礼金など		700		
	駐車場代		100		
支出	管理費		100	○	□
	公租公課		50	○	□
	火災保険料		20	○	□
	借入金	元金部分	150	〔×〕	□
		利息部分	100	○	□
	減価償却費	建物部分	270	〔○〕	×
		設備部分	530	〔○〕	×
合計(万円)				▲270	380

○は経費として認められる項目、□は実際に支出する項目

不動産所得の赤字は、その年の他の所得の黒字と損益通算することができます。なお、不動産所得の赤字が土地取得のための借入金の利息より多い場合は、その利息分は損益通算できません。

⑭ 不動産投資分析と証券化 重要度A

1 不動産投資の分析方法

①単年度投資分析

⑴表面利回り（単純利回り）

$$表面利回り＝\frac{総収入}{投資金額}$$

⑵正味利回り（純利回り）

$$正味利回り＝\frac{総収入－運営経費}{投資金額}＝\frac{純収益(NOI)}{投資金額}$$

⑶キャッシュ・オン・キャッシュ

$$\text{キャッシュ・オン・キャッシュ}=\frac{\text{純収益}-\text{年間借入金返済額(ADS)}}{\text{自己資金}}$$

重要用語

レバレッジ効果

投資の利回りが借入金の金利を上回っているとき、借入金を利用することで(自己資金を減らして)投資利回りを上げることです。

⑷DSCR(借入金償還余裕率)

$$\text{DSCR}=\frac{\text{純収益}}{\text{年間借入金返済額(ADS)}}$$

2 長期投資分析(DCF法) 頻出

①DCF法

将来得られるであろう各年の**純収益**と、投資終了後の売却価格(復帰価格)を、期待する利回りで割り戻した現在価値の総和で投資判断をします。

(単位：万円)

投資期間	1年目	2年目	3年目	4年目	5年目	復帰価格
純収益	100	100	100	100	100	1,700
3%で割り戻した現在価値	97.08	94.25	91.51	88.84	86.26	1,466.42

合計価格1,924.36万円

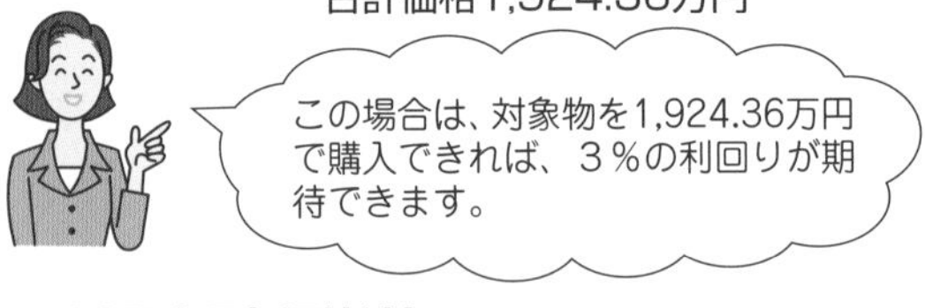

②NPV法(正味現在価値法)

DCF法のうち、前記の期待する利回りを前提として、正味現在価値を求め**投資価格**の妥当性を判断する方法です。
正味現在価値が投資額を上回れば投資**有利**となります。

③IRR法（内部収益率法）

DCF法のうち、上記の対象不動産の合計価格を前提として利回りを求め、**投資利回り**の妥当性を判断する方法です。
収益率が期待利回りを上回れば投資**有利**となります。

3 不動産の証券化 頻出

住宅・オフィス・商業施設などの不動産を担保にした証券を発行することで、投資額の**少額化と流動性を確保**した投資商品にすることを不動産の証券化といいます。
代表的な不動産証券化商品が、**不動産投資信託**（J-REIT）で、証券取引所に上場しています。

①J-REITの仕組み

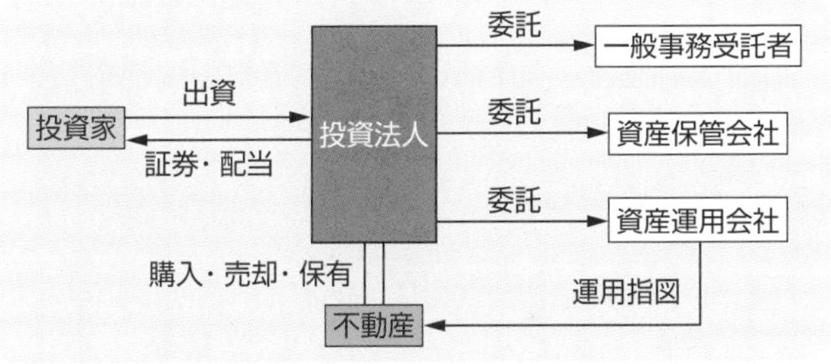

- 投資法人は配当可能利益の**90%超**を分配金として支払うことで、**法人税非課税**等の優遇措置を受けることができる
- 投資法人は借入れによる資金調達をして出資額以上の投資も可能になる
- 投資法人は保有不動産の運用などの各業務を専門の運用会社に委託している

②J-REIT投資の特徴

- 投資口価格の上昇によるキャピタルゲインと分配金によるインカムゲインが得られる
- 個人投資家への分配金は、税務上**配当所得**となり、投資口譲渡による所得は**上場株式の譲渡所得**とされる
- 少額でも投資が可能で、証券取引所での売買も容易

Q&A 基本　第5章

不動産

学習日 ／

① 不動産の価格　／4

Q 01　国土交通省土地鑑定委員会が公表する公示価格は、毎年1月1日を基準日とした土地の価格である。

Q 02　固定資産税評価額は、3年ごとの基準年度の前年の1月1日の土地の価格を都道府県が公表するものである。

Q 03　鑑定評価において収益還元法で収益価格を求める方法には、直接還元法とNPV法の2つがある。

Q 04　原価法は、再調達原価から減価修正して算出される積算価格を求めるものである。

② 不動産の取引　／5

Q 05　登記上の地積や地目は、現況と一致しないことがある。

Q 06　借地権とは、他人の土地を自由に使用・収益できる権利で、必ずしも土地上に建物を所有する必要はない。

Q 07　不動産売買契約において、買主は相手方が契約の履行に着手する前であれば、手付金を放棄して契約を解除することができる。

過去問チェック!［2022-5］

Q　登録免許税は、建物を新築した場合の建物表題登記であっても課される。

勉強のコツ❶

都市計画法や建築基準法など、不動産に関連する法令については、学科、実技ともに頻出項目です。

A 01 ○ 国土交通省の土地鑑定委員会が毎年1月1日の価格を3月下旬に公表する。

A 02 × 固定資産税評価額は、3年ごとの基準年度の前年の1月1日を基準として市町村が公表するものである。

A 03 × 収益還元法には、直接還元法とDCF法の２つがある。NPV法はDCF法の１つである。（ひっかけ）

A 04 ○ 原価法は、積算《せきさん》価格を求めるものである。再調達原価が把握できない既成市街地の評価にはむかない。

A 05 頻出 ○ 登記は申請主義のため、地積や地目に変更があったとしても、申請されなければそのまま残るため、現況と一致しないこともある。

A 06 × 借地権とは、建物所有を目的として他人の土地を使用・収益できる権利である。

A 07 ○ 相手方が契約の履行に着手していなければ、自らが着手していたとしても解除することができる。

A × 建物の表題登記をすることは義務とされており登録免許税はかからない。

基本

Q 08

民法では、不動産売買契約において買主は種類または品質に関する契約不適合を知ったときから1年以内に通知しておけば、売主に対して損害賠償請求等をすることができる。

Q 09

宅地建物取引業者が自ら売主の場合、契約不適合責任は不動産引渡日から2年間とする契約ができる。

③ 不動産の登記

／5

Q 10

差押えや買戻特約に関する事項は、登記簿の権利部甲区に掲載される。

Q 11

不動産登記には公信力があるが対抗力はない。

Q 12

法務局に備え付けられている公図は、土地の位置関係を表しているが、寸法などの精度は低い。

Q 13

区分所有建物の登記において、専有部分の面積は壁芯面積で記載される。

Q 14

不動産の登記を申請し登記が完了すると「登記識別情報」が発行されるが、これを紛失した場合は、再発行の申請をしなければならない。

④ 宅地建物取引業法

／2

Q 15

宅地建物取引業者が3,000万円の土地売買契約の媒介を行った場合、依頼者の一方から受領する報酬の限度額は105.6万円(税込)である。

過去問チェック! [2022-5]

Q

不動産の登記記録において、土地の所有者とその土地上の建物の所有者が異なる場合、その土地の登記記録に借地権の登記がなくても、借地権が設定されていることがある。

A 08 ○ 1年以内に通知をしたうえで、損害賠償請求等をすることができる。

A 09 ○ 宅地建物取引業者が売主の場合、契約不適合責任は2年以上とされているので「2年間」は有効である。

A 10 ○ 差押えや買戻特約などは、権利部甲区の所有権に関する事項として掲載される。

A 11 × 逆である。対抗力はあるが公信力はない。

ひっかけ

A 12 ○ 14条地図は精度が高いが、公図の精度は低い。

A 13 × 頻出 壁の中心で計測する壁芯面積ではなく、壁の内側を計測した内法《うちのり》面積で記載される。

A 14 × 登記識別情報は、一切再発行されない。紛失した場合は事前通知制度などを利用して登記を申請することになる。

A 15 ○ 売買価格が400万円以上である場合、報酬の限度額の簡易計算は

(売買価格×3%＋6万円)×1.1(消費税)

となる。

A ○ 土地に借地権の登記がされることは稀である。土地所有者と建物所有者が異なれば、登記がなくても借地権が設定されている可能性がある。

基本

Q 16 媒介契約の有効期限は３カ月とされているが、一般媒介契約には有効期限はない。

⑤ 法令上の制限〈１〉都市計画法 ／3

Q 17 準都市計画区域は、都市計画区域外に限って都道府県が指定することができる。

Q 18 市街化区域とは、「既に市街地を形成している区域、およびおおむね５年以内に優先的かつ計画的に市街化を図るべき区域」をいう。

Q 19 市街化調整区域において開発行為をしようとする者は、原則として都道府県知事の許可が必要となる。

⑥ 法令上の制限〈２〉建築基準法 ／4

Q 20 異なる用途地域にまたがっている敷地の場合、敷地の過半を占める用途地域の制限を敷地全体に適用する。

Q 21 建築基準法では、建築物の敷地は幅４m以上の道路に２m以上接していることとされている。

Q 22 建築基準法では、前面道路の幅員が４m未満の場合は、道路中心線から２mセットバックしたところを道路境界線とみなすこととされている。

過去問チェック！ ［2021-5］

Q 商業地域、工業地域および工業専用地域においては、地方公共団体の条例で日影規制（日影による中高層の建築物の高さの制限）の対象区域として指定することができない。

A 16 ○ 専任媒介契約、専属専任媒介契約は3カ月とされているが、一般媒介契約には期限はない。

A 17 ○ 準都市計画区域は、都市計画区域外において整備・保全が必要と考えられる地域について都道府県が指定するものである。

A 18 × 既に市街地を形成している区域、およびおおむね10年以内に優先的かつ計画的に市街化を図るべき区域をいう。 ひっかけ

A 19 ○ 市街化調整区域において開発行為を行おうとする者は、その面積にかかわらず都道府県知事の許可を得なければならない。

A 20 頻出 ○ 敷地の過半を占める用途地域を敷地全体に適用する。建蔽率・容積率がまたがっている場合は、面積按分によって計算する。

A 21 頻出 ○ 幅4m以上の道路に2m以上接道していることとされており、接道義務といわれている。

A 22 頻出 ○ なお、前面道路の向かい側が河川等でセットバックできない場合、向かい側の道路境界線から4m敷地側にセットバックする。

A × 日影規制は商業地域、工業地域および工業専用地域においても、地方公共団体の条例で指定することができる。

基本

Q 23 □□□ 防火地域内の耐火建築物で、特定行政庁が指定する角地である場合、建蔽率は20%緩和される。

⑦ 法令上の制限〈3〉借地借家法

／7

Q 24 □□□ 普通借地権の存続期間は30年であるが、30年より短い契約をした場合は、期限の定めのない契約とみなされる。

Q 25 □□□ 普通借地権において存続期間が満了しても、借地人が更新を請求し建物が存在している場合は、存続期間を除き従前と同条件で更新したものとみなされる。

Q 26 □□□ 一般定期借地権で50年以上の期限を定めて借地する契約で、文書による契約であれば、必ずしも公正証書で契約する必要はない。

Q 27 □□□ 事業用定期借地権はアパート事業や店舗、倉庫事業など、事業用に限って利用することができる。

Q 28 □□□ 建物の賃貸借では居住用建物、事業用建物を問わず借地借家法が適用される。

Q 29 □□□ 普通借家権では、借家契約が終了したときには、貸借人は建物を原状回復して賃貸人に返還することとなっているが、通常の使用方法で生じた自然損耗は、賃借人の原状回復義務の対象外である。

Q 30 □□□ 借家契約において、造作買取請求権を排除する旨の特約をすることは、有効である。

過去問チェック! [2023-9]

Q 一般定期借地権の設定契約は、公正証書による等書面(電磁的記録による場合を含む)によってしなければならない。

A 23 ○ 建蔽率は、防火地域内に耐火建築物を建築する場合で10%、特定行政庁が指定する角地で10%緩和されるが、両方に該当する場合は20%緩和となる。

A 24 × 30年より短い契約をした場合は、30年の契約とみなされる。

A 25 ○ これを法定更新という。ただし、借地権設定者（地主）が正当な事由に基づいて遅滞なく異議を申し出た場合は法定更新されない。

A 26 ○ 頻出 公正証書である必要はない。事業用定期借地の契約は、公正証書での契約が必要である。

A 27 × 事業用定期借地権は事業用に限って利用できるが、アパート事業のような居住用事業には適用できない。

A 28 ○ 借地借家法は、すべての用途の建物の賃貸借に適用される。

A 29 ○ 賃借人の故意または過失によって破損汚損した部分については、賃借人に修繕義務がある。

A 30 ○ 借主が貸主の承諾を得て建物に備え付けた造作は、契約終了時に貸主に買い取ることを請求する権利を特約によって排除できる。

A ○ 一般定期借地権の設定契約は、書面または電磁的記録によってしなくてはならない。なお、書面であればよく、必ずしも公正証書による必要はない。

基本

⑧ 法令上の制限〈４〉区分所有法　／4

Q 31 区分所有法では、専有部分と敷地利用権を分離処分することは、原則としてできない。

Q 32 区分所有法では、区分所有者数および議決権の４分の３以上の賛成によって、建物の建て替え決議をすることができる。

Q 33 区分所有者であっても、その建物に居住していない者は管理組合に参加しなくても良い。

Q 34 区分所有法では、管理会社が少なくとも１年に１回以上集会を招集することとされている。

⑨ 不動産を取得したときの税金　／7

Q 35 不動産取得税は、国が課税する国税であるが、相続による取得に対しては課税されない。

Q 36 不動産取得税では、住宅用地の税率を３％とし、宅地の場合は課税標準額を６分の１とする特例がある。

Q 37 不動産取得税では、認定長期優良住宅を取得した場合は課税標準額から1,200万円を控除する特例がある。

Q 38 所有権移転登記の課税標準額は、原則として、その不動産の固定資産税評価額である。

過去問チェック！［2023-9］

Q 不動産取得税は、土地の取得について所有権移転登記が未登記であっても、当該取得に対して課される。

A 31 頻出

○ 原則として分離処分はできないが、規約で定めている場合は分離処分することも可能である。

A 32

× 建て替え決議は、区分所有者数および議決権の5分の４以上が必要である。

A 33

× 区分所有者は、全員、管理組合に参加しなければならない。

A 34

× 招集するのは、管理会社ではなく管理者（一般的には管理組合の理事長）である。

A 35

× 不動産取得税は、都道府県が課税する都道府県税である。相続による取得には課税されない。 ひっかけ

A 36

× 宅地の場合は課税標準額を２分の１にする特例がある。

A 37

× 一定の住宅の取得には1,200万円の控除があるが、認定長期優良住宅の場合は1,300万円の控除となる。

A 38

○ 市区町村の固定資産課税台帳に登載された固定資産税評価額である。

A ○ 不動産取得税は登記の有無にかかわらず、不動産を取得した場合に課税される。

基本

Q 39

登録免許税の一定住宅の特例を受ける場合の要件には、床面積50㎡以上の自己居住用建物を取得後6カ月以内に登記申請することなどがある。

Q 40

土地代金3,000万円、建物代金2,000万円の新築建売住宅の販売価格にかかる消費税は500万円である。

Q 41

売買契約書に印紙を貼付しなかった場合は、売買契約書の効力は無効となる。

⑩ 不動産を保有するときの税金

／3

Q 42

固定資産税には、住宅1戸につき土地面積200㎡まで2分の1に減額される住宅用地の特例がある。

Q 43

都市計画税は、原則として市街化区域内の土地建物の所有者に対して課税し、都市計画事業等に使用する目的税である。

Q 44

都市計画税では、住宅1戸に対して土地200㎡まで課税標準額が3分の1となる。

⑪ 不動産を譲渡したときの税金

／10

Q 45

課税譲渡所得の計算上、不動産の取得費が不明な場合は譲渡した価格の5％相当額を概算取得費として計算する。

Q 46

長期譲渡所得と短期譲渡所得の区別は、その不動産の所有期間が、譲渡した年の1月1日現在で5年を超えているかどうかで判断する。

過去問チェック! ［2022-5］

Q

相続税路線価は、地価公示法による公示価格の70%を価格水準の目安としている。

A 39 ×
一定の耐震基準に適合しているか、1982年1月1日以降に建築されている、床面積50㎡以上の自己居住用建物を取得後1年以内に登記申請することなどが要件である。

A 40 ×
土地代金には消費税が課税されないので、事例の消費税は建物代金の10%相当額となる。200万円が正しい。

A 41 ×
印紙を貼付しなかったり消印を忘れた場合でも、売買契約書の効力に変わりはない。（ひっかけ）

A 42 ×
頻出
住宅用地は、住宅1戸について土地面積200㎡までが6分の1となる。

A 43 ○
都市計画税は、下水道事業等の都市計画事業等に充てる目的税である。

A 44 ○
住宅1戸につき200㎡までが3分の1、200㎡超は3分の2（ただし上限あり）となる。

A 45 ○
頻出
取得費が不明な場合は、譲渡した価格の5%を概算取得費として計算する。取得時の領収書や契約書を紛失している場合などに採用する。

A 46 ○
頻出
1月1日現在を基準とし、正味5年ではないことに注意。

A ×
相続税路線価は、地価公示価格の80%、固定資産税評価額は70%を目安としている。

基本

Q 47
不動産の長期譲渡所得の税率は、所得税率20.315%で分離課税である。

Q 48
「居住用財産の3,000万円の特別控除」を利用する場合、譲渡した居住用財産の所有期間が、譲渡した年の1月1日において5年を超えていることが条件となる。

Q 49
「居住用財産の3,000万円の特別控除」と「軽減税率の特例」は併用することができる。

Q 50
譲渡した年の1月1日現在で、所有期間が5年を超える居住用財産を譲渡した場合は、居住用財産の軽減税率の特例が適用される。

Q 51
夫婦共有の居住用財産の場合、「居住用財産の3,000万円の特別控除」は、要件が揃っていれば夫婦それぞれが利用することができる。

Q 52
「居住用財産の買換えの特例」を利用するには、譲渡する資産の所有期間が10年超、通算居住期間が10年以上などの要件がある。

Q 53
「居住用財産の買換え等による譲渡損失の繰越控除の特例」では、譲渡する資産について、売買契約締結の前日まで借入金(住宅ローン)の残高があることとされている。

Q 54
「居住用財産の買換え等による譲渡損失の繰越控除の特例」は、譲渡した年の1月1日時点で所有期間10年を超える居住用財産の譲渡に適用できる。

過去問チェック! [2023-1(加工)]

Q 「居住用財産の3,000万円特別控除」は、居住用財産を配偶者に譲渡した場合には適用を受けることができない。

A 47 ×
頻出

所得税率15.315%、住民税率5%の分離課税である。

A 48 ×

居住用財産の3,000万円の特別控除の利用には、所有期間の制限はない。

A 49 ○

両特例は併用することが可能である。なお、「居住用財産の買換えの特例」とは併用できない。

A 50 ×

居住用財産の軽減税率の特例が適用されるのは、1月1日時点で10年を超える居住用財産を譲渡した場合である。 ひっかけ

A 51 ○

税制上は夫婦それぞれを独立した個人として扱うため、共有の場合で要件が揃えば、夫婦それぞれが特例を利用できる。

A 52 ○

所有期間と通算居住期間のほか、譲渡対価などの条件を満たすことが要件となる。

A 53 ×

譲渡する資産について住宅ローンの残高が要件となるのは、「特定居住用財産の譲渡損失の繰越控除」の特例である。

A 54 ×

譲渡した年の1月1日時点で所有期間5年を超える譲渡に適用できる。

A ○

譲渡先が生計を一にする親族、その売った家屋で同居する親族、内縁関係にある人、特殊な関係のある法人などは適用外となる。

基本

⑫ 不動産の有効活用

／1

Q 55

土地活用の手法で、等価交換方式、定期借地権方式は、土地所有者が借入金を利用する必要がない手法である。

⑬ 不動産投資分析と証券化

／6

Q 56

DCF法は、対象不動産から将来得られるであろう各年の純収益と投資終了後の復帰価格を、期待する利回りで割り戻した現在価値の総和で投資を判断する。

Q 57

不動産投資分析のDCF法におけるNPV法では、収益の現在価値の合計が投資額の現在価値の合計を上回った場合、その投資は有利と判断する。

Q 58

投資利回りが借入金金利を下回っているとき、借入金を利用することで、自己資金に対する投資利回りが高くなることをレバレッジ効果という。

Q 59

不動産投資信託(J-REIT)は、1口あたりの金額が少額なため、実物不動産投資と比較して少ない金額で投資が可能である。

Q 60

不動産投資信託(J-REIT)の個人投資家への分配金は、税務上配当所得となり、投資口の譲渡による所得は上場株式の譲渡所得とされる。

Q 61

不動産投資信託(J-REIT)は証券取引所に上場しており、市場を通じて自由に売買できる。

過去問チェック! ［2023-1］

Q

事業受託方式では、土地所有者が建設資金を負担することなく、土地有効活用の企画、建設会社の選定、土地上に建設した建物の管理・運営等をデベロッパーに任せることができる。

A 55 ○

等価交換方式は土地の一部または全部を提供する方式。定期借地権方式は土地を借地人に賃貸する方式で、いずれも借入金は不要である。

A 56 ○ 頻出

純収益(NOI)と復帰価格(売却価格)の合計を現在価値に割り戻して判断する。

A 57 ○

NPV法で計算された収益の現在価値の合計が、実際の投資額を上回った場合は投資有利の判断となる。

ひっかけ

A 58 × 頻出

レバレッジ効果は、投資利回りが借入金金利を上回っている場合、効果が出る。

A 59 ○

高額な不動産を証券化して少額での投資を可能にした。

A 60 ○

分配金は配当所得、ただし配当控除はない。譲渡益は上場株式の譲渡所得とされる。

A 61 ○

高額な実物不動産の売買と比較して、証券取引所に上場しているため流動性にも優れている。

A ×

事業受託方式は、企画、建設会社の選定、管理、運営等はデベロッパーに任せることができるが、資金は土地所有者が負担する。

Q&A 重要

第5章

不動産

学習日 ／

① 不動産の価格

／5

Q 01 □□□ 相続税評価額(路線価)は、公示価格の70%の価格割合とされ、毎年1月1日現在の価格を国税庁が公表する。

Q 02 □□□ 基準地価格は公示価格を補完し、毎年7月1日現在の価格を都道府県が公表する。

Q 03 □□□ 鑑定評価における取引事例比較法は、近隣類似地域で実際に取引された事例に、時点修正や個別要因補正を加えて積算価格を算出する方法である。

Q 04 □□□ 鑑定評価におけるDCF法とは、対象不動産が将来生み出すであろう純収益の総和と復帰価格の現在価値の合計価格を算出する方法である。

Q 05 □□□ 鑑定評価における原価法は、既成市街地の評価には不向きである。

② 不動産の取引

／5

Q 06 □□□ 借地権は、借地人が借地上の建物の登記をすれば、第三者に対抗することができる。

過去問チェック! [2021-9]

Q 開発許可を受けた開発区域内の土地においては、開発行為に関する工事完了の公告があるまでの間は、原則として、建築物を建築することができない。

勉強のコツ❷

不動産取得税や登録免許税などの特例は、法改正によって変更されることがありますので、注意しましょう。

A 01 ×　相続税評価額は、公示価格の80%の価格割合である。

A 02 ○　基準地価格は、公示価格を補完する意味で、年の中間点での価格を公表している。

A 03 ×　取引事例比較法は、比準価格を算出する方法である。積算価格を算出するのは原価法である。

ひっかけ

A 04 ○　頻出　DCF法は、不動産保有期間中の投資分析に用いられる手法である。

A 05 ○　原価法では、再調達原価から減価修正して積算価格を求めるが、既に完成している既成市街地の評価には不向きである。

A 06 ○　借地権の対抗要件は、借地上の建物を借地人の名義で登記することである。

A ○　原則として開発行為の工事完了の公告があるまでは建築物は建築できず、工事完了公告後に建築確認申請を行う。

重要

Q 07

売主が宅地建物取引業者である新築建売住宅では、土地建物ともに引渡日から10年間は、売主は瑕疵担保責任を負わなければならない。

Q 08

不動産売買契約において、危険負担は買主が負うこととされている。

Q 09

不動産売買契約において、売主は一切の契約不適合責任を負わないという特約は無効である。

Q 10

不動産売買契約において、買主が不適合を知っていたかどうか、隠れた不適合かどうかにかかわらず、売主は契約不適合責任を負わなければならない。

③ 不動産の登記

/3

Q 11

登記の目的が抵当権の設定である場合、不動産の登記記録の権利部乙区に、債権額や抵当権者の氏名または名称などが記載される。

Q 12

建物が共有の場合、各共有者は、自己が有している持分を第三者に譲渡するときには、他の共有者全員の同意を得なければならない。

Q 13

区分所有建物の登記では、建物の専有部分の床面積は内法面積で表記されるので、壁芯面積より必ず狭くなる。

過去問チェック! [2023-5]

Q 同一の不動産について二重に売買契約が締結された場合、譲受人相互間においては、所有権移転登記の先後にかかわらず、原則として、売買契約を先に締結した者が当該不動産の所有者となる。

A 07 ×
売主が宅地建物取引業者である場合は、建物は品確法に基づいて10年間、土地は宅地建物取引業法に基づいて2年以上、責任を負わなければならない。

A 08 ×
改正民法において、危険負担は対象不動産の引き渡しのときまでは売主が負うものとされた。

A 09 ×
特約により契約不適合責任を負わないとすることは有効である。ただし宅地建物取引業者が売主の場合は、引き渡しから2年以上の責任を負わなければならない。

A 10 ○
民法改正によって、不適合が隠れていたかどうかや買主が知っていたかどうかは問われなくなり、売主が責任を負うこととなった。ただし特約によって売主の責任を排除することもできる。

A 11 ○
乙区には債権額（借入額）のほか、抵当権者である金融機関の名称なども記載される。

A 12 ×
共有物の持分は、他の共有者の同意を得ることなく単独で売却することができる。

A 13 ○ 頻出
販売用パンフレット記載の専有面積は壁芯面積であるが、登記上の床面積は内法面積となるので、必ず狭く表示される。

A ×
二重売買においては、売買契約の締結順ではなく、先に所有権移転登記を受けた者が優先して所有権を取得する。

重要

④ 宅地建物取引業法 ／2

Q14
宅地建物取引士は、相手が宅地建物取引業者以外の場合、売買契約締結の前までに、重要事項説明書の説明をする必要がある。

Q15
宅地建物取引業者が自ら売主である場合、一定の場所で調印した売買契約は、買主が調印の日から８日以内に解約の申し入れをすれば解除することができる。

⑤ 法令上の制限〈１〉都市計画法 ／1

Q16
用途地域による制限において、戸建住宅と共同住宅は原則としてすべての用途地域で建築することができる。

⑥ 法令上の制限〈２〉建築基準法 ／5

Q17
建築物の敷地が防火地域と準防火地域にまたがっている場合は、敷地の過半を占める地域の規制を敷地全体に適用する。

Q18
前面道路の幅員が４ｍ未満の場合で、道路の反対側が河川敷などでセットバックすることができないときは、反対側道路境界線から敷地側に４ｍまでセットバックしなければならない。

Q19
準防火地域内において耐火建築物を建築する場合、建蔽率は10％の緩和を受けることができる。

過去問チェック! [2022-9]

Q 土地の分筆は、その行為が建築物の建築または特定工作物の建設を目的としていなくても、都市計画法上の開発行為に該当する。

A14 ○

売買契約締結までの間に、重要事項説明書の説明をする必要がある。相手が宅地建物取引業者の場合は、説明を省略できる。

A15 ×

「調印の日」からではなく「クーリング・オフができることの説明書面を交付された日」から８日以内である。

A16 ×

工業専用地域においては、戸建住宅・共同住宅を建築することはできない。

A17 ×

防火指定がまたがっている場合は、より厳しい制限の地域の規制を敷地全体に適用する。 （ひっかけ）

A18 ○

反対側が河川敷や鉄道敷などでセットバックできない場合は、反対側道路境界線から敷地側に４ｍセットバックしなければならない。セットバックした部分は、建築基準法上の敷地面積に含めない。

A19 ○

準防火地域において耐火建築物、準耐火建築物を建築する場合、10%の緩和を受けることができるようになった。

A ×

土地の区画形質の変更を伴わない分筆だけの行為は、開発行為には該当しない。

重要

Q 20 容積率が異なる地域にまたがっている場合、容積率の計算は面積按分（加重平均）で算出する。

Q 21 容積率の計算において、前面道路の幅員が12m未満の道路に接している敷地の場合、すべての道路幅員に10分の6を乗じて計算した容積率と指定容積率のいずれか少ないほうの数値を採用する。

⑦ 法令上の制限〈3〉借地借家法

／10

Q 22 普通借地権の設定契約の更新について、原則として初回の更新は20年間、次の更新からは10年間の存続期間とし、これより長い期間を定めることも可能である。

Q 23 普通借地権の存続期間が満了する場合で、借地権設定者が契約を更新しないときは、借地人は借地権設定者に対して建物を時価で買い取ることを請求できる。

Q 24 当初の存続期間内に建物が滅失した場合、借地人が建物を新築し借地権設定者がこれを承諾すれば、承諾の日または新築の日のいずれか早い日から30年間は普通借地権が存続する。

Q 25 事業用定期借地権の存続期間は10年以上50年未満である。

Q 26 建物譲渡特約付借地権では、30年以上の存続期間が終了した時点で、借地権設定者が借地上の建物を買い取る旨を特約することができる。

過去問チェック! ［2023-9］

Q 一棟の建物のうち、構造上の独立性と利用上の独立性を備えた建物の部分は、区分所有権の目的となる専有部分の対象となるが、規約により共用部分とすることができる。

A 20 ○ 異なる建蔽率、容積率にまたがっている場合の計算は該当する敷地面積の割合で加重平均して求める。

ひっかけ

A 21 × 住居系用途地域では10分の4を乗じ、その他の用途地域では10分の6を乗じる。前面道路は、もっとも幅員が広いもので計算する。

A 22 ○ 1回目の更新は20年間、2回目以降は10年間の存続期間とすることが原則である。

A 23 ○ 借地人には建物買取請求権があり、請求することができる。

A 24 × 承諾の日または新築の日のいずれか早い日から20年間存続することになる。

A 25 ○ 更地返還型では10年以上30年未満、任意型では30年以上50年未満となる。

A 26 ○ 期間終了時に、借地権設定者は借地上の建物を相当の対価で買い取る旨を特約することができる。

A ○ 管理人室など独立性を備えた建物部分も共用部分とすることができる。

重要

Q 27 ☐☐☐

普通借家契約の存続期間は1年以上とされ、1年より短い契約をしたときは期間1年の契約とみなされる。

Q 28 ☐☐☐

借家人が賃貸人の同意を得て建物に取り付けた造作は、契約終了後に時価で賃貸人に買い取るよう請求することができる。

Q 29 ☐☐☐

期限の定めのない普通借家契約において、賃貸人は3カ月以上前に正当事由に基づいて解約を申し入れることができる。

Q 30 ☐☐☐

借家期間中、賃料を増額しないという特約も減額しないという特約も有効である。

Q 31 ☐☐☐

定期借家契約では、1年以内の短い存続期間を定めることも可能である。

⑧ 法令上の制限〈4〉区分所有法

／4

Q 32 ☐☐☐

区分所有法では、共用部分の持ち分は原則として専有部分の床面積の割合で決定される。

Q 33 ☐☐☐

区分所有法では、専有部分の占有者については、建物またはその敷地もしくは付属施設の使用方法について規約の効力が及ぶので、管理費の支払義務が生じる。

Q 34 ☐☐☐

区分所有法における「管理者」とは、主に管理組合から委託を受けた管理会社をいう。

過去問チェック!　[2021-1]

Q 区分所有法では集会の招集の通知は、規約で別段の定めをしない限り、開催日の少なくとも1ヵ月前に会議の目的たる事項を示して各区分所有者に発しなければならない。

A 27 ×　1年より短い契約をした場合は、期限の定めのない契約とみなされる。

A 28 ○　問題文は、造作買取請求権の説明で正解である。ただし、造作買取請求権は特約で排除することも可能。

A 29 ×　期限の定めのない普通借家契約では、賃貸人は6カ月前から正当事由に基づいて解約を申し入れることができる。

A 30 ×　借賃増減請求権の説明。減額できないという特約は、借家人に不利なため無効となる。なお、定期借家契約では借賃増減請求権を排除することもできる。

A 31 ○　普通借家と異なり1年以内の存続期間も可能である。

A 32 ○　総専有面積に対する区分所有者の専有面積の割合で持ち分が決まる。

A 33 ×　管理費の支払義務は、区分所有者の義務であって、占有者の義務ではない。　（ひっかけ）

A 34 ×　管理者とは、マンションを管理するために規約または総会の決議によって選出された者で、一般的には理事長を指す。

A ×　集会の招集の通知は、原則として開催日の少なくとも1週間前までに発することとなっている。

重要

Q 35 区分所有法では、規約の設定・変更・廃止をしようとする場合は、区分所有者数および議決権の4分の3以上の賛成が必要となる。

⑨ 不動産を取得したときの税金

/7

Q 36 不動産取得税は、有償無償、登記の有無にかかわらず、不動産を取得した者に課税される都道府県税である。

Q 37 不動産取得税は、住宅用地について45,000円、または1㎡あたりの評価額×2分の1×住宅の床面積の2倍(最大200㎡)×3%の、いずれか多い額を税額から控除できる。

Q 38 「認定低炭素住宅」について所有権保存登記と所有権移転登記の登録免許税を0.1%に軽減する特例がある。

Q 39 個人が、宅地建物取引業者により一定の増改築工事が行われた住宅用家屋を取得する場合、家屋に係る所有権移転登記に対する登録免許税の軽減措置を利用することができる。

Q 40 1982年1月1日以降に新築された住宅は、他の要件を満たしていれば、すべて登録免許税の軽減措置を受けることができる。

Q 41 抵当権設定登記の課税標準額は、固定資産税評価額である。

過去問チェック! [2020-9]

Q 専有部分が数人の共有に属するときは、共有者は、議決権を行使すべき者1人を定めなければならない。

A 35 ○ 区分所有者数および議決権の4分の3以上の賛成が必要となる。議決権とは、各区分所有者が所有する専有面積の割合を指す。

A 36 ○ 相続による不動産の取得には課税されない。

A 37 ○ 住宅用地については、①税率3%、②固定資産税評価額の2分の1と③設問の税額控除の3つの特例がある。なお、住宅については、課税標準額から1,200万円（長期優良住宅については、1,300万円）が控除できる特例がある。

A 38 ○ 一定の省エネルギー性能を有する「認定低炭素住宅」についての特例である。

A 39 ○ いわゆる買い取り再販物件に対しても、一定条件で軽減措置が利用できる。

A 40 ○ 登記簿等で1982年1月1日以降の新築が確認できる住宅は、一律、軽減措置の対象となる。

A 41 × 抵当権設定登記の課税標準額は、債権額である。
ひっかけ

A ○ 区分所有法では、専有部分が共有の場合、議決権を行使すべき者1人を定めることとされている。

重要

Q 42 □□□ 宅地建物取引業者が媒介契約書に基づいて受領する報酬額、住宅の賃料および建物の売買代金には消費税が課税される。

⑩ 不動産を保有するときの税金 ／4

Q 43 □□□ 固定資産税は、３年に一度の基準年の１月１日現在で、固定資産課税台帳に記載された固定資産の所有者に対して課税する市町村税で、税率は1.4%である。

Q 44 □□□ 固定資産税は、一定要件の新築住宅に関して床面積200㎡までの部分が２分の１となる減税措置がある。

Q 45 □□□ 固定資産税において、小規模住宅用地の特例は当該土地上の建物が賃貸用アパートであったとしても、一定要件を満たしていれば適用を受けることができる。

Q 46 □□□ 都市計画税の税率は制限税率0.3%で、その範囲内であれば各市町村が条例で税率を定めることができる。

⑪ 不動産を譲渡したときの税金 ／9

Q 47 □□□ 不動産の譲渡所得の計算上、建物の取得費は減価償却費相当額を差し引く。

Q 48 □□□ 「居住用財産の3,000万円の特別控除」と「居住用財産の買換えの特例」は併用して適用を受けることができる。

過去問チェック! ［2023-5］

Q 土地を譲渡する際に支出した仲介手数料は、譲渡所得の金額の計算上、譲渡費用に含まれる。

A42 ×　住宅の賃料には消費税は課税されない。

A43 ×　固定資産税は、毎年1月1日現在で固定資産課税台帳に記載された所有者に課税する。税率1.4%は正しい。

A44 ×　頻出　一定要件の新築住宅について3年間(中高層耐火建築物は5年間)、床面積120㎡まで2分の1とする減税措置がある。
（ひっかけ）

A45 ○　賃貸用アパートであっても、一定要件を満たしていれば、住宅1戸につき200㎡まで6分の1にする特例を受けることができる。

A46 ○　制限税率の範囲内で、各市町村が税率を決定することができるため、一律0.3%となっていない。

A47 ○　建物の取得費は、取得時から譲渡時までの減価償却費相当額を差し引いたものである。

A48 ×　併用できない。「3,000万円の特別控除」と「軽減税率の特例」は併用できる。

A ○　仲介手数料のほか、測量代や建物解体費用なども含めることができる。

重要

Q 49 住まなくなってから３年経過した年の12月31日までの譲渡であれば、「居住用財産の3,000万円の特別控除」の適用を受けることができる。

Q 50 「居住用財産の3,000万円の特別控除」では、譲渡した相手方が配偶者、直系血族、同族会社などであった場合は、適用を受けることができない。

Q 51 被相続人の居住用財産に係る譲渡所得の特別控除において、相続人が３人以上いる場合、控除できる額は１人当たり2,000万円である。

Q 52 被相続人の居住用財産に係る譲渡所得の特別控除において、譲渡の時までに家屋を解体するか耐震基準に適合するように改修工事をしなければならない。

Q 53 相続によって取得した土地を譲渡した場合、その土地の所有期間は相続のあった日から計算する。

Q 54 「居住用財産の譲渡損失の繰越控除の特例」では、譲渡の年と翌年以降４年間にわたって譲渡損失を他の所得から控除できる。

Q 55 「特定居住用財産の譲渡損失の繰越控除の特例」では、実際の損失額と住宅ローンの残高から譲渡価格を差し引いた額の、どちらか少ないほうの金額が損失額となる。

過去問チェック！ ［2023-1］

Q 定期借地権方式では、土地所有者は土地を一定期間貸し付けることによる地代収入を得ることができ、当該土地上に建設される建物の建設資金を調達する必要はない。

A 49 ○ 建物を解体した場合は、この条件に加えて取壊しから１年以内の譲渡契約であることが条件となる。

A 50 ○ 関係者への譲渡の場合は、「3,000万円の特別控除」のほか「軽減税率の特例」「買換えの特例」「譲渡損失の繰越控除の特例」なども適用されない。

頻出

A 51 ○ ３人未満の場合は１人当たり3,000万円のところ、３人以上の場合は2,000万円となる。

A 52 × 譲渡の年の翌年の２月15日までに、家屋を解体するか耐震基準に適合するように改修工事をすることとなっている。

A 53 × 相続によって取得した土地の取得日は、被相続人（死亡者）がその土地を取得した日とし、相続のあった日ではない。

ひっかけ

A 54 × 繰越しできるのは、譲渡の年とその翌年以降３年間の計４年間である。

A 55 ○ 「居住用財産の買換え等による譲渡損失の繰越控除の特例」の場合と損失額の計算方法が異なることに注意。

A ○ 土地所有者は土地を貸し付けるだけで、その土地上の建物は借地人の名義となる。

重要

⑫ 不動産の有効活用

／2

Q 56
不動産所得の計算上、敷金や保証金など将来返還することが予定されている金銭も、受領時にいったん所得として計上する。

Q 57
不動産所得の赤字は、他の所得の黒字と損益通算できるが、赤字が土地取得のための借入金の利息より多い場合、利息分は損益通算できない。

⑬ 不動産投資分析と証券化

／5

Q 58
不動産投資分析において、DSCRとは年間純収益(NOI)を年間借入金返済額(ADS)で除した数値のことで、借入金の負担の安全性を図る指標となる。

Q 59
NPV法とは対象不動産の内部収益率と投資家が期待する収益率を比較して、投資の可否を判断する方法である。

Q 60
IRR法による投資判断において、内部収益率が期待収益率を上回っていれば、その投資は有利と判断できる。

Q 61
不動産投資信託(J-REIT)では、投資法人は借入金を利用することで出資額以上の不動産を取得することができる。

Q 62
不動産投資信託(J-REIT)では、投資法人は配当可能な利益の80%超を分配金として支払うことなどで法人税が課税されない。

過去問チェック! [2023-5]

Q
IRR法(内部収益率法)による投資判断においては、対象不動産に対する投資家の期待収益率が内部収益率を上回っている場合、その投資は有利であると判定することができる。

A 56 ×
返還が予定される金銭は預り金として計上し、所得には計上しない。

A 57 ○
土地を取得して建物を建築し不動産所得を得るようなケースで、土地取得にかかる借入金があるときなどに注意が必要。

A 58 ○
借入金償還余裕率といい、この数値が１より大きくなればなるほど投資の安全性が増し、１以下の場合は投資の危険性が増す。

A 59 ×
設問はIRR法の説明である。NPV法は、対象不動産の現在価値と実際の投資金額を比較して投資判断する方法である。
ひっかけ

A 60 ○
内部収益率が期待収益率を上回れば、より高利回りとなり、有利な投資となる。

A 61 ○
不動産投資信託では、投資法人は借入金を利用することもできる。

A 62 ×
投資法人は、配当可能な利益の90%超を分配金として支払うことで法人税が課税されない。

A ×
期待収益率が内部収益率を上回っている場合、その投資は不利と判定することができる。

第6章

相続・事業承継

要/点/整/理/

❶ 相続の法律知識

❷ 相続税に関する知識

❸ 贈与と贈与税に関する知識

❹ 財産評価に関する知識

一問一答Q&A(基本)

一問一答Q&A(重要)

FP技能検定２級　出題傾向と対策

出題範囲から幅広く出題されています。その中でも相続の法律知識が問われる「相続と法律」については、法定相続人の範囲と順位、法定相続分の割合など、基本事項は必ず覚えておきましょう。「相続財産の評価」については、不動産と不動産以外があります。不動産については基本的な評価方法の他、小規模宅地等の課税価格の計算の特例も押さえておきましょう。

実技については、計算問題が多く出題されます。親族関係図をもとに、相続税の総額を計算したり、路線価図をもとに不動産の評価を行うなど、実践的な問題が出題されます。

●これまでの出題傾向

	2024年1月			2023年9月			2023年5月			2023年1月			2022年9月		
	学科	実技		学科	実技		学科	実技		学科	実技		学科	実技	
		金	協会		金	協会		金	協会		金	協会		金	協会
1 贈与と法律	1			1						1			1		
2 贈与と税金	2			2			1		1	2	1	1	1	1	1
3 相続と法律	1	1	2	3	1	2	4	1	2	3		1	1		1
4 相続と税金	2	2	1	2	2	1	2	2	1	2	2	2	1	1	1
5 相続財産の評価(不動産以外)	1						1						2		
6 相続財産の評価(不動産)	1		1	1		1	1			2		1	2		2
7 不動産の相続対策															
8 相続と保険の活用															
9 事業承継対策	1						1						1	1	
10 事業と経営	1			1									1		
11 相続・事業承継の最新の動向															

（金：金財（個人資産相談業務）／協会：FP協会の出題数を表す）

要点整理

第6章 相続・事業承継

学習日 ／

① 相続の法律知識

重要度A

1 相続の開始

相続とは、死亡した人（**被相続人**）の財産を遺族など（**相続人**）が引き継ぐことをいいます。相続は人の死亡によって開始しますが、失踪宣告も含まれます。

〈失踪宣告の種類〉

普通失踪	行方不明者などで、その生死が**7年以上**判明しない場合、最後に生存が確認されてから**7年経過時**に死亡したものとみなされる
特別失踪	戦地、沈没した船や墜落した飛行機などにいた人で、その危難が去ったあと**1年以上**生死が判明しない場合に、**危難が去ったとき**に死亡したものとみなされる

2 法定相続人

①相続の範囲と順位 頻出

民法による相続人（法定相続人）の範囲と順位は、次のとおりです。

相続の順位	相続人の範囲
常に相続人	**配偶者**（法律上の婚姻関係にある者に限る）
第1順位	子
第2順位	子がいない場合は、**直系尊属**（父母や祖父母など）
第3順位	子も直系尊属もいない場合は、**兄弟姉妹**

＊ 上位の者がある場合、下位のものは相続人になれない

養子は、養親と実の親の両方の相続人になることができます。ただし、特別養子制度で養子縁組した場合（対象年齢は原則15歳未満）は、実親およびその親族の相続権はなくなります。

②相続人になれない者

次ページの事由に該当する者は相続人になることができません。

欠　格	相続人が**故意**に被相続人や他の相続人を殺害したり、詐欺や強迫によって**遺言**を書かせたりした場合などは、当然に相続権を失う
廃　除	相続人が被相続人を虐待したり、重大な侮辱を加えたりした場合などに、被相続人が**家庭裁判所**に申し立てることによってその相続権を喪失させる
相続放棄	相続を放棄した者

③承認と放棄 頻出

相続人は、相続の開始があったことを知った日から**3カ月以内**に、単純承認、限定承認、相続放棄のいずれかを選択しなければなりません。**限定承認**や**相続放棄**は、一度申述手続きをすると撤回することはできません。

	単純承認	限定承認	相続放棄
財産の引継	被相続人の一切の権利義務を引き継ぐ	プラスの財産の範囲内で債務を負担	財産・債務は一切引き継がない
手続き	不　要	相続の開始を知った日から**3カ月**以内に家庭裁判所に申述	
申述者	―	共同相続人全員	**単独**で選択可能
注意点	限定承認、相続放棄の手続きをしなければ単純承認とみなされる	相続人が複数いる場合には全員が共同で申述しなければならない	・はじめから相続人でなかったものとみなす ・生命保険金等の非課税枠は適用できない

④代襲相続

相続が開始したとき、相続人が既に**死亡**しているなどによりその相続権がその者の子や孫などに移ることを代襲相続といいます。子(直系卑属)については、再代襲・再々代襲がありますが、**兄弟姉妹**の代襲相続はその子までしか認められていません。

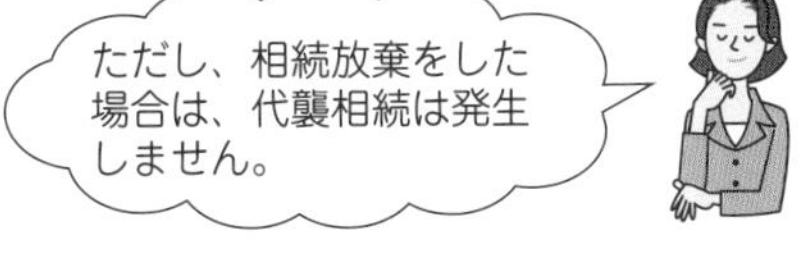

3 相続分

相続人が複数いる場合に、それぞれの相続人が財産を相続する割合を相続分といい、法定相続分と指定相続分があります。

法定相続分	民法で定められた相続分
指定相続分	被相続人が遺言で定めた相続分、**法定相続分**に優先

①法定相続分 頻出

法定相続分は、次のように定められています。

	相続人	相続分	配偶者がいない場合
	配偶者のみ	すべて配偶者	−
①	配偶者と子	配偶者1/2、子1/2	すべて子
②	配偶者と直系尊属	子がいない場合 配偶者2/3、直系尊属1/3	すべて直系尊属
③	配偶者と兄弟姉妹	子も直系尊属もいない場合 配偶者3/4、兄弟姉妹1/4	すべて兄弟姉妹

＊ 同順位の相続人が複数いる場合は、均等に按分する

②非嫡出子がいる場合

正式な婚姻関係にある男女間に生まれた子を嫡出子といい、正式な婚姻関係のない男女間に生まれた子のことを非嫡出子といいます。非嫡出子は嫡出子と**同順位**の相続人となりますが、被相続人が男性(父親)の場合、非嫡出子は父親の**認知**がなければ相続人となりません。

なお、「非嫡出子の相続分は嫡出子の相続分の2分の1とする」と規定されていた民法900条4号ただし書前半部分が、2013年12月5日に成立した民法の一部を改正する法律によって削除され、平等な扱いとなりました。

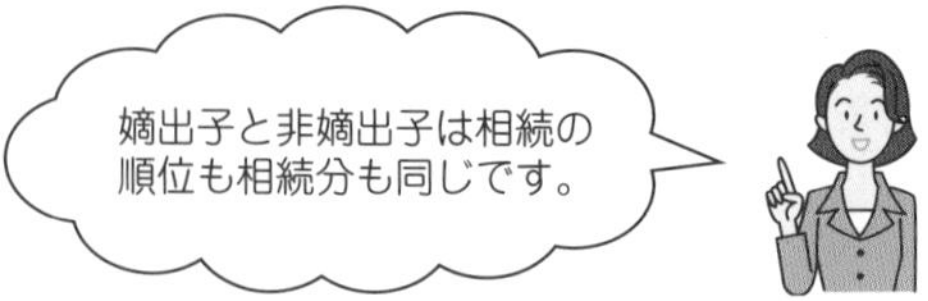

③半血兄弟姉妹がいる場合

被相続人と父母が同じ兄弟姉妹を全血兄弟姉妹といい、父母のどちらか一方が同じ兄弟姉妹を半血兄弟姉妹といいます。半血兄弟姉妹は全血兄弟姉妹と同様に第3順位の相続人となりますが、相続分は全血兄弟姉妹の**2分の1**となります。

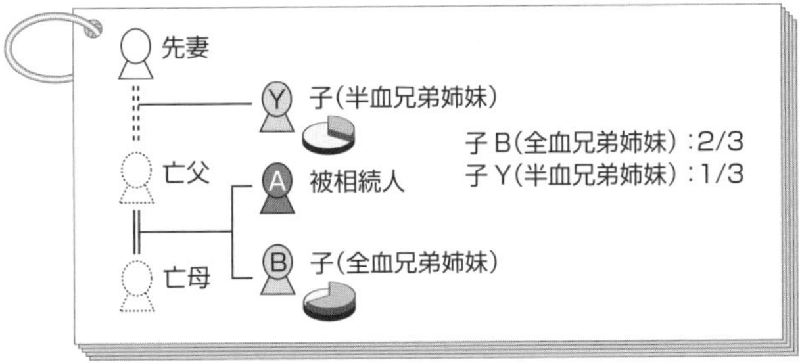

④代襲相続人の相続分

代襲相続人の相続分は、代襲された者が受けるべきであった相続分となります。代襲相続人が複数いる場合は均等に按分します。

4 遺留分

民法では、一定の相続人のために最低限相続することができる割合を定めており、これを**遺留分**といいます。

原　則	全相続財産の1/2
相続人が直系尊属のみの場合	全相続財産の1/3
兄弟姉妹	〔なし〕

侵害された遺留分は、遺留分侵害額を請求することで、金銭の支払により取り戻すことができます。

5 遺　言

①遺言とは

遺言とは、死亡した人(遺言者)が生きている間に示す最終の意思表示のことで、**満15歳以上**で意思能力があれば、誰でも作成することができます。

②遺言の種類

	自筆証書遺言	公正証書遺言	秘密証書遺言
作成方法	遺言者が遺言の全文、日付、氏名等を**自書**し、**押印**する	遺言者が口述し、**公証人**が筆記する	遺言者が作成した遺言に署名押印して封印し、公証役場で申述する
書式	自筆（財産目録を除きパソコン等不可）	公証人の筆記	パソコン等や代筆も可
証人など	不　要	証人２人以上	証人２人以上と公証人
検認	〔必　要〕※	〔不　要〕	〔必　要〕

※ 法務局の保管所に保管されている遺言書については不要

6 遺産分割

遺産分割とは、相続人が複数いる場合に被相続人の財産を分けることをいいます。

①遺産分割の種類

指定分割	被相続人が**遺言**によって定める分割方法。他の分割方法に優先する
協議分割	共同相続人全員の**合意**に基づく分割方法。共同相続人全員の合意があれば、遺言内容や法定相続分と異なる分割をすることも可能
調停分割	分割協議が調わない場合に、**家庭裁判所**の調停により分割する方法
審判分割	調停が成立しない場合などに、**家庭裁判所**の審判により分割する方法。原則、法定相続分が基準となる

②遺産分割の具体的な３つの方法

現物分割	相続財産を**現物**のまま分割する方法
換価分割	相続財産の一部または全部を**金銭**に換えて、その金銭を分割する方法
代償分割	特定の相続人が相続財産を取得し、その代償として**自己の財産**を他の相続人に提供する方法

② 相続税に関する知識

重要度A

1 相続税の基本

①相続税の概要と納税義務者

相続税とは、**相続**や**遺贈**によって財産を取得した者に国が課す税金で、納税義務者の住所地などによって課税対象が異なります。

2 相続税の計算

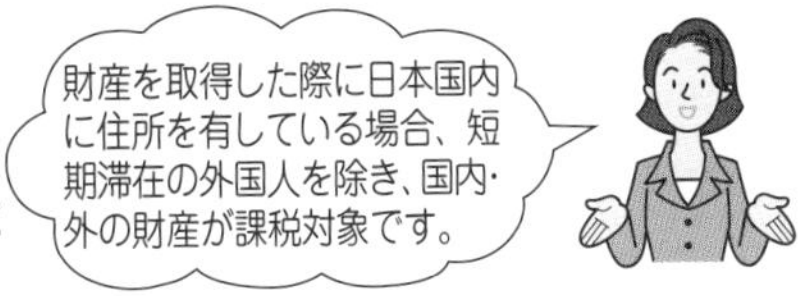

①相続税の課税財産

(1)本来の相続財産

被相続人が死亡時に所有していた金銭に換算できる**すべての財産**をいいます。

(2)みなし相続財産

民法上は相続財産ではないものの、実質的に相続財産と同じ効果があるものをいいます。

死亡保険金	被相続人の死亡により受け取った保険金で、保険料負担者＝被保険者＝被相続人である契約
死亡退職金	被相続人の死亡により受け取った退職金で、被相続人の死亡後**3年以内**に支給が確定したもの
生命保険契約に関する権利	被保険者と契約者が被相続人でない生命保険契約で、保険料を被相続人が負担していた場合の契約

(3)相続開始前３～７年以内に被相続人から贈与を受けた財産

被相続人から相続開始前３～７年以内に贈与を受けた財産は、**贈与時の時価**(評価額)※で、相続財産に加算されます。

※ 相続開始前３年超7年以内に受けた贈与については、合計100万円を控除した残額を相続税の課税価格に加算

(4)相続時精算課税制度による贈与財産

相続時精算課税制度の適用を受けて贈与された財産は、原則として贈与の時期にかかわらず、**贈与時の時価**で相続財産に加算されます。

②相続税の非課税財産

⑴死亡保険金の一定額

非課税限度額＝500万円×法定相続人の数

⑵死亡退職金の一定額

非課税限度額＝500万円×法定相続人の数

⑶弔慰金等

業務上の死亡	死亡時の普通給与×3年分（36カ月分）
業務外の死亡	死亡時の普通給与×6カ月分

⑷その他の非課税財産

墓地や墓石、霊びょう、仏壇、仏具など

③債務控除

被相続人の債務などは、相続財産から債務控除できます。

	控除対象	控除対象外
債　務	借入金、未払いの医療費、未払いの所得税・住民税・固定資産税など	墓地・墓石・仏壇購入の未払金、遺言執行費用、弁護士・税理士費用、保証債務
葬式費用	通夜、埋葬・火葬費用、死体捜索費用など	香典返戻費用、法要費用、遺体解剖費用

④遺産にかかる基礎控除

相続財産の課税価格の合計額から、基礎控除額を控除することができます。

3,000万円＋600万円×法定相続人の数

⑤法定相続人の数について

相続税額を計算する際の相続税法上の法定相続人の数は、相続の放棄があった場合でも、放棄がなかったとした場合の人数とし、養子が含まれる場合は、以下のように制限されます。

〈法定相続人の数〉

被相続人に実子がいる　→養子のうち1人まで

被相続人に実子がいない→養子のうち2人まで

⑥各人の算出税額の計算 頻出

相続税の計算は、下記の流れで行います。

〈相続税の計算例〉
・被相続人の財産：1億4,000万円（債務等：2,000万円）
・相続人：配偶者、子A、子Bの3人
・相続財産：配偶者8,000万円、子A 1,000万円、
子B 3,000万円

①課税価格の合計額の計算
1億4,000万円－2,000万円＝**1億2,000**万円

②課税遺産総額の計算
1億2,000万円－基礎控除**4,800**万円＝**7,200**万円

③法定相続分をもとに分割し速算表を用いて税額を計算
配偶者分：7,200万円×1/2×20%－200万円＝**520**万円
子A分：7,200万円×1/4×15%－50万円＝**220**万円
子B分：7,200万円×1/4×15%－50万円＝**220**万円
相続税の総額＝**960**万円

④取得した割合に応じて税額を按分
配偶者：960万円×8,000万円／1億2,000万円
＝**640**万円
配偶者の税額軽減により、実際の納税額はゼロ
子A：960万円×1,000万円／1億2,000万円
＝**80**万円
子B：960万円×3,000万円／1億2,000万円
＝**240**万円

〈相続税の速算表〉

法定相続分に応ずる取得金額		税率	控除額
	1,000万円以下	10%	―
1,000万円超	3,000万円以下	15%	50万円
3,000万円超	5,000万円以下	20%	200万円
5,000万円超	10,000万円以下	30%	700万円
10,000万円超	20,000万円以下	40%	1,700万円
20,000万円超	30,000万円以下	45%	2,700万円
30,000万円超	60,000万円以下	50%	4,200万円
60,000万円超		55%	7,200万円

⑦各人の納付税額の計算

(1)相続税額の2割加算

財産を取得した者が、配偶者および被相続人の一親等の血族以外の者である場合、相続税額に**2割が加算**されます。

(2)贈与税額控除

生前贈与加算された贈与財産の価額に対応する贈与税額は、相続税額から控除することができます。

(3)配偶者の税額軽減

配偶者が取得した財産は、**法定相続分**までか、法定相続分を超えていても**1億6,000万円**までは相続税がかかりません。

税額軽減の適用を受けるには、申告期限までに遺産分割を確定し、相続税の申告書を提出することが必要です。

(4)未成年者控除と障害者控除

相続人が未成年者である場合「(**18歳**※－相続開始の年齢)×10万円」を、また障害者の場合は「(**85歳**－相続開始の年齢)×10万円(特別障害者は20万円)」を算出税額から差し引くことができます。年数の計算をするときの年齢は、端数は**切り捨て**とします。

※ 2022年4月1日以後の贈与の場合

3 相続税の申告と納付

①相続税の申告

相続税は、申告納税方式です。相続財産が基礎控除額以下である場合は**申告不要**ですが、配偶者の税額軽減の特例や小規模宅地等の評価減の特例等の適用を受ける場合は、納付する相続税額がゼロであっても申告書を提出しなければなりません。

②相続税の納付

納付すべき相続税がある場合、相続の開始があったことを知った日の**翌日から10カ月以内**に、原則として**金銭で一括納付**します。

(1)延　納

相続税額が**10万円**を超え、期限内に金銭一括納付することが困難な場合に、相続税の一部または全部を分割納付する方法をいいます。この場合、担保を提供することが必要で、延納期間に応じた利子税が課せられます(延納税額が**100万**円以下、かつ延納期間が**3年**以下の場合、担保は不要)。

延納の途中で金銭による一括納付ができます。また、一定の要件を満たすと、物納に切り替えることもできます。

(2)物　納

物納とは、**延納**によっても金銭納付が困難な場合に、相続財産そのもので相続税を納付することです。物納に充てることが認められている財産と順位は以下のとおりです。

第1順位	国債、地方債、不動産、船舶、上場株式等
第2順位	非上場の株式等
第3順位	動産

物納財産の価額は、原則として**相続税評価額**となります。

延納、物納ともに、申告期限までに申請書を提出し、**税務署長**の許可を得ることが必要です。

〈相続税の納付方法〉

原則　・金銭一括納付

↓(困難な場合)

第2　・延納

↓(困難な場合)

第3　・物納

3 贈与と贈与税に関する知識　重要度B

1 贈与とは

贈与とは、双方の合意のもと、当事者の一方がある財産を相手方へ無償で与える契約のことです。財産を与える者(贈与を行う者)を**贈与者**、財産を受ける者(贈与を受ける者)を**受贈者**《じゅぞうしゃ》といいます。

贈与契約は、当事者間の合意(**意思表示の合致**)によって成立します。

2 贈与税の基礎知識

①贈与税と納税義務者

贈与税とは、贈与によって財産を取得した者に国が課す税金で、納税義務者は、贈与によって財産を取得した個人です。なお、贈与者の死亡を条件とする「死因贈与」は、**相続税**の課税対象となります。

②贈与税の課税財産

(1)本来の贈与財産

贈与によって取得した、金銭に換算できるすべての財産のことです。

(2)みなし贈与財産

みなし贈与財産とは、民法上の贈与契約により取得した財産ではないものの、実質的に贈与と同じ効果があるものをいいます。

〈みなし贈与財産〉

生命保険金等	**保険料負担者**(≠被保険者)以外の者が保険金を受け取った場合
定期金に関する権利(年金受給権)	**保険料負担者**以外の者が定期金(個人年金など)を受け取った場合
低額譲受	時価に比べて著しく低い価額で財産を譲り受けた場合、時価と支払った代金の**差額**部分
債務免除等	債務者が**対価**を支払わずに債務を免除してもらった場合や、第三者に債務を弁済してもらった場合

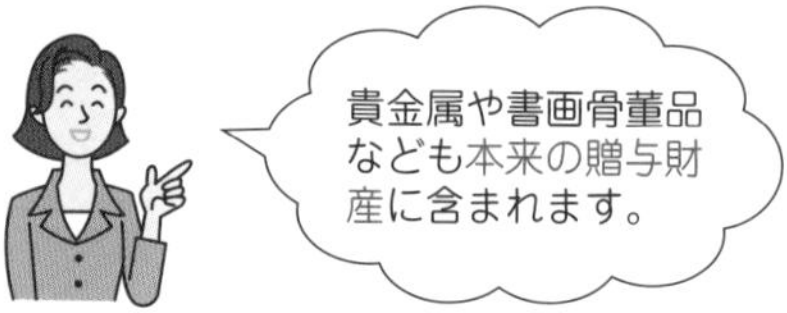

③贈与税の非課税財産

次のような財産は、贈与税の非課税財産とされています。

法人からの贈与により取得した財産	一時所得または給与所得として所得税・住民税の課税対象となる
扶養義務者からの生活費、教育費	通常必要な生活費や学費については非課税。ただしそのお金を預金や投資など生活費以外に充てた場合は贈与税の課税対象となる
相続開始の年に被相続人から贈与を受けた財産	相続または遺贈により財産を受けた者の場合、相続税の課税対象となり、贈与税は非課税
社交上必要と認められる贈答、お祝い、見舞金など	社会通念上相当と認められる以外の部分は贈与税の課税対象となる
離婚による財産分与	離婚の相手方から財産分与によって受け取った財産は、原則として贈与により取得した財産とはならない

3 贈与税の計算

贈与税は、受贈者ごとに、1月1日から12月31日までの1年間に贈与により取得した財産の合計額に対して課税されます（暦年《れきねん》課税）。

①贈与税の基礎控除と計算

贈与税は、基礎控除を超えた金額が課税対象となります。

贈与税額＝（課税価格－基礎控除額110万円）×税率－速算表の控除額

4 贈与税の特例

①贈与税の配偶者控除

戸籍上の婚姻期間が20年以上ある配偶者から居住用不動産や居住用不動産の取得資金を贈与された場合に、110万円の基礎控除に加えて2,000万円を控除できる制度です。

②住宅取得等資金贈与の非課税の特例

次ページの要件を満たす場合は、110万円の基礎控除額に加えて一定金額までの贈与財産の贈与税が非課税となります。

この特例は、相続時精算課税制度による贈与とも併用が可能です。税額がゼロであっても申告書の提出が必要です。

適用期間	2026年12月31日まで	
贈与者	父母、祖父母等(直系尊属)	
受贈者	・贈与を受けた年の1月1日時点で**18歳以上**であること ・その年の合計所得金額が**2,000万円以下**であること	
対象家屋	床面積50㎡～240㎡以下(受贈者の合計所得金額が1,000万円以下の場合、下限は40㎡以上)	
非課税金額	一般住宅	500万円
	省エネ等住宅	1,000万円

③相続時精算課税制度

相続時精算課税制度とは、一定額までの贈与については贈与時に贈与税を**課さず**、その贈与者が死亡したとき、その贈与財産を**相続財産**に加えて相続税として計算する制度です。以下の要件を満たす必要があります。

贈与者	**60歳以上の父母・祖父母**。住宅取得等資金の贈与の場合は、年齢制限なし(2026年12月末まで)
受贈者	**18歳以上の子・孫**である推定相続人(含代襲相続人、養子)または孫。非上場株式等についての贈与税の納税猶予および免除の特例の適用を受ける場合は、贈与者の子や孫以外の者でも適用可
手続き	この制度を選択して最初に贈与を受けた年の翌年2月1日から3月15日までに、住所地の税務署長に相続時精算課税選択届出書を提出
税額計算	累計で**2,500万円**になるまで非課税。2,500万円を超える部分は、贈与時に**一律20%**の贈与税を支払う
注意点	・相続時精算課税を選択すると暦年課税に戻れない ・暦年課税の贈与税の基礎控除額110万円は控除できない ・2024年以後の贈与により取得する財産に係る相続税または贈与税は年110万円を控除できる
その他	相続時には、この制度を利用して贈与した財産を、原則として**贈与**時の評価額で相続財産に加算する。既に支払った贈与税額があれば、相続税額から控除できる

＊ 贈与者、受贈者とも、年齢は贈与の年の1月1日時点で判断する

④教育資金の一括贈与に係る贈与税の非課税措置※

30歳未満の子や孫に対する教育資金の一括贈与について、一定の金額が非課税となります。

贈与財産	教育資金に充てるための金銭等
贈与手段	金銭等を金融機関に信託等すること
非課税限度額	**1,500**万円(学校等以外に支払われる場合は**500**万円が限度。受贈者が23歳に達した日の翌日以後に支払われるもののうち一定のものは除外される)
贈与時期	2013年4月1日から2026年3月31日まで

※ 2019年4月1日以後に取得する信託受益権等について、前年の受贈者の合計所得金額が1,000万円を超える場合は適用を受けられない

⑤結婚・子育て資金の一括贈与に係る贈与税の非課税措置※

2015年4月1日から2025年3月31日までに父母・祖父母から、子・孫(**18歳以上50歳未満**)に金銭等を金融機関等に信託した場合、**1,000**万円(結婚費用については**300**万円が限度)まで非課税となります。

※ 2019年4月1日以後に取得する信託受益権等について、前年の受贈者の合計所得金額が1,000万円を超える場合は適用を受けられない

5 贈与税の申告と納付

受贈者は、贈与を受けた年の**翌年2月1日から3月15日まで**に、住所地を管轄する**税務署長**に贈与税の申告書を提出し、納付しなければなりません。贈与税の納税は金銭一括納付が原則で、物納の制度は**ありません**。納付すべき贈与税額が10万円を超えているなど、一定の要件を満たし、税務署長の許可を得れば、延納が認められます。ただし、利子税がかかります。

4 財産評価に関する知識 重要度A

相続税や贈与税を計算する際の財産の価額は、その財産を取得した際の時価が原則ですが、財産評価基本通達によって財産ごとの評価方法が定められています。

1 不動産の評価

①土地の評価

土地は、登記簿上の地目とは関係なく、相続開始時点の土地

の現況によって評価します。なお、宅地は、登記記録上の1筆ではなく、利用単位である**1画地**ごとに評価します。

⑴路線価方式

路線価方式とは、市街地の宅地の評価方法で、**国税庁**が**毎年1月1日**を基準日として発表する路線価（1㎡あたり**千円単位**の価額）をもとに、土地の形状などを調整して計算する方式です。

> 一方のみが道路に接している場合
> 自用地評価額＝路線価×**奥行価格補正率**×**土地の面積**

〈路線価方式における評価額の計算例（一方のみが道路に接している宅地の場合）〉

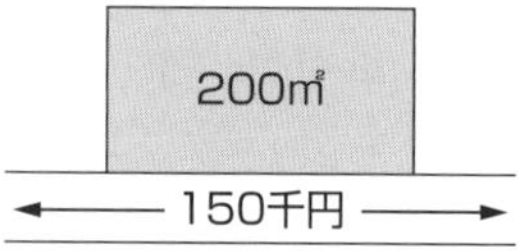

奥行価格補正率：1.00

150千円×1.00×200㎡
＝30,000千円

⑵倍率方式

路線価が定められていない郊外や農村部にある宅地は、**固定資産税評価額**に**国税局長**が定めた倍率を乗じて計算した金額で評価します。

> 評価額＝固定資産税評価額×定められた倍率

②土地の利用状況による評価

〈主な利用形態における評価方法〉 頻出

借地権	借地権者が自分の建物を所有するために土地を借りる権利 **自用地**評価額×**借地権**割合
貸宅地（底地権）	借地権が設定されている土地（底地） **自用地**評価額×（1－**借地権割合**）
貸家建付地	土地所有者が建てた建物を賃貸している場合の土地 **自用地**評価額×（1－**借地権**割合×**借家権**割合×**賃貸**割合）

〈私道の評価〉

特定の者のみが通行する私道	自用地評価額×**30%**
不特定多数の通行に供する私道	評価額**ゼロ**

③小規模宅地等の課税価格の計算の特例 頻出

被相続人の居住用や事業用、または貸付用であった宅地を相続等で取得した場合、要件を満たすと一定範囲の面積について評価額が減額されます。

(1)特定居住用宅地等の適用要件

相続開始前の利用状況	取得者	申告期限までの	
		保有	居住
被相続人の居住用	〔配偶者〕	〔不 要〕	〔不 要〕
	同居親族	要	要
同一生計親族の居住用	その同一生計親族	要	要

(2)特定事業用宅地等の適用要件

相続開始前の利用状況	取得者	申告期限までの	
		保有	事業継続
被相続人の事業用	事業を引き継いだ親族	要	要
同一生計親族の事業用	その同一生計親族	要	要

＊ 平成31年4月1日以後に相続等により取得する財産については、特定事業用宅地等の範囲から相続開始3年以内に事業の用に供された宅地等は除外される

(3)対象の減額面積と割合 頻出

利用形態		減額対象限度面積	減額割合
居住用	特定居住用宅地等	330㎡	80%
事業用	特定事業用宅地等	400㎡	80%
	特定同族会社事業用宅地等	400㎡	80%
	貸付事業用宅地等※	200㎡	50%

※ 平成30年4月以後に相続または遺贈により取得する財産については、相続開始前3年以内に新たに貸付事業の用に供された宅地等は原則として除かれる

＊ 平成27年1月1日以降に発生した相続について、特定居住用宅地等と特定事業用宅地等は別枠で計算することができ、併用すると最大730㎡までが80%減額の対象となる

この特例の適用を受けるためには、申告期限までに遺産の分割を確定する必要があります。ただし、未分割でも、期限内に申告書を提出したうえで、申告期限から**3年以内**に分割が完了すると、さかのぼって適用が受けられます。税額がゼロでも**申告は必要**です。

④建物の評価

建物は、課税時点の固定資産税評価額に基づいて評価します。

自用建物 （自分の居住用や事業用の建物）	固定資産税評価額×1.0
貸付用建物 （他人に貸付けている建物）	固定資産税評価額× （1－借家権割合×賃貸割合）

2 その他の資産の評価

①金融資産の評価方法

普通預金など	課税時期の預入残高
定期預金など	課税時期の預入残高＋（既経過利子－源泉徴収税額）
利付債（上場）	課税時期の最終価格＋（既経過利子－源泉徴収税額）
MMFなど	1口あたり基準価額×口数 ＋（未収分配金－源泉徴収税額）－解約手数料
上場投資信託	上場株式（353ページ）と同じ

②生命保険契約と定期金に関する権利の評価

定期金に関する権利（個人年金などのような年金を受け取る権利）と、生命保険契約に関する権利（保険事故が発生していない保険契約）の評価は次のとおりです。

定期金に関する権利	生命保険契約に関する権利
〈給付事由が発生している場合〉 以下のうちいずれか多い金額 ①解約返戻金相当額 ②定期金に代えて一時金の給付を受けることができる場合は一時金相当額 ③予定利率等をもとに算出した金額 〈給付事由が発生していない場合〉 解約返戻金相当額	相続開始時の解約返戻金相当額

③上場株式の評価

上場株式は、次のうちもっとも低い価格で評価します。

①課税時期の終値
②課税時期の属する月の毎日の終値の平均額
③課税時期の属する月の前月の毎日の終値の平均額
④課税時期の属する月の前々月の毎日の終値の平均額

④取引相場のない株式の評価

非上場株式など取引相場のない株式(＝自社株)は、株式の取得者や会社の規模によって評価方法が異なります。

⑴評価方法

同族株主等が取得した株式
→原則的評価方法
同族株主等以外の株主が取得した株式
→特例的評価方法

⑵評価方式の種類

評価方式		評価の方法
原則的評価方法	純資産価額方式	所有資産の相続税評価ベースの純資産価額により評価
	類似業種比準方式	事業内容が類似する上場企業の株価をベースに評価
	併用方式	上記2方式の加重平均により評価
特例的評価方法	配当還元方式	2年間の配当実績値により評価

⑤その他

⑴ゴルフ会員権

取引相場のあるゴルフ会員権は下記のとおり評価します。

ゴルフ会員権＝通常の取引価格×70%

⑵動産など

動産などの評価額は、売買実例価額(時価)が原則となります。

Q&A 基本

第6章

相続・事業承継

学習日 ／

1 相続の法律知識

／14

Q 01 未成年者を養子にする場合には、原則として、市町村長の許可が必要である。

Q 02 養子縁組の日から、養子と養親の間には血族間におけるのと同一の親族関係が生ずる。

Q 03 行方不明者などで生死が判明しない場合は、最後に生存が確認されてから７年が経過した時に死亡とみなされる。

Q 04 限定承認をする場合は、相続の開始があったことを知ったときから原則として３カ月以内に、各相続人が単独で家庭裁判所に対して、限定承認をする旨を申述する必要がある。

Q 05 相続人が故意に被相続人を殺害した場合は、家庭裁判所に申立てをして相続権を喪失させることができる。

Q 06 配偶者および直系尊属が相続人であるときは、配偶者の相続分は４分の３、直系尊属の相続分は４分の１である。

Q 07 被相続人の非嫡出子は、被相続人に嫡出子がいる場合には相続権を有しない。

過去問チェック！［2022-1］

Q 成年に達した者は、尊属または年長者以外の者を養子とすることができるが、養子には人数制限があり、実子のいる者は１人まで、実子のいない者は２人までである。

勉強のコツ❶

相続税・贈与税の知識のほか、民法の基礎知識も必要です。法定相続分は税の計算に必須なので、覚えておきましょう。

A 01 ×
未成年者を養子にする場合に必要なのは、家庭裁判所の許可である。

A 02 ○
養親の子とは兄弟姉妹関係が、養親の父母とは祖父母・孫の関係が生じる。

A 03 ○
普通失踪の場合は、7年経過時に死亡とみなされる。戦地、沈没した船、墜落した飛行機などにいた人の場合は特別失踪といい、その危難が去ったあと1年以上生死が判明しない場合に死亡とみなされる。

A 04 × 頻出
限定承認は、相続人全員で行う必要がある。相続放棄は、各相続人が単独でできる。（ひっかけ）

A 05 ×
相続人が故意に被相続人を殺害した場合などは欠格といい、当然に相続権を失うことになるため、家庭裁判所に申立てをして相続権を喪失させるという手続きは必要ない。

A 06 × 頻出
配偶者の相続分が3分の2、直系尊属の相続分は3分の1となる。

A 07 × 頻出
非嫡出子も嫡出子と同様、第一順位の相続人となる。ただし、被相続人が男性の場合には認知が必要となる。

A ×
養子には人数制限はない。なお、相続税の基礎控除額などを計算する際の人数は、実子のいるものは1人、実子のいない者は2人までという制限がある。

基本

Q 08 16歳の高校生は未成年であるため、原則として、遺言をすることができない。

□□□

Q 09 遺言によって嫡出子でない子の認知をすることはできない。

□□□

Q 10 検認とは、遺言書の偽造などを阻止するために行う証拠保全手続のことであり、遺言そのものが有効であるかを裁判所が認めるものではない。

□□□

Q 11 自筆証書遺言と公正証書遺言の両方を作成した場合は、日付の前後にかかわらず、公正証書遺言の内容が有効となる。

□□□

Q 12 被相続人の遺言による相続分の指定や、分割方法の指定に基づき分割する方法を指定分割という。

□□□

Q 13 協議分割は、共同相続人全員の協議により分割する方法であり、その相続分については、必ず法定相続分に従う必要がある。

□□□

Q 14 被相続人の財産の維持や増加に特別の寄与をした相続人がいる場合、その相続人には寄与分が認められるが、その額は法定相続分の2分の１である。

□□□

② 相続税に関する知識

／15

Q 15 遺贈または死因贈与により財産を取得した個人は、贈与税の納税義務者となる。

□□□

過去問チェック! ［2020-9］

Q 遺言者が自筆証書遺言を作成し、財産目録を添付する場合、所定の要件を満たせば、その目録は自書することを要しない。

A 08 ×

15歳に達した者は、意思能力があれば可能である。

ひっかけ

A 09 ×

認知は、遺言によってもすることができる。

A 10 ○

なお、検認が必要となるのは、自筆証書遺言と秘密証書遺言であり、公正証書遺言は検認が不要である。ただし、2020年7月10日以降、法務局による保管制度を利用した自筆証書遺言は検認が不要となった。

A 11 ×

頻出

遺言は、いつでもその全部または一部を撤回することができるため、2つ以上の遺言を作成した場合は、日付の新しい遺言が有効とされる。その際、遺言の形式は問われない。

A 12 ○

指定分割は、法定相続分による分割に優先する。

A 13 ×

協議分割とは共同相続人全員が協議合意して分割内容を決めることであり、必ずしも法定相続分に従う必要はない。

A 14 ×

寄与分の金額は決まっておらず、相続人間の協議によって決められる。

A 15 ×

頻出

相続税の納税義務者となる。

A ○

自筆証書遺言は全文を自書する必要があるが、財産目録はパソコン等で作成したものでも有効とされる。

基本

Q16 相続税の対象となる財産のうち、相続人が取得した死亡退職金については「18歳以下の子の人数×5,000千円」までの金額は非課税となる。

Q17 相続人である養子が死亡保険金を受け取った場合、死亡保険金の非課税金額の規定が適用される。

Q18 相続税の課税価格から控除することができる葬式費用に、香典返戻費用や墓地の買入費等は含まれる。

Q19 正式な婚姻関係にある夫婦と子ども３人(すべて実子)の家族で父親が死亡した場合、父親の財産を相続する際の相続税の基礎控除の金額は、8,000万円である。

Q20 被相続人が業務外の事由で死亡した場合、勤務先から受け取った弔慰金のうち、死亡時の普通給与×12カ月分については、相続税の非課税財産となる。

Q21 オーナー経営者が被保険者、会社が契約者および死亡保険金受取人の生命保険への加入は、役員死亡退職金の支払原資確保対策として有効である。

Q22 2024年5月に相続によって財産を取得した者が未成年者の場合、「(18歳－相続開始時の未成年者の年齢)×8万円」で計算した金額を、相続税額から控除することができる。

過去問チェック! ［2022-5］

Q 法定相続人が相続の放棄をした場合、その放棄をした者の人数を「法定相続人の数」に含めずに、相続税の計算における遺産に係る基礎控除額を計算する。

A 16 頻出 ×

死亡退職金のうち、非課税財産となるのは「法定相続人の人数×5,000千円」である。

A 17 ○

相続に関して、養子と実子の差はないため、養子も死亡保険金の非課税金額の規定が適用される。

A 18 頻出 ×

葬式費用に、香典返戻費用や墓地の買入費等は含まれない。また、法要に関する費用、遺体の解剖にかかる費用も含まれない。

ひっかけ

A 19 頻出 ×

相続税の基礎控除は「3,000万円＋600万円×法定相続人の数」で求められるが、問題のケースの場合、法定相続人は配偶者と子ども３人の合計４人となるため、5,400万円となる。

A 20 頻出 ×

弔慰金の非課税枠は以下のとおりである。
業務上の死亡の場合：死亡時の普通給与×36カ月
業務外の死亡の場合：死亡時の普通給与×6カ月

A 21 ○

会社が受け取った保険金を死亡退職金として支払うことで、「500万円×法定相続人の数」の非課税枠を活用することができる。

A 22 ×

未成年者が控除できる金額は、「(18歳－相続開始時の未成年者の年齢)×10万円」である。

A ×

遺産に係る基礎控除額を計算する際、相続の放棄をした者があっても、放棄がなかったものとして、放棄をした者の人数も法定相続人の数に含める。

基本

Q 23

相続税について、配偶者の税額軽減の特例を適用すると、配偶者の相続した部分については、法定相続分まで、もしくは2億円までは相続税はゼロとなる。

Q 24

相続税を金銭で一括納付することが困難な場合は、一定条件を満たせば延納することができるが、延納期間中は一定の利子税がかかる。

Q 25

相続税額を延納によっても金銭で納付することを困難とする事由がある場合、所定の手続きにより、どのような財産でも物納することができる。

Q 26

物納の許可を受けたあと、物納にかかる相続税を金銭で一時に納付等することが可能となった場合、一定の財産は原則として、物納の許可を受けた日の翌日から5年以内に限り、物納の撤回が認められる。

Q 27

相続税の延納の担保として認められるのは、相続税の課税価格の計算の基礎となった財産に限られる。

Q 28

相続税の物納を行う際、物納適格財産であれば、物納順位は決まっていない。

Q 29

2024年以降に贈与された財産を相続開始前7年以内に贈与を受けた財産として相続税の課税価格に加算する際は、相続時の評価額で加算する。

過去問チェック! [2021-9]

Q

被相続人に支給されるべきであった退職手当金で、被相続人の死亡後3年以内に支給が確定したものは、相続税の課税対象となる。

A 23 ✕ 配偶者の税額軽減の特例では、法定相続分まで、もしくは1億6,000万円までのうちの多い金額までは相続税がゼロとなる。

A 24 〇 延納できる最長期間は、相続財産のうちの不動産等の価額の割合によって異なる。相続税が10万円を超えた場合に認められ、原則として担保の提供が必要である。

A 25 ✕ 物納できるのは一定の物納適格財産に限られる。物納適格財産とは、国債や地方債、不動産や株式など一定の相続財産のことである。

ひっかけ

A 26 ✕ 一度許可された物納の撤回は、許可を受けた日の翌日から1年以内に限り認められる。

A 27 ✕ 相続税の延納の担保は相続財産でなくても可能。また、納税者本人の所有財産でなくても認められる。

A 28 ✕ 相続税の物納適格財産の優先順位は以下のように決まっている。

第1順位：国債および地方債、不動産、船舶、上場株式等

第2順位：非上場の株式等

第3順位：動産

A 29 ✕ 頻出

相続時ではなく、贈与時の評価額となる。なお、相続開始前３年超７年以内に受けた贈与についてはその合計額から100万円を控除した残額を相続税の課税価格に加算する。

A 〇 被相続人の死亡後3年以内に支給が確定した退職手当金は相続税の対象である。なお、3年を超えたものは一時所得となる。

基本

③ 贈与と贈与税に関する知識

/10

Q 30 贈与契約は、法定の書式に従って、公正証書により作成した場合に限りその効力が生じる。

Q 31 死因贈与においては、当事者同士が書面で合意していても、贈与者の死亡前であれば贈与契約の効力は生じない。

Q 32 契約者(＝保険料負担者)を父親、被保険者を母親とする定期保険契約に基づき、死亡保険金受取人である子が受け取った死亡保険金は所得税の課税対象となる。

Q 33 親が所有する土地の名義を、無償で子へ変更した場合は、原則として、非課税である。

Q 34 暦年課税における贈与税の基礎控除額は、500万円である。

Q 35 暦年課税の適用を受けて財産を贈与された場合、基礎控除額を超える部分について、一律20%の税率により贈与税が課される。

Q 36 2024年6月に「直系尊属からの住宅取得等資金贈与を受けた場合の非課税制度」の適用を受けて、住宅取得資金の贈与を受けて住宅を取得した場合、その住宅が省エネや耐震基準を満たす良質な住宅であれば、1,000万円までは贈与税が非課税となる。

過去問チェック! [2021-5]

Q 贈与税の配偶者控除の適用を受けた場合、贈与税額の計算上、課税価格から基礎控除額のほかに配偶者控除として最高で3,000万円を控除することができる。

A30 頻出 ×

贈与契約は当事者間の合意によって成立するので、そもそも書面の作成は義務付けられていない。よって、公正証書により作成した場合に限りその効力が生じるということはない。

A31 ○

死因贈与は、贈与者の死亡を条件とするものなので、贈与者の死亡前には贈与契約の効力は生じない。

A32 頻出 ×

保険料負担者、被保険者、保険金受取人のすべてが異なる場合は、保険料負担者から保険金受取人への贈与となり、死亡保険金受取人が受け取った死亡保険金は、贈与税の課税対象となる。

A33 ×

親から子に対し土地の贈与があったものとして贈与税の課税対象となる。

A34 頻出 ×

暦年課税における贈与税の基礎控除額は、110万円である。

A35 ×

暦年課税による贈与税は、基礎控除額を超える部分について、超過累進税率により課される。

ひっかけ

A36 実技 ○

2024年6月の取得の場合、一定の条件を満たす住宅は1,000万円、それ以外の一般住宅は500万円が非課税金額となる。

A ×

贈与税の配偶者控除は要件を満たす場合、基礎控除額110万円とは別に、最高で2,000万円まで控除できる。

基本

Q 37 相続時精算課税制度の適用が受けられるのは、原則、贈与を受けた年の1月1日において60歳以上の父母や祖父母から18歳以上の子や孫への生前贈与についてである。

Q 38 相続時精算課税制度の適用を受けようとする受贈者は、相続時精算課税選択届出書を、贈与を受けた財産にかかる贈与税の申告書に添付して、その最初の贈与を受けた年分の贈与税の申告期限までに提出しなければならない。

Q 39 相続時精算課税制度を利用して贈与を受ける財産は現金に限られる。

4 財産評価に関する知識

/11

Q 40 路線価方式での自用地の価額は、その年分の相続税路線価（評価時点はその年の1月1日）にその年の1月1日から相続開始日までの地価変動率を乗じて評価する。

Q 41 路線価地域にあり、一方のみが道路に接している土地の相続税評価額は、「路線価×当該土地の面積」により計算される。

Q 42 不整形地を路線価方式によって評価しようとする場合には、それに見合った価額に補正して評価する。

Q 43 路線価図に記載されている借地権割合については、国税局長が借地権の残存期間に応じた一定割合を定めている。

過去問チェック! ［2019-9（加工）］

Q 相続税における家屋等の評価について、借家権は、この権利が権利金等の名称をもって取引される慣行のない地域においては、評価しない。

A 37 ○ 60歳以上の父母・祖父母から18歳以上の子・孫への生前贈与について、適用を受けられる。

実技 頻出

A 38 ○ 相続時精算課税制度の適用により納めるべき贈与税額がないとしても、確定申告は必要である。

頻出

A 39 × 贈与する財産の種類は問わない。

A 40 × 路線価方式での自用地の価額は、その年分の相続税路線価（評価時点はその年の1月1日）に面積を掛け、土地の形状や道路との関係などに応じた補正を行うことで評価する。地価変動率を乗ずることはない。

A 41 × 一方のみが道路に接している土地の相続税評価額は、「路線価×奥行価格補正率×当該土地の面積」によって計算される。

A 42 ○ 路線価方式とは、国税庁が市街地の道路に定めた路線価をもとにして評価する方法である。

A 43 × 借地権割合は、借地事情が似ている地域ごとに定められており、残存期間は関係ない。普通借地権の評価額は、その土地の面する道路の路線価図に記載されている借地権割合を、自用地評価額に掛けて算出する。

A ○ 設問のとおり。なお、借家権とはアパート等を借りている被相続人の権利のことである。

基本

Q 44

定期預金の相続税評価額は、「預入残高＋解約時経過利子(源泉徴収税額控除後)」で評価される。

Q 45

上場されている株式の相続税評価額は、課税時期の属する月の前半年以内の終値の平均額によって評価する。

Q 46

２以上の道路に面している土地を路線価方式で評価する場合、正面路線価とは路線価をそのまま比較して高いほうとなる。

Q 47

被相続人の居住用となっていた宅地をその被相続人の配偶者が相続した場合、特定居住用宅地等として330㎡までは評価額が20％減額されて、80％の評価額となる。

Q 48

類似業種比準方式における比準要素には、１株あたりの配当金額、１株あたりの利益金額および１株あたりの純資産価額がある。

Q 49

相続税の納税猶予制度の対象となる株式(後継者が相続開始前から既に保有していたものを含む)は、発行済議決権株式の総数の２分の１に達するまでの部分に限られる。

Q 50

アパートなどの貸家の相続税評価額は「固定資産税評価額×0.7」で求められる。

過去問チェック! [2021-9]

Q 建築中の家屋の価額は、「その家屋の費用現価×70％」の算式により計算した金額によって評価する。

A 44 ○ 経過利子とは、前回の利払日から課税時期までに確定している利息のことである。なお、普通預金の場合は、課税時期の残高そのものが評価額となる。

A 45 × 頻出
上場株式は、「課税時期の終値」「課税時期の属する月の毎日の終値の平均額」「課税時期の属する月の前月の毎日の終値の平均額」「課税時期の属する月の前々月の毎日の終値の平均額」のうち、もっとも低い価額が評価額となる。

A 46 × 頻出
正面路線価は、路線価をそのまま比較するのではなく、それぞれの路線価に奥行価格補正率を乗じた価格の高いほうとなる。

A 47 × 頻出
特定居住用宅地等については、330㎡までが80%減額されて、20%の評価額となる。

A 48 ○ 類似業種比準方式とは、評価する会社と類似した上場会社の株価をもとに配当金額、年利益額、純資産価額を比較して計算する方法である。

A 49 × 原則として発行済議決権株式の総数の3分の2に達するまでの部分に限られるが、一定の要件を満たす場合には取得したすべての株式が対象となる。ただし、この特例を適用するためには、2018年4月1日から2026年3月31日までに特例承継計画を都道府県に提出する必要がある。（ひっかけ）

A 50 × 「固定資産税評価額×（1－借家権割合×賃貸割合）」で求められる。

A ○ 建築中の家屋には固定資産税評価額が付けられていないため、費用現価の70%相当額として評価する。

Q&A 重要

第6章

相続・事業承継

学習日 ／

① 相続の法律知識

／14

Q 01 原則として養子となる者の父母の同意がなければ特別養子縁組は成立しない。

Q 02 特別養子縁組が成立した場合、原則として、実方の父母の相続人とならない。

Q 03 配偶者のある者でも、養子縁組は個人ごとに行うため、配偶者とは別に未成年者を養子とすることができる。

Q 04 配偶者と子が相続人の場合、全財産のうち２分の１が遺留分とされる。

Q 05 単純承認をしようとする場合は、相続の開始があったことを知ったときから原則として３カ月以内に、共同相続人全員が、家庭裁判所に対して単純承認をする旨を申述しなければならない。

Q 06 相続の放棄をしようとする者が１人でもいる場合は、相続の開始があったことを知ったときから原則として３カ月以内に、共同相続人全員が、家庭裁判所に対して、相続の放棄をする旨を申述しなければならない。

過去問チェック!［2021-5］

Q 被相続人と父母の一方のみを同じくする兄弟姉妹の法定相続分は、父母の双方を同じくする兄弟姉妹の法定相続分の2分の1である。

勉強のコツ❷

住宅取得等資金や教育資金、結婚・子育て資金の贈与についての特例についても、しっかり確認しましょう。

A 01 ○ 特別養子になることができるのは、15歳未満の者である。

A 02 頻出 ○ なお、普通養子の場合は、養親の相続権と、実親の相続権の両方をもつことになる。

A 03 × 未成年者を養子にするときは、原則として、配偶者とともにしなければならない。

A 04 ○ 遺留分は原則として全財産のうち2分の1である。相続人が直系尊属のみの場合は全財産の3分の1となり、兄弟姉妹のみの場合は遺留分はない。

A 05 頻出 × 単純承認をしようとする場合は、とくに手続きは不要である。相続の開始があったことを知ったときから3カ月以内に、相続放棄や限定承認の手続きを取らなければ、単純承認したものとみなされる。

A 06 × 相続の放棄は相続人一人ひとりが単独で可能であり、相続の開始があったことを知ったときから原則として3カ月以内に、家庭裁判所に対して相続の放棄をする旨を申述すれば良い。

A ○ 父母のどちらか一方が同じ兄弟姉妹を半血兄弟姉妹という。

重要

Q 07

配偶者および兄弟姉妹が相続人であるときは、配偶者の相続分は3分の2、兄弟姉妹の相続分は3分の1である。

Q 08

代襲相続人の相続分は、その直系尊属(代襲相続人の親など)が受けるべきであった相続分の2分の1である。

Q 09

被相続人は、遺言により、相続開始のときから10年を超えない期間を定めて、遺産の分割を禁ずることができる。

Q 10

被相続人が遺言で遺産の一部についてのみ分割方法を指定している場合、残りの部分について、共同相続人は、法定相続分により遺産を分割する。

Q 11

協議分割の場合、必ずしも法定相続分に従う必要はないが、相続人の中の特定の者の取得分をゼロとすることはできない。

Q 12

遺産の分割について、共同相続人の間で協議が調わない場合、各共同相続人は家庭裁判所に遺産分割の調停を申し立てることができる。

Q 13

現物分割は、共同相続人が相続により取得した現物財産の全部または一部を金銭に換価し、その換価代金を分割する方法である。

Q 14

物理的に分割が困難であるなど、現物分割が困難である場合に家庭裁判所に申し立てることにより認められる分割方法を代償分割という。

過去問チェック! [2020-9]

Q 相続人となるべき被相続人の子が相続の放棄をした場合、その放棄した子の子が代襲して相続人となる。

A 07 ×
頻出

配偶者および兄弟姉妹が相続人であるときの相続分は、配偶者が4分の3、兄弟姉妹は4分の1である。

A 08 ×
頻出

代襲相続人の相続分は、その直系尊属が受けるべきであった相続分と同額である。代襲相続人が複数いる場合は、人数で按分する。

A 09 ×

遺言によって遺産分割を禁ずる場合の期間は、5年を超えない期間である。

A 10 ×

協議により、遺産の分割をすることができる。

A 11 ×
頻出

協議分割の場合、相続人同士の話し合いがまとまるのであれば、どのような分割も可能なので、特定の者の取得分をゼロとすることも問題ない。

A 12 ○

調停でも調わなければ、審判による分割となる。

A 13 ×

設問は換価分割の説明である。現物分割は実際の遺産現物をそのまま分割する方法である。

A 14 ×

代償分割は、現物分割が困難である場合などに、特定の相続人に相続財産の全部または大部分を相続させ、その代わりにその相続人の自己の財産を他の相続人に対して渡す分割方法である。家庭裁判所に申し立てる必要はない。

A ×

相続の放棄があった場合、その相続人には代襲相続は発生しない。

重要

② 相続税に関する知識

/8

Q15 相続により日本国内にある財産を取得した際に、日本国内に住所がない場合には、相続税の納税義務者とはならない。

Q16 被相続人が業務上の事由により死亡した場合、相続人が被相続人の勤務先から受け取る弔慰金は、原則として、被相続人の死亡時の普通給与の３年分に相当する金額までは、相続税の課税対象とならない。

Q17 延納は、相続税額を納期限までに金銭で一時納付することを困難とする事由があり、納付すべき相続税額が30万円を超える場合、所定の手続きにより認められる。

Q18 法定相続人４人のうち１人が相続を放棄した場合、退職手当金等に対する相続税の非課税限度額は、15,000千円である。

Q19 契約者（＝保険料負担者）および死亡保険金受取人が夫、被保険者が妻である養老保険の死亡保険金を夫が受け取った場合、当該死亡保険金はみなし相続財産として相続税の課税対象となる。

過去問チェック！［2020-1（加工）］

Q 遺言執行者である弁護士に支払った被相続人の相続に係る遺言執行費用は、相続税の課税価格の計算上、相続財産の価額から債務控除できないものである。

A 15 ×

相続により日本国内にある財産を取得した個人は、国籍や住所の状況に応じて課税される財産の範囲は異なるが、日本国内にある財産については原則として相続税が課されるため、納税義務者となる。

A 16 ○ 頻出

弔慰金の非課税限度額は、被相続人が業務上の事由により死亡した場合は、普通給与の3（36カ月）年分、業務外の事由により死亡した場合は、普通給与の6カ月分までとなる。

A 17 ×

納付すべき相続税額が10万円を超える場合に延納が認められる。

A 18 × 頻出

相続税の計算上、退職手当金等に対する相続税の非課税限度額は「5,000千円×法定相続人数」であるが、相続放棄をした人がいても、放棄がなかったものとして計算する。よって、法定相続人４人のうち１人が相続を放棄したとしても「5,000千円×４人＝20,000千円」となる。

ひっかけ

A 19 × 頻出

契約者（＝保険料負担者）および死亡保険金受取人が夫、被保険者が妻である養老保険の死亡保険金を夫が受け取った場合、当該死亡保険金は一時所得として所得税・住民税の課税対象となる。

A ○

遺言執行費用は債務控除の対象とならない。その他、生前に購入した墓地などの未払い金や保証債務も債務控除の対象とはならない。

重要

Q 20 □□□

相続税において、小規模宅地等についての相続税の課税価格の計算の特例の適用を受けた不動産を物納する際の収納価額は、特例適用後の価格となる。

Q 21 □□□

相続税の納税義務者は、自然人たる個人に限られるため、法人が個人とみなされて相続税の納税義務者となることはない。

Q 22 □□□

被相続人から生前に相続時精算課税制度の適用を受けて財産の贈与を受けた個人は、その被相続人の死亡時に相続により財産を取得した場合に限り、相続税の納税義務者となる。

3 贈与と贈与税に関する知識

/11

Q 23 □□□

時価より著しく低い額で財産を譲渡した場合、その時価と譲渡した価格の差額はみなし贈与財産となり、贈与税の課税対象となる。

Q 24 □□□

負担付贈与が行われ、受贈者がその負担に相当する債務を履行しない場合は、贈与者は贈与契約を解除することができる。

Q 25 □□□

親の土地をその子が無償で借り受け、アパートを建築した場合、親から子に対して借地権の贈与があったものとして贈与税の課税対象となる。

Q 26 □□□

離婚による財産分与により取得した財産の価額が、婚姻中の夫婦の協力によって得た財産の額等を考慮して社会通念上相当な範囲内である場合は、原則として、贈与税の課税対象とはならない。

過去問チェック! [2021-1]

Q 民法上、書面によらない贈与において、いまだその履行がなされていない場合であっても、各当事者が一方的にこれを解除することはできない。

A 20 ○ 実技

物納の際の収納価額は、原則として相続税評価額となるため、小規模宅地等についての相続税の課税価格の計算の特例の適用を受けた土地については、減額後の価額となる。

A 21 ×

相続税の納税義務者は原則として個人であるが、人格のない社団等や公益法人等も個人とみなして納税義務者になることがある。

A 22 ×

相続時精算課税制度の適用を受けて財産の贈与を受けた個人は、その被相続人の死亡時に相続により財産を取得しない場合であっても、相続税の納税義務者となる。

A 23 ○ 頻出

低額譲渡となり贈与税の課税対象となる。また、債務を無償で免除されたりした場合なども、みなし贈与財産となる。

A 24 ○

負担付贈与とは受贈者に借金など一定の負担を負わせることを条件に贈与することをいう。

ひっかけ

A 25 ×

無償で借りる使用貸借の場合、そもそも借地権が発生しないので贈与にもあたらない。よって、贈与税の課税対象とはならない。

A 26 ○

離婚による財産分与は、社会通念上相当な額であれば非課税である。ほかにも、扶養義務者間で支払う生活費や教育費で、通常必要と認められるものなどが非課税となる。

A ×

書面によらない贈与契約を締結した場合、履行が終わっていない場合は、それを解除することができる。

重要

Q 27 個人の債務者が、その債務の弁済を免れた場合において、債務者が資力を喪失して債務の弁済が困難である部分の金額については、贈与税の課税対象とならない。

Q 28 「直系尊属から住宅取得等資金贈与を受けた場合の非課税制度」を適用して住宅取得等資金の贈与を受ける場合、その対象となる住宅用家屋の床面積は200㎡が上限である。

Q 29 贈与税の配偶者控除の適用を受けており、相続開始前7年以内の贈与だった場合、その適用により控除された金額に相当する部分は、その贈与を受けた者の相続税の課税価格に加算する必要がある。

Q 30 配偶者から居住用不動産の贈与を受け、贈与税の配偶者控除の適用を受けた場合において、控除額の限度額に満たない金額があれば、翌年以降に繰り越すことができる。

Q 31 相続時精算課税制度の適用を受けた場合、特別控除額までの受贈財産については、贈与税が課されず、特別控除額を超える部分については、一律25%の税率により贈与税が課される。

Q 32 相続時精算課税制度を適用した場合の特別控除額は累積2,500万円までである。

Q 33 教育資金の一括贈与に係る贈与税の非課税措置の適用を受けた場合は、30歳未満の子や孫に対しての贈与に限り、1,500万円までの金額に対する贈与税が非課税となる。

過去問チェック! ［2023-9］

Q 贈与税を納期限までに納付することが困難である場合、その納付を困難とする金額を限度として延納または物納を申請することができる。

A 27 ○ なお、返済能力のある債務者が債務の免除をしてもらった場合は、贈与となり、贈与税の課税対象となる。

A 28 × 適用対象となる住宅用家屋の床面積の上限は240㎡である。

A 29 × 頻出 相続開始前7年以内の贈与であっても贈与税の配偶者控除の適用を受けている場合は、相続税の課税価格に加算する必要はない。

A 30 × 頻出 贈与税の配偶者控除は、基礎控除のほかに2,000万円まで控除することができるが、限度額に満たないからといって翌年に繰り越すことはできない。

A 31 × 頻出 相続時精算課税制度の適用を受けた場合、特別控除額を超える部分について適用される贈与税の税率は、一律20%である。

A 32 ○ 何度でも贈与できる。なお、2024年以後の贈与により取得する財産については、相続時精算課税制度を選択後も毎年110万円の基礎控除を適用できる。

A 33 ○ 教育資金の一括贈与に係る贈与税の非課税措置は、30歳未満の子や孫が対象である。なお、非課税限度額は1,500万円で、金銭等を金融機関に信託等することが必要となる。

A × 贈与税に物納制度は設けられていない。

重要

④ 財産評価に関する知識

／15

Q 34 １筆の宅地上に自宅と貸家がある場合において、自宅の敷地面積のほうが貸家の敷地面積よりも広いときは、この１筆の宅地はその全体を自用地として評価する。

Q 35 配偶者以外の同居親族が特定居住用宅地等の評価減の適用を受ける場合、申告期限まで引き続き保有していれば、居住を続ける必要はない。

Q 36 相続税路線価の路線価図において、市街地的形態を形成する地域の宅地には、倍率のみが記載されている。

Q 37 自身の所有している土地にアパートを建築し、賃貸の用に供している場合、その敷地である宅地の相続税評価額は、「貸家建付地」として評価する。

Q 38 自用建物の相続税評価額は「固定資産税評価額×1.0」で求められる。

Q 39 上場されている利付国債の相続税評価額は「課税時期の最終価額＋経過利子の額（源泉徴収税額控除後）」で評価する。

Q 40 特定の者のみが通行する行き止まりの私道は、評価額がゼロとなる。

過去問チェック！ [2022-9]

Q Cさんが所有する宅地を子に権利金や地代の授受なく無償で貸し付け、子がアパートを建築して賃貸の用に供していた場合において、Cさんの相続が開始したときには、相続税額の計算上、そのアパートの敷地の用に供されている宅地の価額は、貸家建付地として評価する。

A 34 ×
登記上の1筆、2筆という単位とは関係なく、利用の単位ごと（1画地ごと）に評価する。

A 35 ×
同居親族が相続する場合は申告期限まで引き続き保有し、かつ居住し続ける必要がある。配偶者が相続する場合は、引き続き保有し、居住するという要件はない。

A 36 ×
相続税路線価の路線価図において、市街地的形態を形成する地域の宅地には、原則として路線価が記載されている。

A 37 ○ 頻出
「貸家建付地」の評価額は、「自用地評価額×（1－借地権割合×借家権割合×賃貸割合）」で求められる。

A 38 ○
つまり、固定資産税評価額と同じとなる。なお、賃貸されている建物は評価額が調整される。

A 39 ○
通常の利付国債の評価額は「課税時期の最終価額＋経過利子の額（源泉徴収税額控除後）」となる。個人向け国債の場合は、課税時期に中途換金した場合に取扱機関から支払いを受けることができる価額によって評価する。

A 40 × 頻出
不特定の者が通行する私道は評価額ゼロとなるが、特定の者のみが通行する私道は「自用地評価額×30%」となる。

A ×
親の所有する宅地を、権利金や地代の授受なく無償で子に貸し付ける使用貸借の場合、その土地は親の相続が開始したときの相続税額の計算上は自用地評価額となる。

重要

Q 41 取引相場のあるゴルフ会員権の価額は、課税時期における通常の取引価格の80%の金額で評価する。

Q 42 役員退職金の支給は、その会社の利益金額が減少するため、類似業種比準方式による自社株式の評価額を引き上げることになる。

Q 43 規模区分が中会社と判定された非特定会社の株式を、同族株主が取得した場合、当該株式の相続税評価額は、類似業種比準方式により評価する。

Q 44 取引相場のない株式をその会社の議決権総数の50%超の議決権を有する株主グループに属する同族株主が相続により取得した場合の株式の価額は、配当還元方式により評価する。

Q 45 土地保有特定会社または株式保有特定会社に該当する評価会社の株式を同族株主が取得した場合、当該株式の価額は、原則として、類似業種比準方式により評価する。

Q 46 非上場株式の贈与税の納税猶予制度の適用を受けるためには、会社が事業承継にかかる取組みを計画的に行っていることについて、都道府県知事の認定を受ける必要がある。

Q 47 非上場株式等の相続税の納税猶予制度では、2018年1月1日から2027年12月31日の間の相続で一定の書類を都道府県に提出した場合、雇用の8割以上を維持できなかった場合でも納税猶予を継続できる。

過去問チェック! [2022-5]

Q 配当還元方式による株式の価額は、その株式の1株当たりの年配当金額を5%で還元した元本の金額で評価する。

A 41 ×　頻出
取引相場のあるゴルフ会員権の価額は、「課税時期における通常の取引価格×70%」に相当する金額により評価する。

A 42 ×
自社株式の評価額を引き下げる効果がある。

A 43 ×　頻出
類似業種比準方式と純資産価額方式との併用または純資産価額方式によって、評価額を算出する。

A 44 ×
同族株主が相続により取得した株式（取引相場のないもの＝非上場株式）は、原則的評価方式により評価する。原則的評価方式とは「純資産価額方式」「類似業種比準方式」「（両者の）併用方式」であり、「配当還元方式」は、支配力のない株主が株式を取得した場合に利用する、特例的評価方式である。

A 45 ×　頻出
土地保有特定会社または株式保有特定会社に該当する評価会社の株式を同族株主が取得した場合、当該株式の価額は、原則として、純資産価額方式により評価する。

A 46 ○
その他に、後継者が贈与の直前3年以上役員であったことなどがある。なお、納税猶予の適用を受ける非上場株式のすべてを担保として提供した場合にはそれに見合う担保の提供があったものとみなされる。

A 47 ○
相続税の納税猶予制度を利用する場合、原則として５年間の経営承継期間において、常時従業員数を５年平均で80%以上に維持する必要があるが、2018年の税制改正で、80%を維持できない場合でも納税猶予を継続できる特例制度が創設された。

A ×
配当還元方式による株式の価額は、過去２年間の配当金額を10%還元して求める。

重要

Q 48

個人の事業用資産について相続税の納税猶予制度の適用を受けた相続人は、特定事業用宅地等について小規模宅地等の課税価格の計算の特例の適用を受けることができない。

⑤ 相続対策

／5

Q 49

配当金を支払うと、その会社の利益金額が減少するため、類似業種比準方式により自社株式の評価をした場合、評価額を引き下げる効果がある。

Q 50

会社が、経営者の死亡にともない支払った死亡退職金は、金額にかかわらず、全額が損金に算入できる。

Q 51

役員の死亡に際して、会社が役員の死亡退職金を支給すると、その会社の株式(取引相場のない)の相続税評価額を引き下げる効果がある。

Q 52

時価額よりも相続税評価額が低い不動産等を購入すると会社の純資産価額も減少するため、純資産価額方式による自社株評価を引き下げる効果がある。

Q 53

相続により取得した不動産を、相続の開始のあった日の翌日から相続税の申告期限の翌日以後3年以内に売却した場合、譲渡所得を計算する際の取得費に相続税額のうち一定額を加算することができるため、税引き後の手取り額が増える場合がある。

過去問チェック! [2021-9]

Q 相続時精算課税制度の適用を受けた贈与財産は、物納に充てることができない。

A 48 ○ 個人の事業用資産に係る納税猶予制度とは、認定相続人が相続等により特定事業用資産を取得し、継続していく場合に、その資産に対応する相続税の納税が猶予される制度である。

A 49 ×
頻出
配当は税引き後の利益から支払われるものなので、配当の支払いによって利益が減少するわけではない。なお、類似業種比準方式では、配当金額が増えると評価額が上がる。
ひっかけ

A 50 ×
頻出
死亡退職金や生存退職金は、金額にかかわらず支払った全額が損金にできるわけではない。報酬や役員在任期間、功績倍率などによって計算される適正金額までに限り、損金に算入することができる。

A 51 ○ 資産の減少となることで、その会社の株式の相続税評価額を引き下げる場合がある。

A 52 ○ 相続税評価額の低い資産の購入などで、会社の純資産価額を下げることができるため、純資産価額方式による自社株評価を引き下げる効果がある。

A 53 ○ 相続等により取得した財産を、相続の開始のあった日の翌日から申告期限の翌日以後3年以内に売却した場合、譲渡所得を計算する際の取得費に相続税額の一部を加算することができるため、譲渡所得金額が減少し、税引き後の手取りが増える可能性がある。

A ○ 設問のとおり。なお、非上場株式の納税猶予を適用している場合も、その対象財産を物納することはできない。

第7章

実技問題

問題1（解答・解説） 金財 個人資産相談業務

退職後の生活設計

問題2（解答・解説） FP 資産設計提案業務

保険証券の見方

問題3（解答・解説） 金財 個人資産相談業務

株式投資

問題4（解答・解説） 金財 生保顧客資産相談業務

保険金に関する税金と所得税

問題5（解答・解説） 金財 個人資産相談業務

不動産の有効活用

問題6（解答・解説） 金財 個人資産相談業務

相続税と財産評価

問題7（解答・解説） 金財 中小事業主資産相談業務

個人事業者の老後資金設計

問題8（解答・解説） 金財 生保顧客資産相談業務

遺族年金

実技試験の概要と対策

●学科試験と実技試験

「FP技能士２級」の試験には、学科試験と実技試験の２つがあり、それぞれの合格基準に達しなければ、合格できません。

●学科試験と実技試験の違い

学科試験は、基本的に問題の選択肢から解答を選びますが、実技試験は設例や資料をもとに出題され、それを読み解いていきます。計算問題や穴埋め問題、語群から適切な語句や数字を選択する問題など、問題のパターンもさまざまです。

●実技試験のレベル

学科試験に比べて、実技試験が難しいということはありません。基本的な知識が身についていれば、答えられるはずです。ただ、問題形式が学科試験と違うので、とまどうことがあるかもしれません。

●実技試験の攻略法

実技試験の苦手意識をなくす方法、それはこの出題形式に慣れることです。本書では、各分野から計８問を載せています。繰り返し解いて、実技試験に対する苦手意識をなくしましょう。

実技　問題1　金財｜個人資産相談業務　学習日

退職後の生活設計

Ａさんは定年を控え、退職後の生活設計についてファイナンシャルプランナーに相談することとした。Ａさんに関する資料は以下のとおり。

Ａさん　1965年4月5日生まれ。会社員
満60歳の誕生日に定年退職
定年退職後は会社の再雇用制度で働くかどうか検討中
再雇用制度で働いた場合はフルタイムで、社会保険に加入することになるが、給与（月給と賞与）は現在の半額となる
妻　1966年7月5日生まれ。専業主婦

＜Ａさんの公的年金加入歴＞

20歳　23歳　60歳

未加入	厚生年金（37年加入の見込み）

2003年3月までの厚生年金加入期間　180月
平均標準報酬月額　30万円
2003年4月から60歳到達までの厚生年金加入期間　264月
平均標準報酬額　56万円

問1 □□□

Ａさんから、再雇用で働かない場合、将来受け取れる年金について聞かれたため、ファイナンシャルプランナーは以下のように返答した。空欄①〜④にあてはまる数値を、語句群から選びなさい。

Ａさんの老齢年金は以下のように計算される。
老齢厚生年金（報酬比例部分）の金額　※□□にはそれぞれ数値が入る
（□□円×7.125／1000×□□月＋□□円×5.481/1000×□□月）≒（　①　）円　（計算過程においては円未満を四捨五入とし、答えは円単位とする）

老齢基礎年金の金額(2024年度価額で計算)

$$\text{□□円} \times \frac{\text{□□月}}{\text{480月}} \fallingdotseq (\ ②\ )\text{円(円未満四捨五入)}$$

Aさんは(　③　)歳から老齢厚生年金と老齢基礎年金を受け取ることができ、厚生年金保険の被保険者期間が(　④　)年以上あるため、加給年金額も加算される。

<語句群>

1．754,800	2．816,000	3．1,152,295	
4．1,195,061	5．20	6．25	7．60　8．65

問2

ファイナンシャルプランナーがAさんに説明した以下の文章のうち、適切なものには○印、不適切なものには×印をつけなさい。

①Aさんが再雇用・再就職しない場合、妻は国民年金の第3号被保険者から第1号被保険者への種別変更の届出を行う必要がある。

②Aさんが定年退職した場合、ハローワークで手続きをすると雇用保険の基本手当を受けることができるが、受け取れる期間は最長で180日間である。

③Aさんが再雇用制度を利用して働き、賃金が75%に低下したときは、低下後の賃金の割合に応じて、雇用保険から高年齢雇用継続基本給付金が支給される。

問3

ファイナンシャルプランナーがAさんに説明した退職後の健康保険の任意継続被保険者制度について、以下の文章の空欄①～③にあてはまる語句を、語句群から選びなさい。

定年退職後は、退職前の健康保険に(　①　)間を限度として任意で継続して加入することができ、申請期限は資格喪失日(退職日の翌日)から(　②　)以内である。任意継続被保険者の保険料は(　③　)となる。

<語句群>

1．1年	2．2年	3．6カ月	4．10日	5．20日
6．1カ月	7．全額自己負担	8．労使折半		
9．全額会社負担				

実技 解答・解説 1 金財 個人資産相談業務
退職後の生活設計

問 1 解答

①4
②1
③8
④5

解説

老齢厚生年金は2003年３月以前と2003年４月以降の加入期間に分け、2003年３月以前は平均標準報酬月額、2003年４月以降は平均標準報酬額を使って計算する。

●老齢厚生年金計算式

$$\left(\text{2003年3月以前の平均標準報酬月額}\times 7.125/1000\times \text{2003年3月以前の加入期間}\right.$$
$$\left.+\text{2003年4月以降の平均標準報酬額}\times 5.481/1000\times \text{2003年4月以降の加入期間}\right)$$

(30万円×7.125/1000×180月)＋(56万円×5.481/1000×264月)
＝ 1,195,061 円(計算過程の円未満四捨五入)

●老齢基礎年金計算式

$$\overset{\text{基礎満額}}{816{,}000\text{円}}\times\frac{\text{加入月数}}{480\text{月}}$$

$$\overset{\text{基礎満額}}{816{,}000\text{円}}\times\frac{444\text{月}}{480\text{月}}= \boxed{754{,}800}\text{円}$$

生年月日が1961年4月2日以後の男性は、 65 歳から**老齢厚生年金**と**老齢基礎年金**が支給される。このとき、厚生年金に 20 年以上加入しており、一定要件に該当する配偶者がいる場合には、**加給年金額**も支給される。

問2 解答

①○

②×

③○

解説

①厚生年金保険の被保険者でなくなると、その配偶者が60歳未満の専業主婦の場合は、国民年金の第3号被保険者から第1号被保険者への**種別変更**の届出を行い、**60**歳になるまで国民年金の保険料を納付しなければならない。

②**定年退職者**は通常の受給資格者となり、雇用保険に加入した期間が**20**年以上の場合は、最長で**150**日間にわたって基本手当が受けられるので誤り。

③高年齢雇用継続基本給付金は、雇用保険の被保険者期間が通算して**5**年以上あり、**基本手当**を受給しないで60歳以後も継続して雇用され、60歳以後の賃金が60歳到達時の賃金と比べて**75**%未満に低下した場合等に支給される。支給額は、60歳到達時の賃金の**61**%未満となった場合、再雇用後の賃金の**15**%相当額である。

問3 解答

①2

②5

③7

解説

定年退職後は、退職前の健康保険に **2年** 間を限度として任意で継続して加入することができ(健康保険の任意継続被保険者)、申請期限は資格喪失日(退職日の翌日)から **20日** 以内である。任意継続被保険者の保険料は **全額自己負担** となる。

実技　問題2　FP｜資産設計提案業務　学習日 ／

保険証券の見方

田原純さんは加入している生命保険の見直しについてFPの西さんに相談した。田原純さんの加入している生命保険は以下のとおりである。

＜田原純さんの保険証券(契約1)＞
5年毎利差配当付利率変動型終身保険

保険契約者	田原　純　様	契約者印
被保険者	田原　純　様 生年月日　1972年9月28日	印
受取人	死亡保険金　田原　優子　様　受取割合　10割	

契約日	2011年9月28日
主契約の保険期間	終身
特約の保険期間	10年

〈ご契約内容〉

終身保険金額(主契約保険金額)	300万円
収入保障保険特約年金額	300万円
定期保険特約保険金額	1700万円
3大疾病保障定期保険	500万円
疾病入院特約	日額5000円
成人病入院特約	日額5000円
災害入院特約	日額5000円

〈お払込いただく保険料〉

毎回	19993円
内　主契約保険料	3,782円
特約保険料	16,211円
保険料払込方式	月払い

〈適用予定利率〉
契約時　1.5%
最低保証予定利率　1.5%

〈その他〉
収入保障保険特約の年金支払い対象期間は10年間です。
特約の保険料払込期間は、特約ごとの保障期間と同一です。
リビングニーズ特約が付加されています。

問1

保険証券の内容についてFPの西さんが説明した内容で、適切なものには○印、不適切なものには×印をつけなさい。

①保険期間中に純さんが病気で死亡した場合に支払われる保険金・給付金の総額は、それ以前に3大疾病保障定期保険の支払いを受けていない場合、総額で2,800万円となる。
②保険期間中に純さんががんで入院した場合には、入院給付金として日額5,000円が受け取れる。
③終身保険は利率変動型であるため、一定期間毎に予定利率を見直すが、1.5%の最低保証がある。

問2

純さんは2024年5月に以下の個人年金に加入した。所得税の個人年金保険料控除について説明した以下の文章の空欄にあてはまる語句を、語句群から選びなさい。

＜個人年金保険(2024年5月加入)(契約**2**)＞

10年確定年金　(税制適格特約付) 契約者　田原純さん　　被保険者　田原純さん 年金受取人　田原純さん 年金年額　30万円　　　払込保険料月額　23,000円

2012年1月1日以降に契約した個人年金保険については、支払保険料が年間(　①　)超となる場合、(　②　)の控除が適用となる。純さんは2011年12月以前に契約した生命保険があるため、2024年5月に契約した個人年金保険の保険料控除と合算して(　③　)の所得控除が受けられる。

＜語句群＞

1．10万円	2．9万円	3．8万円	4．7万円
5．5万円	6．4万円	7．3万円	

問3

純さんは現在の生命保険の死亡保障額が多すぎると考えているため、保険の見直しを検討している。その方法についてFPの西さんが説明した以下の文章で、適切なものには〇印、不適切なものには×印をつけなさい。

①現在の保険の保障額を下げる方法としては減額という方法があり、その場合、減額部分に相当する解約返戻金がある場合は解約返戻金が支払われる。

②以後の保険料の払込みを中止して、その時点の解約返戻金をもとに保険期間を変えずに同種類の保険または養老保険に変更する延長保険という方法もある。

③保険契約の転換をする場合には新規加入と同じように告知や医師の診査が必要となるため、健康状態によっては転換できないケースもある。

実技

解答・解説２ FP 資産設計提案業務

保険証券の見方

問１ 解答

①×

②×

③○

解説

①純さんが病気で死亡した場合に支払われる保険金・給付金は以下のとおりである。

終身保険	300万円
収入保障保険特約	300万円×10年＝3,000万円
定期保険特約	1,700万円
３大疾病保障定期保険	500万円
合計	5,500万円

収入保障保険特約	被保険者が死亡・高度障害となった場合に、一定期間にわたり年金形式で支払われる保険。純さんの保険証券から、収入保障保険特約の年金支払期間は10年となっているため、300万円が10年間支払われる
３大疾病保障保険	がん・急性心筋梗塞・脳卒中となった場合に支払われる保険。３つの疾病に該当せず死亡した場合には死亡保険金として支払われる

②入院特約の内容は以下のとおり。純さんががんで入院した場合には、成人病入院特約から日額5,000円、疾病入院特約から日額5,000円で、合わせて日額１万円が給付される。

疾病入院特約	病気で入院した場合、一般に入院日数に応じて入院給付金が支払われる
災害入院特約	不慮の事故で180日以内に一定日数以上入院した場合、入院給付金が支払われる
成人病入院特約	がん・心疾患・脳血管疾患、高血圧性疾患、糖尿病などで入院の場合、入院給付金が支払われる

③利率変動型終身保険は、**一定期間**ごとに予定利率を見直す保険であるが、通常**最低保証利率**が設定されている。純さんの保険の場合は保険証券により、1.5%が最低保証利率である。

問2 解答
①3
②6
③2

解説

2012年以降に契約した保険については、「一般の生命保険」「個人年金保険」「**介護医療**保険」の3つの区分に分けられ、それぞれの区分について年間の支払保険料が8万円を超える場合、最高4万円の所得控除が受けられる制度となっている。

2011年までに契約した保険については、従前の保険料控除の制度が適用されるため、契約**1**は5万円の保険料控除が適用となる。そのため純さんの保険料控除の合計は、契約**1**の5万円と契約**2**の4万円を足して9万円となる。

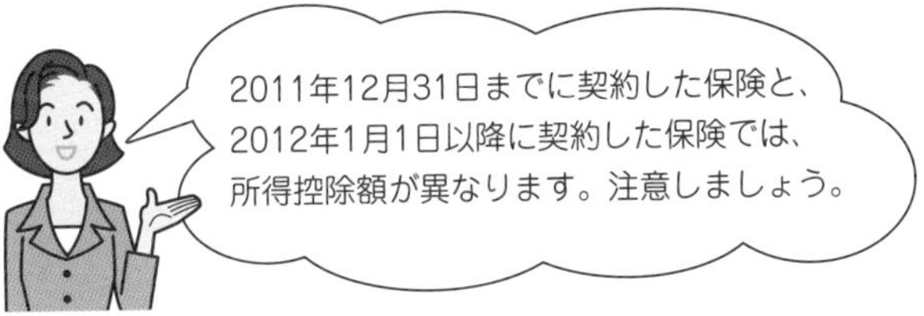

問3 解答
①○
②×
③○

解説

①問題文のとおり。
②以後の保険料の払込みを中止して、その時点の**解約返戻金**をもとに保険期間を変えずに保障額の少ない保険(同種類の保険または養老保険)に変更する方法は、**払済保険**である。
③問題文のとおり。

実技　問題3　金財｜個人資産相談業務　学習日 ／

株式投資

会社員Aさん(40歳)は、妻Bさん(38歳)および長女Cさん(3歳)との3人家族である。将来のために資産運用を始めたいと思っており、手元のすぐ使う予定のない余裕資金で株式への投資を考えている。投資先として同業種のX社とY社を検討しており、投資指標等の考え方についてファイナンシャルプランナーに相談をした。

＜財務データ＞　(単位：百万円)

	X　社	Y　社
資産の部（合計）	86,000	28,000
負債の部（合計）	46,000	11,000
純資産の部（合計）	40,000	17,000
売上高	88,000	30,000
営業利益	4,000	2,000
経常利益	3,800	2,200
当期純利益	3,700	2,000

※ 純資産の金額と自己資本の金額は同じである。

＜株価＞

X社　株価　2,400円　発行済株式数　5,000万株
　　　1株当たり年間配当金　30円

Y社　株価　3,200円　発行済株式数　2,500万株
　　　1株当たり年間配当金　50円

問1 ☑☑☑

財務データに基づいてX社とY社のROEを求めなさい。ただし、表示単位(%)の小数点以下第3位を四捨五入し、小数点以下第2位まで解答すること。

問2

ファイナンシャルプランナーはAさんに、X社とY社のデータに基づいて、株式の投資指標等について説明した。次の記述の①～③について適切なものには○印を、不適切なものには×印をつけなさい。

①株式の投資指標であるPERは株価が1株あたりの純利益の何倍になっているかをみる尺度で、X社とY社を比較するとX社の方の株価が割安といえます。

②配当を受け取ることを目的にして、配当利回りが高い銘柄を選ぶという方法もありますが、X社とY社の配当利回りを比較するとX社の方が高くなっています。

③企業の純資産価額に着目する指標としてPBRがあります。その数値が低いほど株価は割安、高いほど割高と判断されます。

問3

少額投資非課税制度についてファイナンシャルプランナーが説明した次の記述①～③について適切なものには○印、不適切なものには×印をつけなさい。

①2023年までのNISAは非課税期間が定められていましたが、2024年以降の新しいNISAでは非課税期間は無期限となりました。

②2024年以降のNISAでの年間投資上限額は、成長投資枠が240万円、つみたて投資枠が120万円で非課税保有限度額は1,800万円です。

③NISA口座で株式等を売却して生じた損失は、同じＮＩＳＡ口座内や特定口座内であれば他の株式等の譲渡益と通算できますが、一般口座で保有する株式等の譲渡益とは損益通算することはできません。

実技　解答・解説３　金財｜個人資産相談業務

株式投資

問1　**解答**

X社　9.25%

Y社　11.76%

解説

ROE（自己資本利益率）とは自己資本を使ってどのくらいの利益を上げたのかをみる尺度で、以下のように計算する。

$$\text{ROE}(\%)\quad\times\quad\frac{\text{当期純利益}}{\text{自己資本}}\quad\times 100$$

よって、以下のとおりとなる。

X社のROE

370,000万円÷4,000,000万円×100＝9.25%

Y社のROE

200,000万円÷1,700,000万円×100＝11.7647……

⇒11.76%

問2　**解答**

①○

②×

③○

解説

①PER（株価収益率）は「株価÷1株あたり純利益」で求められる。

X社　1株あたり純利益＝370,000万円÷5,000万株＝74円

PER=2400円÷74円≒32.43倍

Y社　1株あたり純利益＝200,000万円÷2,500万株＝80円

PER＝3200円÷80円＝40倍

PERはその数値が低いほど割安、高いほど割高とされるため、X社が約32倍、Y社が40倍でX社の方が割安と判断される。

②配当利回りは投資金額に対する配当金の割合で、「1株あたり配当金÷株価×100」で求められる。

X社　30円÷2,400円×100＝ 1.25 ％
Y社　50円÷3,200円×100＝ 1.5625 ％

よって、配当利回りはＹ社の方が高い。

③PBR（株価純資産倍率）は一般的に同業他社との比較で、その数値が低いほど株価は割安、高いほど割高と判断される。

問3 解答
①○
②○
③×

解説

①2024年以降の新しいNISA（つみたて投資枠と成長投資枠）では非課税期間が無期限となり、制度が恒久化された。

②2024年以降の新しいNISAの年間投資上限額は成長投資枠が240万円、つみたて投資枠が120万円となる。なお、つみたて投資枠と成長投資枠は併用可であるため、年間の投資上限額は合計して最大360万円であり、非課税保有限度額は1,800万円で枠の再利用が可能である。

③NISA口座で株式等を譲渡した場合の損失は、同じNISA内や特定口座・一般口座で保有する他の株式等の譲渡益と通算することはできない。また、翌年以降に損失を繰り越すこともできない。

実技　問題4 （金財｜生保顧客資産相談業務）

保険金に関する税金と所得税

学習日 ／

Aさんは5年前より個人で事業を営んでいる。これまでは白色申告により確定申告を行っていたが、青色申告に関心を持ちその仕組みやメリットなどを知りたいと考えている。

<Aさんと家族に関する資料>

Aさん	45歳	個人事業主(現在は白色申告者)
妻B	43歳	パート収入100万円/年
長男C	16歳	

<Aさんの2024年分の収入・支出等に関する資料>

(1)Aさんの事業所得金額　450万円

(2)一時払い養老保険の満期保険金　500万円
　契約年月日　2014年7月　　保険期間　10年
　契約者(＝保険料負担者)・被保険者　Aさん
　死亡保険金受取人　妻Bさん
　一時払い保険料　　440万円

(3)Aさんは2024年5月に新規でがん保険(生命保険料控除の適用要件を満たしている)に加入して12月末までに支払う保険料の合計は4万円

※Aさんとその家族はいずれも障害者および特別障害者には該当しない。
※Aさんとその家族の年齢はいずれも2024年12月31日のものである。
※上記以外の条件は考慮せず、各問に従うこと。

問1 □□□

所得税の青色申告に関する次の記述のうち、適切なものには○印、不適切なものには×印をつけなさい。

①青色申告を行う場合、その年の12月31日までに所轄税務署長に青色申告承認申請書を提出する必要がある。

②2024年分の所得税の申告において、事業所得者で青色申告をする者については、正規の簿記で記帳してe-Taxを利用するなど一定の条件を満たす場合、65万円の青色申告特別控除が適用される。

③青色申告をした者が、2025年3月31日までに取得価額300万円未満の減価償却資産を取得した場合、一定の要件のもと取得価額全額をその年の必要経費として算入することができる。

問 2 □□□

Aさんの2024年分の所得税の課税に関する次の記述の空欄①～④に入る最も適切な語句または数値を下記の語句群の中から選びなさい。

Aさんは所得税の申告において、妻Bさんの合計所得金額が（　①　）万円以下であるため、（　②　）万円の配偶者控除の適用を受けることができる。

Aさんが5月に加入したがん保険は（　③　）の対象となり、（　④　）万円の控除が適用される。

＜語句群＞

3	4	5	38	48	63
一般生命保険料控除			個人年金保険料控除		
介護医療保険料控除					

問 3 □□□

Aさんの2024年分の所得税の税額を算出した下記の表の空欄①～③に入る最も適切な数値を求めなさい。なお、問題の性質上明らかにできない部分は□□□としている。

＜Aさんの2024年分の所得税の税額＞

	事業所得の金額	4,500,000 円
	一時所得の金額	（　①　）円
（a）総所得金額		□□□ 円
（b）所得控除の合計額		1,900,000 円
（c）課税所得金額（a－b）		（　②　）円
（d）算出税額（cに対する税額）		（　③　）円

（参考）所得税の速算表

課税総所得金額		税率	控除額
	195万円以下	5%	0万円
195万円超	330万円以下	10%	97,500円
330万円超	695万円以下	20%	427,500円
695万円超	900万円以下	23%	636,000円
900万円超	1,800万円以下	33%	1,536,000円
1,800万円超	4,000万円以下	40%	2,796,000円
4,000万円超		45%	4,796,000円

実技　解答・解説4　金財｜生保顧客資産相談業務

保険金に関する税金と所得税

問1　**解答**

①×

②○

③×

解説

①新たに青色申告をする場合には、所轄税務署長に青色申告承認申請書を提出する必要がある。その期限は、すでに業務を行っている場合その年の**3月15日**、新たに業務を開始する場合は、業務開始から**2**か月以内(業務開始がその年の1月1日から1月15日までの場合はその年の3月15日)である。

②青色申告特別控除の額は、事業所得者および事業的規模の不動産所得者で、正規の簿記で記帳している場合は**55**万円であるが、e－Taxを利用するなど一定の条件を満たした場合**65**万円となる。

③青色申告をした者が、取得価額**30**万円未満の少額減価償却資産を取得した場合、一定の要件を満たしていれば取得価額**全額**をその年の必要経費として算入することができる。ただし、その年分に少額減価償却資産の取得価額の合計が**300**万円を超える場合は**300**万円が限度である。

問2　**解答**

①**48**万円

②**38**万円

③**介護医療保険料控除**

④**3**万円

解説

①納税者本人の合計所得金額が1,000万円以下で、納税者と生計を一にする合計所得金額が**48**万円以下の配偶者がいる場合に**配偶者控除**が適用される。妻Bさんはパート収入100万円があるが、給与所得控除額(55万円)を差し引くと、給与所得は**45**万円となり配偶者控除の対象と**なる**。

②配偶者控除の金額は納税者本人の合計所得金額によって以下の額

である。なお控除対象配偶者が70歳以上の場合は老人控除対象配偶者となる。

納税者本人の合計所得金額	控除対象配偶者	老人控除対象配偶者
900万円以下	38万円	48万円
900万円超　950万円以下	26万円	32万円
950万円超　1,000万円以下	13万円	16万円

③2012年1月1日以降に契約した、介護(費用)保険、医療保険、所得補償に対する保険料については一般の生命保険料とは別枠で 介護医療保険料 控除が適用される。がん保険も 介護医療保険料控除 の対象である。

④介護医療保険料控除の額は下記の表のとおり。Aさんのケースでは年間4万円の保険料を支払っているため、20,000円超40,000円以下となり、40,000円÷2＋10,000円＝ 30,000 円となる。

年間の支払い保険料の合計	控除額
20,000円以下	支払い金額
20,000円超　40,000円以下	支払金額÷2＋10,000円
40,000円超　80,000円以下	支払金額÷4＋20,000円
80,000円超	40,000円

問3　解答

①　**100,000円**

②**2,650,000円**

③　**167,500円**

解説

①一時所得は「総収入金額－収入を得るために支出した金額－特別控除額(50万円)」で求められる。Aさんの場合、500万円－440万円－50万円＝ 10 万円となる。

②(a)の総所得金額を求める際、一時所得の金額はその2分の1の金額を合算する。Aさんの場合は10万円÷2＝5万円を事業所得の450万円と合算し、455万円となる。よって課税所得金額は455万円－190万円＝ 265 万円となる。

③算出税額は、課税所得金額を所得税の速算表に当てはめて算出すると以下のとおり。

265万円×10%－9万7,500円＝ 167,500 円

実技

問題5 金財 個人資産相談業務

不動産の有効活用

学習日 ／

会社員Aさん(58歳)は、20年前に相続で取得した自宅の建物と敷地(甲土地)を所有している。甲土地は最寄り駅から徒歩5分と利便性はよいが建物は老朽化しており、子どもたちも独立して夫婦2人暮らしとなったため、マンションへ転居することを検討中である。その際の甲土地の有効活用方法や売却時の税金などについて、ファイナンシャルプランナーへ相談を行った。

〈甲土地の概要〉

用途地域：第一種住居地域
指定建蔽率：60%
指定容積率：300%
前面道路幅員による容積率の制限：前面道路幅員×$\frac{4}{10}$
防火規制：準防火地域

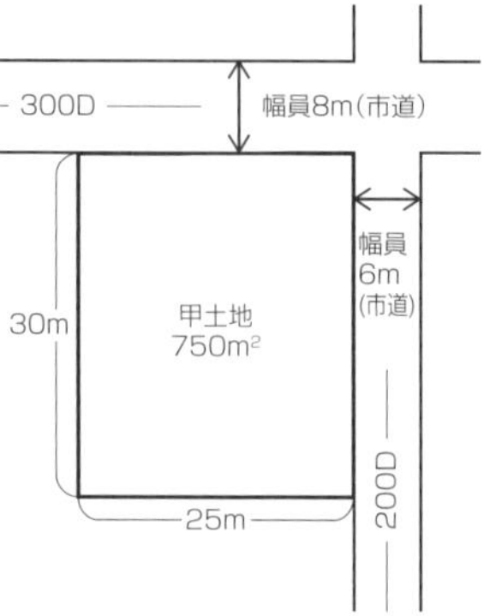

・甲土地は、建蔽率の緩和について特定行政庁が指定する角地である。
・指定建蔽率および指定容積率とは、それぞれ都市計画において定められた数値である。
・特定行政庁が都道府県都市計画審議会の議を経て指定する区域ではない。

問1

甲土地に耐火建築物を建築する場合の①、②を求めなさい。

①建蔽率の上限となる建築面積

②容積率の上限となる延床面積

問2

甲土地の有効活用方法について述べた次の記述について、適切なものには○印、不適切なものには×印を記入しなさい。

①事業受託方式では、開発業者がサブリースをすることが多いため、事業利益をすべて享受することはできない。
②建設協力金差入方式では、建設した土地所有者名義の建物を借主が借り上げるため借家権が発生し、土地の相続税評価額は貸宅地となる。
③等価交換方式では、資金調達が不要であり、収益性を高めることができるが、等価交換で取得した建物を賃貸した場合、建物の減価償却費は少なくなる。

問3

甲土地を譲渡する際の課税について述べた次の記述について、適切なものには○印、不適切なものには×印を記入しなさい。

①Aさんが自宅を取り壊した後、甲土地の譲渡を行った場合、敷地のみの譲渡でも居住用財産の3,000万円の特別控除を適用するためには、自宅を取り壊した日から3年以内に譲渡契約を締結するなどの条件を満たす必要がある。
②Aさんが自宅と甲土地を売却し、マンションへ買い替える場合、特定居住用財産の買換えの特例の適用を受けるためには譲渡資産の土地の面積が500㎡以内であることという条件があるため、この特例の適用を受けることができない。
③Aさん所有の自宅と甲土地は相続により取得したものであるため、譲渡所得を計算する際の取得費は被相続人が土地建物を買い入れたときの購入代金や購入手数料などを元に計算する。

実技

解答・解説5 〔金財｜個人資産相談業務〕

不動産の有効活用

問1 解答

①600m²

②2,250m²

解説

①概要より、甲土地は準防火地域であり、特定行政庁が指定する角地である。**防火**地域内・**準防火**地域内に耐火建築物を建築する場合、建蔽率に＋10%の緩和措置がある。また、特定行政庁が指定する**角地**の場合も＋10%の緩和措置があり、この２つの条件に該当する場合は＋20%となる。よって、甲土地は＋20%の緩和措置を受けられるので、建蔽率は以下のようになる。

建蔽率　⇒　60%（指定建蔽率）＋20%（緩和措置）＝80%

建蔽率の上限となる建築面積は、

建蔽率(%)÷100×**敷地**面積(㎡)

で求められるので、

80%÷100×750㎡＝**600**㎡

②概要より、甲土地の敷地には幅員8mと6mの２つの前面道路がある。前面道路の幅員が12m未満の場合、容積率に制限がかけられ、次の式で算出した容積率と指定容積率のいずれか**少ない**数値が適用される。

住居系の用途地域　⇒　前面道路の幅員×4/10

その他の用途地域　⇒　前面道路の幅員×６/10

また、前面道路が2つ以上ある場合は、幅員が**最大**の道路が採用されるので、甲土地の場合８mが採用されて容積率は以下のようになる。

容積率　⇒　8m×4/10＝3.2

⇒　320%＞300%（指定容積率）であるため300%

容積率の上限となる延床面積は、

容積率(%)÷100×**敷地**面積(㎡)

で求められるので、

300%÷100×750(㎡)＝**2,250**㎡

問2 **解答**

①○　②×　③○

解説

①設問のとおり。事業計画から建設・管理運営まで、開発業者のノウハウを活用することができ運営管理は省け、サブリース(一括借上)で空室のリスクを負わず安定収益を得ることができるが、得られる利益は**少なくなる**。

②建設協力金差入方式では、建物建設時に建設協力金が土地所有者に支払われ、借入負担を軽減し、収益性を高めることができる。相続税評価額は、土地は**貸家建付地**、建物は**借家**となる。

③建物の取得価格は交換元の土地の取得価格を引き継ぐこととなり、減価償却費は**少なくなる**。また、譲渡益に対する利益を繰り延べることができ、買換えの特例(立体買換えの特例)も活用できる。

問3 **解答**

①×　②×　③○

解説

①居住用財産の3,000万円の特別控除の特例は、以下の条件を満たす場合は**敷地のみ**でも適用可能となる。

＜適用要件＞

・住宅を取り壊した日から1年以内に譲渡契約を締結

・居住しなくなって3年を経過した日の属する年の12月31日までに**譲渡**

・住宅を取り壊してから譲渡契約締結までに敷地を貸付たり、その他の目的に使用していない

②特定居住用財産の買換えの特例が適用される譲渡資産の条件に面積の要件は**ない**。なお、買換え資産の条件として、土地の面積が500㎡以内であることが必要である。特例適用の譲渡資産の条件は以下のとおり。

＜譲渡資産の条件＞

・譲渡した年の1月1日現在で、所有期間が10年を超えている

・通算居住期間が10年以上である

・前年、前々年に「3,000万円の特別控除」「軽減税率の特例」を利用していない

・譲渡先が、配偶者や直系血族・同族会社など特別な関係ではない

・譲渡対価1億円以下

③設問のとおり。**被相続人**が買い入れたときの代金や手数料を元に計算する。

実技 問題6 （金財｜個人資産相談業務）

学習日 ／

相続税と財産評価

Aさん(65歳)は自身の相続が起こった際に遺産分割でもめることがないように対策をしておきたいと考えている。

＜Aさんと同居する家族(推定相続人)＞
妻Bさん　専業主婦
長女Cさん　33歳　　長男Dさん　30歳

＜Aさんの所有財産(相続税評価額)＞
現預金　　3,000万円
自宅　・敷地(280㎡)　4,000万円(注)　・建物　1,200万円
土地(甲)(300㎡)現在は更地　8,000万円(注)

注：「小規模宅地等の相続税の課税価格の計算の特例」適用前の金額
＊ 上記以外の条件は考慮しない。

問1 ☐☐☐

現時点(2024年5月)において、Aさんの相続が開始した場合の相続税の総額を試算した下記の表の①と②に入る最も適切な数値を求めなさい。なお、相続税の課税価格の合計額は13,000万円とする。表のうち明らかにできない部分は空欄となっている。

相続税の課税価格の合計額（a）	1億3,000万円
遺産相続に係る基礎控除額（b）	（　①　）万円
課税遺産総額（a）－（b）	万円
相続税の総額	（　②　）万円

＜資料＞相続税の速算表(一部抜粋)

法定相続分に応ずる取得金額	税率	控除額
1,000万円以下	10%	—
1,000万円超～　3,000万円以下	15%	50万円
3,000万円超～　5,000万円以下	20%	200万円
5,000万円超～10,000万円以下	30%	700万円
10,000万円超～20,000万円以下	40%	1,700万円

問2

Aさんは土地(甲)に賃貸アパートを建てて活用することを検討している。その場合のAさんの相続に関する次の記述①～③について、適切なものには○印、不適切なものには×印をつけなさい。

①土地(甲)に賃貸アパートを建てた場合、その土地(甲)は貸家建付地として評価され、更地のままより評価額は下がる。評価額は借地権割合50%、借家権割合30%、賃貸割合100%とした場合、「8,000万円×(1－50%×30%×100%)＝6,800万円」となる。

②賃貸アパートとその敷地を長男Dが相続して引き継ぐ場合、一定の条件を満たせば貸付事業用資産の評価減の適用が受けられる。その場合減額対象となる敷地面積は200㎡までで80%の評価減が受けられる。

③賃貸アパートの敷地が貸付事業用宅地の評価減の適用を受けるためには、その貸付が事業規模でなくてはならない。

問3

小規模宅地等の評価減の特例に関する以下の文章の空欄①～③に入る最も適切な語句を下記の語句群の中から選びなさい。

特定居住用宅地等の評価減の適用を受ける場合、配偶者以外の同居親族や別居の親族が相続する場合は申告期限まで所有している(　①　)。また、別居親族が相続する場合には被相続人に配偶者や同居の親族がいない場合で、相続開始前3年以内に国内にある自己または自己の配偶者が所有する家屋に居住したことがなく、さらに、2018年4月1日以後の相続については(　②　)や特別の関係にある法人が所有する家屋に住んでいないことなども要件となる。

相続開始の直前において被相続人等の貸付事業(不動産貸付業、駐車場業等)の用に供されていた宅地等は貸付事業用宅地として評価減の適用を受けることができるが、(　③　)に新たに貸付事業の用に供された宅地等は除かれる。

<語群>

(イ)必要がある	(ロ)必要ない	(ハ)配偶者
(ニ)3親等以内の親族	(ホ)血族	(ヘ)相続開始前1年以内
(ト)相続開始前3年以内	(チ)相続開始後3年以内	

実技　解答・解説6　金財｜個人資産相談業務
相続税と財産評価

問1　解答
①4,800
②1,135

解説

相続税の総額の計算の流れは以下のとおり。

1．課税価格の合計額を計算する。
　Aさんのケースでは、課税価格の合計は資料のとおり1億3,000万円(a)。

2．課税価格の合計額から基礎控除額を差し引き、課税遺産総額を計算する。基礎控除額は、「3,000万円＋(600万円×法定相続人の数)」で求められる。
　Aさんが亡くなった場合の法定相続人は妻Bさん、長女Cさん、長男Dさんの3人なので、基礎控除は
　3,000万円＋(600万円×3人)＝4,800万円(b)。
　よって、課税遺産総額は、(a)の1億3,000万円から(b)の4,800万円を引いて、8,200万円となる。

3．法定相続分をもとに分割し速算表を用いて税額を計算し、各人の税額を合計する
●妻Bさんの法定相続分に対応する税額
　8,200万円×1/2＝4,100万円
　4,100万円×20％－200万円＝620万円
●長女Cさんの法定相続分に対応する税額
　8,200万円×1/2×1/2＝2,050万円
　2,050万円×15％－50万円＝257万5千円
●長男Dさんの法定相続分に対応する税額
　長女Cさんと同様　257万5千円
以上より、
相続税の総額＝620万円＋257万5千円＋257万5千円
　＝1,135万円。

問2 **解答**

①○

②×

③×

解説

①貸家建付地の評価額は「**自用地評価額**×(1－**借地権割合**×**借家権割合**×**賃貸割合**)」で計算する。借地権割合50%、借家権割合30%とした場合、「8,000万円×(1－50%×30%×100%)＝6,800万円となる。

②貸付事業用資産の評価減の減額対象となる敷地面積は**200㎡**まで減額割合は**50%**である。

③貸付事業用宅地の評価減の適用を受ける場合はその貸付が事業規模である**必要はない**。

問3 **解答**

①イ

②ニ

③ト

解説

特定居住用宅地等の評価減の適用を受ける場合、配偶者以外の同居親族や別居の親族が相続する場合は申告期限まで所有している**必要がある**。また、別居親族が相続する場合には被相続人に配偶者や同居の親族がいない場合で、相続開始前3年以内に国内にある自己または自己の配偶者が所有する家屋に居住したことがないという要件に該当する必要がある。さらに、2018年4月1日以後の相続については**3親等以内の親族**や特別の関係にある法人が所有する家屋に住んでいないことなども要件となる。

相続開始の直前において被相続人等の貸付事業(不動産貸付業、駐車場業等)の用に供されていた宅地等は貸付事業用宅地として評価減の適用を受けることができるが、**相続開始前3年以内**に新たに貸付事業の用に供された宅地等は除かれる。

実技 問題7 金財 中小事業主資産相談業務

個人事業者の老後資金設計

学習日 ／

個人事業を営んでいるAさん(55歳)は、自身の将来設計について、元気で働ける間は働きたいと考えており、70歳までは今の事業を続ける予定である。老後資金計画を立てるため、公的年金の金額や個人事業者が利用できる老後資金準備のための制度について知りたいと思い、ファイナンシャルプランナーのMさんに相談することにした。Aさんに関する資料は以下のとおりである。

＜Aさんに関する資料＞

1969年4月10日生まれ

公的年金の加入期間は以下のとおり(見込期間を含む)

20歳　　　　　　　　　　　　　　　　　60歳

国民年金未納期間	厚生年金被保険者期間(注)	国民年金納付期間
60月	60月	360月

1989.4　　1994.4　　1999.4

(注) 平均標準報酬月額　30万円

＊ 上記以外の条件は考慮しない。

問1 ☐☐☐

Aさんは65歳から受給できる公的年金の額を知りたいと考えている。そこで、MさんはAさんの資料に基づき、Aさんが60歳まで国民年金の保険料を納付したと仮定してAさんが受給できる老齢基礎年金と老齢厚生年金の金額を試算した。年金額を求める下記の＜計算式＞の空欄①～③にあてはまる数値を解答しなさい。なお、年金額は2024年度価額に基づくものとし、問題の性質上、明らかにできない部分は「□□□」で示してある。

＜計算式＞

老齢基礎年金＝816,000円 × $\frac{(\ \text{①}\ )\text{月}}{480\text{月}}$ ＝ □□□円

老齢厚生年金（報酬比例部分の額）

$$= \square\square\square\text{円} \times \frac{7.125}{1{,}000} \times (\ ②\ )\text{月} + \square\square\square\text{円} \times \frac{5.481}{1{,}000} \times (\ ③\ )\text{月} = \square\square\square\text{円}$$

問2 □□□

MさんがAさんに対して、国民年金基金について説明した次の記述①～③について、適切なものには○印、不適切なものには×印をつけなさい。

①国民年金基金は自営業や個人事業主などを対象とした年金制度で、国民年金の第一号被保険者であるAさんも利用することができます。
②掛金の上限額は月額68,000円で、その全額が社会保険料控除の対象となりますが、個人型確定拠出年金と併用することはできません。
③一口目は終身年金のA型・B型から選択となりますが、保証期間付の年金を希望する場合はA型を選ぶとよいでしょう。

問3 □□□

Mさんは、Aさんに対して個人型確定拠出年金（iDeCo）について説明した。次の記述の空欄①～④にあてはまる最も適切な語句を下記の語句群の中から選びなさい。

個人型確定拠出年金（iDeCo）は個人が掛金を拠出し、加入者本人が運用して老後資金を準備するための制度です。加入要件は「国民年金の被保険者であること」で、Aさんが60歳以降に国民年金の任意加入被保険者となった場合は、その間、加入者となることが（　①　）。Aさんは最高で月額68,000円（81.6万円/年）まで拠出することができ、掛金はその全額が（　②　）として所得控除となるため節税になります。

受け取り方法は年金もしくは一時金が選択できます。年金受取の場合は（　③　）、一時金受取は（　④　）となります。

＜語句群＞

イ．できます	ロ．できません	ハ．社会保険料控除
ニ．個人年金保険料控除	ホ．小規模企業共済等掛金控除	
へ．退職所得	ト．一時所得	チ．公的年金等の雑所得
リ．公的年金等以外の雑所得		

実技 解答・解説7 金財 中小事業主資産相談業務

個人事業者の老後資金設計

問1 解答

①420

②60

③0

解説

①Aさんの国民年金の加入月数は、厚生年金被保険者期間の60月＋国民年金納付期間360月＝420月となる。

②厚生年金の被保険者期間は60月である。なお、その期間はすべて2003年3月以前の期間であり、2003年4月以降の厚生年金加入期間はない。

＜計算式＞

老齢基礎年金

$$=816{,}000\text{円}\times\frac{420\text{月}}{480\text{月}}=714{,}000\text{円}$$

老齢厚生年金（報酬比例部分の額）

$$=300{,}000\text{円}\times\frac{7.125}{1{,}000}\times 60\text{月}+0\text{円}\times\frac{5.481}{1{,}000}\times 0\text{月}$$

$$=128{,}250\text{円}$$

問2 解答

①〇

②×

③〇

解説

①国民年金基金の対象者は以下のとおりである。

- **国民年金第1号被保険者**（低所得による保険料免除者を除く）
- 日本国内に住所がある60歳以上65歳未満で国民年金の任意加入者
- 海外に居住している国民年金の任意加入者

②個人型確定拠出年金と併用は可能である。ただし、掛金の上限は双方を合算して月68,000円である。

③一口目は必ず終身年金となる。A型は15年保証期間付きで、B型は保証期間なしのため、遺族に一時金を遺したい場合はA型を選択するとよい。

問3 解答

①イ

②ホ

③チ

④ヘ

解説

個人型確定拠出年金(iDeCo)は個人が掛金を拠出し、加入者本人が運用して老後資金を準備するための制度です。加入要件は「国民年金の被保険者であること」で、Aさんが60歳以降に国民年金の任意加入被保険者となった場合は、その間、加入者となることができます。Aさんは最高で月額68,000円(81.6万円/年)まで拠出することができ、掛金はその全額が小規模企業共済等掛金控除として所得控除となるため節税になります。

受け取り方法は年金もしくは一時金が選択できます。年金受取の場合は公的年金等の雑所得、一時金受取の場合は退職所得となります。

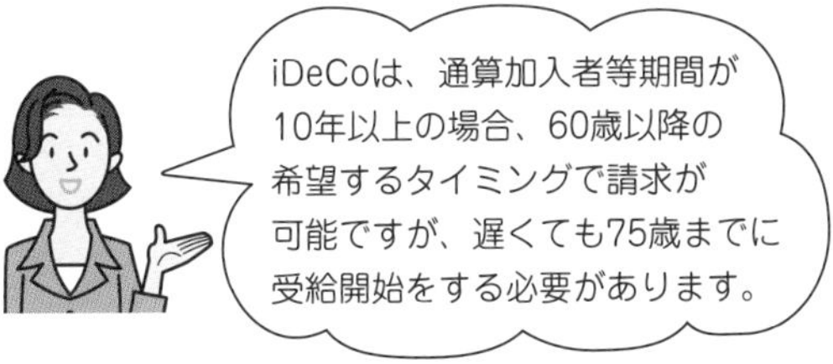

実技

問題 8 金財｜生保顧客資産相談業務

遺族年金

学習日 ／

会社員（厚生年金保険の被保険者）のＡさんは2024年５月に病気により死亡した。Ａさんの妻Ｂさんは遺族年金についてファイナンシャルプランナーに相談した。Ａさんおよび家族に関する資料は以下のとおり。

＜家族構成＞

Ａさん	42歳	2024年死亡
妻Ｂさん	40歳	会社員（厚生年金加入中）
長女Ｃさん	13歳	中学１年生

Ａさんの厚生年金の加入歴
　2003年3月まで　12月（平均標準報酬月額　240,000円）
　2003年4月から　253月（平均標準報酬額　460,000円）

＊妻Ｂさんは60歳になるまで現在の勤務先で厚生年金保険に加入するものとする。
＊妻Bさん、長女Cさん、いずれもＡさんと生計維持関係にあった。
＊上記以外の条件は考慮せず、各問に従うこと。
＊年金はすべて2024年度価額とする。

問 1

遺族給付について説明した以下の内容で適切なものには○印、不適切なものには×印を記入しなさい。

①遺族基礎年金を受けることができるのは、子のある配偶者または子であるが、この場合の「子」とは15歳到達年度の末日までの子をさす。
②配偶者が受給する遺族基礎年金の年金額は、「816,000円＋子の加算」となり、設例のケースでは子が1人のため1,050,800円である。
③設例のケースでは、妻Bさんの遺族基礎年金の受給権が消滅したときは、65歳になるまで妻Bさんに支給される遺族厚生年金の額に中高齢寡婦加算が加算される。

●索　引

欧文・数字

か

問2 ☑☑☑

妻Bさんが受給できる遺族厚生年金の年金額を、2024年度価額に基づいて求めなさい。計算については設例の条件および下記資料を参照すること。

特例水準の遺族厚生年金の年金額
　＝(①＋②)×3/4
①2003年３月以前
　＝平均標準報酬月額×7.125/1,000
　　×2003年３月以前の加入月数
②2003年４月以降
　＝平均標準報酬月額×5.481/1,000
　　×2003年４月以降の加入月数

厚生年金の被保険者が死亡した場合で、被保険者期間が300月に満たないときの遺族厚生年金の年金額は、実際の加入月数に基づく額に「300月÷実際の加入月数」を乗じ、被保険者月数が300月あるものとみなして計算する。

なお、計算過程においては円未満を四捨五入とし、解答の年金額は円単位とする。

問3 ☑☑☑

妻Bさんが受給する老齢厚生年金と遺族厚生年金について説明した以下の文章の空欄にあてはまる語句を、語句群から選びなさい。

妻Bさんが65歳になると遺族厚生年金の年金額は、(i)原則的な額(報酬比例の４分の３)、(ii)遺族厚生年金の額×(　①　)＋老齢厚生年金の額×(　②　)のどちらか多いほうとされる。そのうえで、まず(　③　)が支給され、(　③　)の額が遺族厚生年金の額より少ない場合、その差額が(　④　)として支給される。

<語句群>

1．2分の1	2．3分の1	3．3分の2	4．4分の3
5．遺族厚生年金	6．老齢厚生年金	7．経過的加算	
8．報酬比例部分			

実技 解答・解説8 金財 生保顧客資産相談業務

遺族年金

問1 解答

①×

②○

③○

解説

①遺族基礎年金の受給の対象となる遺族とは、**子のある配偶者**または子であるが、子とは18歳到達年度の末日までの子、または20歳未満で障害等級1級・2級の障害状態にある子で、いずれも未婚であることが条件である。なお、遺族が配偶者と子の場合、配偶者が優先されるため、子に対する遺族基礎年金は、**配偶者**が遺族基礎年金の受給権を有するときは、その間、**支給停止**する。

②配偶者が受給する遺族基礎年金は、「816,000円+**子の加算**」となる。

子の加算は子が2人目までは一人あたり234,800円、3人目以降は1人あたり78,300円である。設例のケースでは816,000円+234,800円=1,050,800円となる。

③子が18歳到達年度の末日を迎え、遺族基礎年金の受給権が消滅した後、妻が65歳になるまでの間、妻に支給する遺族厚生年金の額に中高齢寡婦加算が加算される。なお、遺族基礎年金と中高齢寡婦加算は併給できない(遺族基礎年金が優先)。

問2 解答

559,018円

解説

設例の条件をあてはめて計算すると以下のとおりとなる。

①2003年3月以前=240,000円×7.125/1,000×12月
=20,520円

②2003年4月以降=460,000円×5.481/1,000×253月
≒637,879円

$$(20{,}520円+637{,}879円)\times\frac{300月}{265月}\times 3/4 \fallingdotseq 559{,}018円$$

解答の年金額は、円単位とすることから、559,018円

問3 解答

①3

②1

③6

④5

解説

老齢厚生年金の受給資格を持つ妻Bさんが65歳になっ
け取る配偶者の死亡に基づく遺族厚生年金は、以下の額
多いほうとされる。

(ⅰ)65歳前の遺族厚生年金の額

原則的な額(報酬比例の4分の3)

(ⅱ)原則的な額×3分の2+老齢厚生年金の額×2分

そのうえで、まず妻Bさん自身の老齢厚生年金が
老齢厚生年金の額が上記の(ⅰ)または(ⅱ)の遺族
少ない場合は、その差額が遺族厚生年金として支
つまり、自身の老齢厚生年金が優先して支給さ
生年金は老齢厚生年金の額に相当する部分が支
のみが支給される。

た

ま

や

ら

わ

●**著者紹介**
株式会社 マネースマート
多様化する現代、人の人生、価値観も様々である中、大切な「お金」の考え方。マネースマートには「MONEY“お金”」に「SMART“賢く”」を大切にしながらご相談やセミナー・執筆などを通して「マネーの専門家」として総合的な“生涯のパートナー”としてお手伝いしていきたいという想いが込められております。「安心して幸せで豊かな生活を送れる社会の実現」を目指し人生の伴走者として応援します。

●**企画編集**
成美堂出版編集部

本書に関する正誤等の最新情報は、下記のURLをご覧ください。
https://www.seibidoshuppan.co.jp/support/

上記アドレスに掲載されていない箇所で、正誤についてお気づきの場合は、書名・発行日・質問事項(ページ・問題番号など)・氏名・郵便番号・住所・FAX番号を明記の上、**郵送**または**FAX**で、**成美堂出版**までお問い合わせください。
※ **電話でのお問い合わせはお受けできません。**
※ 本書の正誤に関するご質問以外はお受けできません。また受検指導などは行っておりません。
※ ご質問の到着確認後10日前後に、回答を普通郵便またはFAXで発送いたします。
※ ご質問の受付期間は、2025年5月までの各試験日の10日前到着分までとさせていただきます。ご了承ください。

これだけ覚える FP技能士2級・AFP一問一答＋要点整理 '24→'25年版

2024年6月10日発行

著　者　株《かぶ》式《しき》会《がい》社《しゃ》マネースマート
発行者　深見公子
発行所　成美堂出版
〒162-8445　東京都新宿区新小川町1-7
電話(03)5206-8151　FAX(03)5206-8159
印　刷　広研印刷株式会社

ISBN978-4-415-23854-8
落丁・乱丁などの不良本はお取り替えします
定価はカバーに表示してあります